经济管理学术文库·经济类

云南地质资源旅游产业化研究

Research on Tourism Industrialization of
Geological Resources in Yunnan

毛剑梅 / 著

经济管理出版社
ECONOMY & MANAGEMENT PUBLISHING HOUSE

图书在版编目（CIP）数据

云南地质资源旅游产业化研究/毛剑梅著. —北京：经济管理出版社，2016.5
ISBN 978-7-5096-4244-3

Ⅰ.①云⋯　Ⅱ.①毛⋯　Ⅲ.①地方旅游业—旅游业发展—研究—云南省　Ⅳ.①F592.774

中国版本图书馆 CIP 数据核字（2016）第 027081 号

组稿编辑：张　艳
责任编辑：张　艳　罗　荀
责任印制：司东翔
责任校对：赵天宇

出版发行：经济管理出版社
　　　　　（北京市海淀区北蜂窝 8 号中雅大厦 A 座 11 层　100038）
网　　址：www.E-mp.com.cn
电　　话：（010）51915602
印　　刷：北京九州迅驰传媒文化有限公司
经　　销：新华书店
开　　本：720mm×1000mm/16
印　　张：18.5
字　　数：272 千字
版　　次：2016 年 5 月第 1 版　2016 年 5 月第 1 次印刷
书　　号：ISBN 978-7-5096-4244-3
定　　价：58.00 元

前　言

　　地质资源是自然资源的重要组成部分，随着人类社会、经济及技术的发展与提高，对地质资源的利用从满足人类生存的物质需要向满足人类更高层次的求知、审美需求在转变。地质资源所蕴含的旅游价值被不断地发掘用于满足人们审美、休闲、养生、求知的需求，地质资源的旅游开发随着旅游业的发展不断深入。世界范围内对地质资源的旅游开发经历了观光、休闲度假、体验养生三个阶段，地质资源的旅游开发呈现出产业化发展趋势。地质资源的旅游产业化发展是一个动态的过程，受制于诸多因素。本书以地质学、地理学、旅游学、旅游经济学及产业经济学等相关学科的理论知识为基础，对云南地质资源旅游产业化进行深入研究，以期探索地质资源旅游产业化的过程及路径。

　　云南地质资源的旅游开发始于1936年石林名胜区管理处的成立，地质资源旅游开发得到重视并快速发展是在20世纪70年代末80年代初，尤其是在1986年云南省将旅游业定位为支柱产业之后。地质资源的旅游产业化发展，为云南省带来了可观的旅游经济价值。本书通过对云南地质资源环境、169个典型旅游地质景观、六大类旅游地质资源专项产品和活动、两个国家地质公园等典型旅游开发利用示例以及国内外其他国家和地区地质资源旅游开发的实践及理论研究，提出地质资源旅游产业化是以地质资源旅游资源化为前提，以旅游地质资源产品开发为核心，以旅游地质资源资产化提高产业化水平，与相关产业结合形成旅游产业群（链）发展的过程。地质资源旅游产业化符合地质产业与旅游产业融合发展的新态势，这一动态过程包括地质资源旅游资源化、旅游地质资源产品化、市场化及旅游地质资源资产化三个方面。

地质资源旅游资源化是将地质资源转化为旅游地质资源，是其产业化的前提，这一过程的核心是对地质资源旅游价值的发掘。对地质资源的价值重构和开发的实践以及技术进步为地质资源旅游资源化提供了条件，而旅游企业、政府、旅游者、社区民众及研究机构（专家学者）是地质资源旅游资源化的动力。地质资源的旅游价值可以分为三个组成部分，即资源要素价值、资源影响力以及资源环境条件，在此基础上将地质资源进一步分解为十个评价因子，利用层次分析法和德尔菲法对云南地质资源的旅游价值进行层次分类、权重选择以及价值评价，构建地质资源旅游价值评价标准，通过评价为旅游地质资源产品的设计与开发提供理论指导和依据。通过对云南97个典型地质资源的旅游价值评价，发现云南地质资源的旅游价值在观赏游憩价值和科学文化价值两个方面尤为突出，同时由于云南旅游地质资源的地域组合较好、适游期较长，也为云南提供了丰富多彩的观赏型、科考型、休闲度假型以及旅游购物地质产品。旅游地质资源是地质资源旅游资源化的结果，也是地质资源旅游产业化的前提。

旅游地质资源要开发成为旅游地质资源产品在旅游市场进行交换即产品化、市场化才能够实现地质资源的旅游价值，旅游地质资源产品化、市场化是地质资源旅游产业化的核心。而旅游地质资源产品的开发，需要研究旅游市场需求，找到可以满足特定消费者需求的细分市场。本书从旅游者的需求特征以及游客的集中度两个维度将旅游市场分为六类市场。针对不同类型的旅游市场，可以将旅游地质资源开发为风景名胜区、旅游景区类型，公园及保护区类型以及旅游购物地质产品类型三种旅游地质资源产品。云南以地质资源为主体的旅游地质资源产品包括了11个国家级风景名胜区、37个省级风景名胜区、4个温泉旅游企业、12个温泉休闲旅游区、3个AAAAA级、27个AAAA级旅游景区、3个国家公园、10个国家地质公园（含2个世界地质公园）、1个国家矿山公园、1个国家级旅游度假区、9个省级旅游度假区以及由奇石、珠宝玉石、大理石等组成的旅游购物地质产品，这些旅游地质资源产品是云南旅游产品体系的重要组成部分，成为了云南旅游业发展的重要基础。

地质资源旅游产业化发展还需要提高资源转化和产品生产的效率。旅游地质资源的资产化，就是在市场经济条件下，将旅游地质资源或者旅游地质资源经营企业作为交易对象，通过评估其价值，采用竞争型方式，使得交易对象能够为最佳经营者所持有，从而保证对旅游地质资源的有效开发和保护。云南旅游地质资源资产化目前主要是采取围绕经营权转让下的承包和租赁、在旅游地质资源景区内的特许经营以及引入专业经营公司加强对旅游地质资源的开发和管理等方式进行运作的。

目前，云南地质资源旅游产业化发展层次还有待提高，区域发展不均衡，管理体制问题突出，还应借鉴国内外地质资源旅游产业化的经验，通过建立统一的立法和管理体系，科学规划、创新开发、创新投资方式，多方参与等途径促进云南地质资源旅游产业化发展。

目　录

第一章 绪 论

地质资源是在地质作用过程中形成或者与地质作用过程有内在联系的自然资源，是自然资源的重要组成部分，是地球在46亿年演变的历史长河中赋予人类的自然财富，是人类赖以生存和发展的重要物质基础。随着人类社会、经济及技术的发展与提高，地质资源作为人类"物质食粮"的地位发生了变化，对地质资源的利用从满足人类生存的物质需求向满足人类更高层次的求知、审美需求在转变。与此同时，由于人类活动对地质资源需求不断增加以及地质资源作为不可再生资源的自身约束，人类对地质资源的利用方式不断地从粗放式向集约化转变，利用的范围、程度也在不断扩大，对地质资源的开发利用开始朝着可持续发展的方式转变。社会对地质工作的需求也发生了明显变化，传统、单一的"地质—找矿"概念，已远不能适应国际经济环境和国内现代化建设的需要。原来狭义的地质概念需要延伸，即除水文地质、工程地质、农业地质、城市地质、灾害地质、环境地质等地质活动领域外，发掘地质资源的旅游价值，将地质资源转化为旅游资源，使旅游地质成为旅游业的一个重要领域。

步入现代文明以后，旅游活动开始出现，并在当代成为世界服务经济领域非常重要的组成部分。世界旅游及旅行理事会在《2011~2021旅游业经济影响报告》中指出："尽管目前世界经济增长遇到了很多挑战和不确定因素的影响，但旅游业却一直是增长速度最快的部门之一，并且成为推动经济和就业增长的主要力量。未来10年里，世界旅游旅行业对全球国内生产总值GDP的贡献每年将达到4.2%，总额为9.2万亿美元，将创造6500万个就业机会。"2012年，中国国内旅游人数达到30.0亿人次，同比增长13.6%，国内旅游收入2.3万亿元，同比增长

19.1%。世界旅游组织预测到 2020 年，国际游客有望达到 16 亿人次，东亚和太平洋地区，亚洲、中东和非洲的增长率将超过 5%，较为成熟的欧洲和美洲地区增长率将低于平均增长率 4.6%。[①] 伴随着旅游活动的兴起，地质资源的旅游开发利用得到了前所未有的关注。在我国的国家级风景名胜区中，以地学景观为主的景区占 90% 以上。改革开放以后，我国旅游事业向旅游产业转型，对地质资源的认识不断延伸，地质资源的旅游价值开始为学界所关注，地质资源如何转变为旅游地质资源，如何将旅游地质资源转化为旅游地质资源产品，实现旅游地质资源的产业化，即地质资源旅游产业化成为我国旅游地质学研究的主要内容之一。

国外地质资源的旅游开发利用主要采取国家公园的形式，但是目前各国及学界对国家公园的概念及内涵并没有统一的认识，一些国家和地区直接将为旅游发展的各类景区（点）命名为国家公园（分为不同层次的国家公园），而美国则是采用国家公园管理体系进行管理，其国家公园管理体系涵盖了自然、人文、历史等 20 个类别的国家公园、国家保护区和保护地等。国外对旅游地质及旅游地质资源的研究主要着眼于对国家公园的资源调查、评价、开发与保护、旅游者行为等方面。对国家公园主要特征及资源的研究，如 Kenneth M. Cruikshank 等（1995）研究拱门国家公园的成因，Britta Planer-Friedrich 等（2006）和 Shaul Hurwitz 等（2007）研究黄石国家公园地热系统的形成、特征及挥发性化学成分。在对国家公园的研究中，对资源的价值评价也是各国关注的重点，例如，E.A. Wheeler 等（2005）、Jeffrey E. Englin 等（2006）分别对美国的大弯国家公园和加拿大的贾斯珀国家公园原始森林价值进行了评价研究；Paul J. Ferraro（2002）对马达加斯加 Ranomafana 国家公园机会成本进行了衡量研究；Pieter J.H. Van Beukering 等（2003）从"保护"、"毁林"、"选择"三个角度对印度尼西亚勒塞尔国家公园进行了价值评价，并最终认为保护性开发方案可以实现经济价值的最大化；Thanakvaro Thyl De Lopez（2003）假设了柬埔寨云壤国家公园的三种开发模式，并对每种开发模式的经济价值进行了评价和比较；Choong-Ki Lee 等（2002）基于对韩国 5 家国

---

① 数据来源：世界旅游组织，http://www.unwto.org。

家公园的研究，对国家公园的存续价值和使用价值予以评价，论证了国家公园的价值是值得政府管理部门付出行政成本的。当然，开发与保护是国家公园研究的核心，例如，J.A. Lutz 等（2009）对约塞米蒂国家公园古树数量下降进行了研究；J. Buultjens 等（2005）认为，通过加强管理可以改善鲁胡纳国家公园的环境并提出了具体的管理措施；Shiuh-Nan Hwang 等（2005）以中国台湾 5 家"国家公园"为例研究了解说系统对客户黏性的积极作用并对改善中国台湾"国家公园"解说系统提出了对策建议；Duane Chapman 等（2003）从国际服务的视角研究发展中国家公园的建设和管理；Ervin H. Zube（1995）以林荫道的建设为着眼点，研究美国国家公园管理局对国家公园建设理念的发展与变化。微观层面上，对旅游者活动以及行为的研究也是国家公园研究中的重要内容，例如，Marta Mugicadeng 等（1996）以西班牙多尼亚纳国家公园为例对旅游者行为进行了研究；Colin Arrowsmith 等（2002）以澳大利亚格兰屏国家公园为例，研究旅游者活动对环境的影响作用；Zvi Schwartz 等（2006）研究了美国国家公园体系内政策费用对旅游收入和旅游人数的影响。

第一节 地质资源旅游产业化研究现状

地质资源旅游产业化始于旅游业的快速发展，是地质资源开发的一种重要形式，旅游业不断得到深化，然而在学界，对地质资源旅游产业化的研究滞后于旅游业发展的实践。目前的研究主要着重于旅游地质资源、旅游地质资源资本化、以旅游地质资源为基础形成的旅游地质资源产品的研究等方面。下面对这几方面进行详细的梳理，以期能为地质资源旅游产业化研究提供有益的借鉴。

一、旅游地质及旅游地质资源

通过对我国现有旅游地质资源研究的梳理，可以清晰地了解旅游地质资源的开发历程，对旅游地质资源研究的时代特征显著，主要包括如下五个阶段。

（一）旅游资源普查和资源区划的研究

20 世纪 80 年代末 90 年代初，在我国旅游业快速发展的大背景下，基于对地质资源普查和对旅游地质资源认识的目的，地方和国家地质研究机构对地质资源的分布进行了调查研究。例如，付子冲（1987）对贵阳市旅游地质的调查；林斯扩、余煦明（1990）对福建省旅游地质的调查；地质矿产部环境地质研究所对我国旅游地质资源的分布进行了全国性的普查，在 1991~1992 年出版了《中国旅游地质资源图及说明书》系列图书（共五册）。罗成德（1989）在调查的基础上，对我国旅游地质资源的概念、类型和区划进行了研究；赵如海（1991）指出，并非一切地质现象都是旅游地质资源，它必须是对人类具有娱乐欣赏价值，对旅游客流有持续的促进作用，并从成因、形态、内容等方面对旅游地质资源进行阐述，同时将我国旅游地质资源分为地区、地带、地域、地方四级和华北、南部、青藏高原、西北、沿海五大地区。康宏达（1994）将我国的旅游地质资源分为岩石、地质构造、气候、海岸线和岛屿四种类型。

（二）区域旅游地质资源开发与保护的研究

对区域旅游地质资源调查、评价、开发、保护等研究是随着旅游业的发展而快速发展起来的。例如，张林源、赵希璋（1986）对兰州丹霞地貌及侵蚀及溶蚀地貌旅游地质资源的开发；福建省地质学会旅游地学研究会（1993）对福建旅游地质资源开发的探讨；贺成全（1995）对天津蓟县盘山地区旅游资源评价及开发研究；何拥军（1996）对山东滨海地区海岸旅游地质资源的开发；申志军等（1997）对湖南全省旅游地质资源进行评价，并对重点资源的开发提出建议；江素曼（2000）对广西峰丛、洞穴、水体、沙滩等重点旅游地质环境的开发保护研究；杨世瑜等（2001）对云南省旅游地质资源开发及可持续利用的研究；穆桂松（2001）对河南嵩山旅游地质资源开发的理论及线路设计等方面的研究；黄义忠、杨世瑜（2003）对云南三江并流带；谢洪忠、吴志亮、杨世瑜（2006）对元江彩色膏林旅游地质资源开发与保护进行了研究；饶开永（2009）对长江三峡旅游地质资源深度开发的研究；刘家权、王冰、李向前（2012）对安徽省巢湖市旅游地质资源的分析。杨世瑜（2003）提出了地质资源旅游开发包括的八个环节，即地质资源环境状况研究、旅游地质资源研究、旅游地质资源环境保护策略研究、旅游地质资源开发策略研究、旅游地质资源环境人—地关系协调发展模式拟建、旅游地质精品开发、旅游地质文化产品的推出、旅游地质资源的保护开发与修复技术的超前探索。这些研究是基于区域旅游发展的需求，结合地质学科理论对地质资源的旅游开发及保护做出的有益贡献。

（三）旅游地质资源的系统性研究

随着对区域旅游地质资源评价、开发、保护研究的不断深化，国内学者开始对旅游地质资源进行系统研究。例如，徐泉清、孙志宏（1997）对旅游地质资源形成的基本条件、类型以及对旅游地质资源区划的研究；陆景冈等（2003）分析了地质资源、地质构造、地质作用与旅游资源的关系；谢曼平（2004）对云南陆良彩色沙林景观地学旅游资源评价及其保护性开发对策的研究；庞淑英、杨世瑜等（2004）运用"概念分层"对旅游地质资源价值评价的研究；杨世瑜（2006）对旅游地质资源的类型进行划分，对中国旅游地质资源基本情况予以分析，并创新性地提出了旅游地质资源环境研究方法；李同林、孙中义（2008）分析了地质旅游资源形成的地质基础，对地质旅游的类型、评价及开发规划进行研究；王生卫（2009）对属于不同行政区域的旅游地质资源进行了跨界整合研究，提出了整合战略、旅游产业定位以及整合的原则和具体措施。这些研究结合旅游发展和地质学理论，完善了旅游地质资源的成因、类型、评价、区划、开发和保护等方面的理论研究，使得旅游地质资源的研究体系逐步得到了完善。

（四）旅游地质资源的整合及专项研究

为了保证旅游地质资源的可持续利用，促进旅游业健康发展，旅游地质学科开始与其他学科和领域相结合进行专项研究。例如，骆华松、杨世瑜（2007）对旅游地质资源与人地关系理论的耦合研究；庞淑英、杨世瑜（2011）将信息技术运用于旅游地质学，对旅游地质景观信息采集、数据挖掘及应用、价值评价方法、可视化展示系统等方面进行了研究。与此同时，随着旅游地质学科的发展，对特定对象的专题研究开始出现。例如，黄楚兴、杨世瑜（2007）对岩溶旅游地质资源的专项研究，涉及岩溶景观的成景作用、评价、开发与保护；龚克（2010）对桂林喀斯特区生态旅游资源评价与开发战略管理的研究。李伟、杨世瑜（2008）对旅游地质文化的专项研究，内容包括旅游地质文化的概念、构成、功能、运用等方面。

（五）旅游地质理论与方法的系统研究

将旅游地质作为专门的学科，并就其理论和方法进行系统研究，云南昆明理工大学国土资源工程学院走在了学科的前沿。耿弘等（1989）完成了《云南省旅游地学资源的开发研究》报告，从地学的角度第一次系统地普查了云南的地学资源，并就云南地学资源的旅游开发提出了构想。1999年8月完成了《滇西北"三江并流区"地质地貌特征》研究成果，该研究对三江并流区地质构造背景、大峡谷地貌、冰川地貌、高山湖泊地貌、花岗岩侵蚀峰林地貌、高山丹霞地貌、高山喀斯特地貌等地貌景观的多样性及典型性进行了深入的研究，研究工作为三江并流世界遗产的申报工作提供了地质地貌的科学依据。

明确提出旅游地质资源概念、专题研究旅游地质资源的工作，始于杨世瑜主持的《丽江—中甸地区旅游地质资源开发策略》（云南省教委科研基金项目1998~2000.7）、《三江并流带旅游地质资源开发与环境保护》（云南省院省校合作人文社会科学研究项目2001~2002）。科研成果以世界遗产三江并流带旅游地质资源为依托，从该区旅游资源环境出发，以地质资源旅游资源化的观点，将旅游学与地质学相结合，采用人文社会科学与自然科学相结合的研究方法，研究旅游地质资源与环境保护问题。概查了三江并流带旅游地质资源环境，归纳总结了三江并流带地质景观特色及地质事件。

2000年起，昆明理工大学国土资源工程学院开始招收旅游地质研究方向的博士研究生。2006年，在一级学科"地质资源与地质工程"博士点下设立了"旅游地质与地质遗迹"二级学科的博士点，开始系统地研究旅游地质资源。十多年共培养了15名旅游地质方向的博士研究生，同时在这一领域也积累了丰富的研究成果。

杨世瑜（2003）首次提出地质资源旅游资源化这一理念，他认为地质资源旅游资源化是旅游地质资源开发与环境保护的核心问题。以地质资源环境为基础，应用社会（人文）科学与自然（地质）科学的研究方法相融合，旅游学与地质学相融合，从地质景观的观赏性、科学性并重发掘地质景观的旅游价值，是将地质资源转化为旅游资源、促进旅游地质资源开发与环境保护的基本思路与基本方法。在这一理念的指引下，杨世瑜所带领的团队从 2000 年开始专题研究旅游地质资源，通过十多年的研究对地质资源旅游资源化做了大量的工作，最有代表性的当属三江并流带旅游地质资源开发与环境保护、基于资源环境的丽江古城金山研究、昭通源旅游资源结构与整合研究，地质资源旅游资源化的理念始终贯穿在该团队所有的研究工作中。

2003 年，杨世瑜、王淑芬等出版了《三江并流带旅游地质资源的开发与环境保护》一书，该书对三江并流带旅游地质资源类型、特色、开发措施、环境保护等方面进行了系统的研究。该书将三江并流带旅游地质资源划分为科考性、观赏性和商品性三大类，11 个基本类型，区划为 12 个景源区、36 个景观区、100 个景观群，提炼出三江并流带 10 个特色旅游地质景观系列；提出地质资源旅游资源化是旅游地质资源开发与环境保护的核心问题，由七个主要环节构成；认为建立地质公园是旅游地质资源开发与环境保护的优选方式；拟建了三江并流带旅游地质资源环境人地关系协调发展模式；推荐三江并流带六条观赏性—科学性旅游地质精品线路；策划了三江并流带三个世界/国家地质公园遴选目标。

2006 年，杨世瑜、吴志亮等出版了《旅游地质学》，该书的出版标志着旅游地质学的研究已经从分散的研究走向了系统的研究。旅游地质学系统研究了旅游地质资源，阐述了地质遗迹与国家地质公园，对旅游地质资源的开发与保护、旅游地质资源评价、旅游地质资源的可持续利用、旅游地质资源环境研究的方法进行了研究，涵盖了旅游地质资源评价、开发到产品的构建等方面内容。

2007 年开始，杨世瑜先后指导其博士研究生、博士后（合作研究）对地质资源旅游资源化领域进行了深入系统的研究，取得了丰硕的研究成果。出版了"旅游地质系列丛书"：骆华松、杨世瑜（2007）《旅游地质资源与人地关系耦合》，王嘉学、杨世瑜（2007）《世界自然遗产保护中的旅游地质问题》，谢洪忠、杨世瑜（2008）《林柱状地质景观旅游价值》，黄楚兴、杨世瑜（2008）《岩溶旅游地质》，李伟、杨世瑜（2008）《旅游地质文化论纲》、《滇西北旅游地质文化》，范弢、杨世瑜（2009）《旅游地生态环境》，庞淑英、杨世瑜（2011）《旅游地质景观空间信息与可视化》，李波、杨世瑜（2011）《旅游地质资源景观类型与区划》。

2008 年，杨世瑜、庞淑英、李云霞出版了《旅游景观学》，对旅游景观的示例，旅游景观的理念，旅游景观的研究方法，旅游景观信息发掘，旅游景观的评价、规划、开发和保护，旅游景观与文化进行了系统的研究。

旅游地质理论和专项研究构建了旅游地质学的理论基础，创新了旅游地质的研究方法。这些研究为地质资源旅游产业化的研究奠定了坚实的理论基础，为地质资源旅游资源化的研究提供了宝贵的思路。

二、旅游地质资源产品开发研究

旅游地质资源产品是在旅游地质资源的基础上进行旅游开发的结果，是地质资源旅游利用的具体形式。

由于地质资源旅游价值的多重属性以及资源组合的多样性、差异性，对旅游地质资源的开发利用，国外主要以国家公园或国家公园体系为主要方式，而国内则以遗产地、地质公园、风景名胜区、旅游景区等为主要的开发途径。由于本书主要研究地质资源旅游产业化，因此，国家级的自然保护地中的森林公园、自然保护区、风景名胜区和旅游级景区中不以地质遗迹为主体的不在本书范围内。同时，我国国土面积广阔，不同级别的旅游地质资源产品众多，但国家级代表了最高级别的资源，这里只将世界级和国家级，旅游景区中的 5A 级作为研究对象。在此对各类旅游地质资源产品旅游开发研究情况做简要概述。中国旅游地质资源产品如表 1-1 所示。

表 1-1 　中国旅游地质资源产品一览表

名称	地质遗迹为主体的数量（个）	比例（%）	设立时间	截止时间
世界自然遗产	10	100	1987	2014.03
世界文化遗产	7	22.5	1987	2014.03
世界自然、文化双遗产	4	100	1987	2014.03

续表

名称	地质遗迹为主体的数量（个）	比例（%）	设立时间	截止时间
世界地质公园	29	100	2004	2014.09
国家地质公园	218	100	2001	2013.12
国家矿山公园	72	100	2007	2012.12
国家 AAAAA 级景区	92	59	2007	2013.04
中国温泉之乡、城	25	100	2012	2011.12
国家公园	3	38	2007	2014.05
国家级风景名胜区	219	97	1982	2013.12

资料来源：笔者根据公开资料整理。

（一）世界遗产的旅游开发研究

1972 年 11 月 16 日，联合国教科文组织大会第 17 届会议在巴黎通过了《保护世界文化和自然遗产公约》（Convention Concerning the Protection of the World Cultural and Natural Heritage），对世界遗产进行了界定，将世界遗产分为世界文化遗产、世界自然遗产以及文化与自然双重遗产。根据 2005 年新修订的《操作指引》（Operational Guidelines for the Implementation of the World Heritage Convention)[1]，世界文化遗产和自然遗产需要至少满足如下条件中的一项（见表 1-2）。

20 世纪 90 年代以来，我国围绕世界遗产地所开展的旅游活动不断增加，学界就遗产地的旅游开发及经营管理进行了研究。徐嵩龄（2002）认为，遗产地的开发应完善和实现遗产经营权与所有权分离。王兴斌（2002）提出"四权分离"的观点，即遗产所有权归国家，管理权归行政主管部门，经营权由市场运行，并建立监督保护体系。徐嵩龄（2003）认为"四权分离"是不科学的，认为遗产区内遗产展示服务应该由遗产单位进行非营利性经营，区外的非遗产展示服务可由旅游公司以及当地政府与社区进行营利性经营。张朝枝（2006）认为，世界遗产地旅游开发中资源处置权的非排他性与制度性监督的缺位共同导致世界遗产地政府治理失灵，为了更有效地促进旅游发展与遗产保护，应将资源的处置权由专门机构管理，同时建设制度性的监督机制。梁学成（2006）指出，世界遗产的旅游

---

[1] 资料来源：联合国教科文组织网站，http://whc.unesco.org/en/criteria/。

价值开发不能按照市场化的方式向旅游产品方向转变，不然会造成旅游价值取代遗产价值的后果，引起世界遗产核心价值——真实性和完整性的丧失，遗产资源应进行多方面的价值挖掘，并提出基于旅游价值的五种开发模式。白宇飞（2010）以美国国家公园的特许经营管理模式为例，分析国内世界文化和自然遗产地的特许经营现状，并提出改善特许经营现状的建议。在遗产地开展旅游活动究竟应该采取何种方式一直是学界探讨和研究的课题，但利用遗产地发展旅游业在我国乃至世界范围都是不争的事实。

表 1-2　世界遗产评价标准

文化遗产标准					自然遗产标准				
（i）	（ii）	（iii）	（iv）	（v）	（vi）	（viii）	（ix）	（vii）	（x）

（i）代表一种独特的艺术成就，一种创造性的天才杰作。
（ii）展示出在一个历史时期或者某一文化领域内人文价值的一种交互，可以是建筑、科技、永久的艺术品、城市规划或者景观设计。
（iii）作为对一种文化传统或者对一种依然生存的或已经消亡的文明的一种唯一的，或至少是例外的证据。
（iv）可作为一种建筑、建筑群、技术系统或景观的杰出范例，展示出人类历史上一个（或几个）重要阶段。
（v）可作为传统的人类居住地或使用地（海洋）的杰出范例，代表一种（或几种）文化或者人类与环境交互的证据，尤其在不可逆转之变化的影响下变得易于损坏。
（vi）与具有突出普遍意义的事件或生活传统、或思想、或信仰、或文学艺术作品有直接或实质的联系（委员会更偏好于将这一标准与其他标准组合使用）。
（vii）包含了优异的自然现象，或特别的天然美或体现了美学重要性的区域。
（viii）代表了地球史主要阶段的典型样本，包括生命记录、地形发展中重大的地质过程，或有意义的地形学或自然形态学的特征等。
（ix）在陆地、淡水、海岸与海洋生态系统和动植物群落的发展及演化方面，代表重大生态学或生物学过程的突出样本。
（x）对保护生物多样性具有最重要意义的动植物的自然栖息地，包括从科学或保护的观点来看的具有普遍价值的濒危物种的栖息地。
此外，对遗产地性能的保护、管理、真实性以及完整性也是评价过程中会考虑的重点内容。从 1992 年以后，对人与自然环境之间的重要交互被视为文化景观。

（二）地质公园的旅游开发研究

1996 年，联合国教科文组织地学部建议在全球范围内建立世界地质公园，以便有效地保护地质遗迹，1999 年联合国教科文组织正式提出地质公园（Geopark）这一名称。《寻求联合国教科文组织帮助申请加入世界地质公园网络的国家地质公园工作指南》（Guidelines and Criteria for National Geoparks Seeking UNESCO's Assistance to Join the Global Geoparks Network）中对地质公园的定义作了详细描述，"地质公园"是一个具有明确的范围界定，并具有足够大的面积以便促进地方经济和文化发展（主要是通过旅游）的区域，应当包含若干各种规模且具有国际意义的地质遗迹，或者其中包含了具有特殊科学意义、稀有或美丽的地质体的一部分，这些特征以及形成这些特征的事件和过程在区域地质历史中具有代表性。此外，非地质主题是其整体的一部分，其中包括一些具有生态、考古、历史或者文化价值的遗址。[①]

　　毛学翠（2003）认为旅游资源是发展旅游的基础，也是地理界研究的热点。地质公园建设为开发新的旅游资源提供了渠道，旅游资源的开发也促进了地质公园的建设。范春（2004）提出了地质公园单一资源导向模式、组合资源导向模式和市场导向模式三种模式，并提出以地质博物馆、地质现场发掘、地质研讨、地质影视项目、地质探险、地质体育、地质游道（再现地质时间的游道设计）等形式开发产品。后立胜等（2003）把国家地质公园的旅游定位为"高层次、高品位、高起点和低开发、低介入"，并提出了旅游开发的三个原则：目标控制、范围控制、行为控制。李晓琴等（2005）提出了地质公园生态旅游开发模式，包括功能分区开发模式、生态产品设计模式、解说教育系统、生态管理模式、投资机制模式、资源信息管理模式。胡能勇等（2003）、黄金火等（2005）认为地质旅游资源只有转化为旅游产品，才具有旅游价值，对地质公园旅游产品的开发，主要是根据各个公园的旅游基础设施、条件及旅游资源特色进行设计，并提出了保障措施。钟林生等（2008）对张家界地质公园旅游发展及经济周期进行研究。地质旅游提倡旅游活动需以维持生态平衡且减少对环境冲击为前提，因此，不仅以保护地理环境特质为目的，更关注人类对自然的态度，提供高品质、强调环境与文化内涵的旅游活动，内容包括自然史、地质构造、地形、生态及文化遗产等。由于地质旅游产品科学含量比较高，因此，如何使这些产品成为游客乐于购买的对象，并且在消费过程中达到学习教育的目的，需要加强对产品的促销、宣传和旅游地解说系统方面的研究。

---

　　① Guidelines and Criteria for National Geoparks Seeking UNESCO's Assistance to Join the Global Geoparks Network, The Geoparks Secretariat at UNESCO, June 2008.

（三）矿山公园的旅游开发研究

矿山公园是以展示人类矿业遗迹景观为主体，体现矿业发展历史内涵，具备研究价值和教育功能，可供人们游览观赏、进行科学考察与科学知识普及的特定的空间地域。2004 年国土资源部下发了《关于申报国家矿山公园的通知》，第一次提出矿山公园的概念，正式命名了国家矿山公园（National Mine Park of China），并启动了国家矿山公园的申报与建设工作，标志着矿山公园的建设迈出了新的步伐。截至 2012 年 12 月 26 日，我国公布了 72 处矿山公园。[①]

2005 年国土资源部批准了第一批矿山公园 28 家，学界开始关注利用矿山遗迹开展工业旅游活动的探索。王丽丽（2009）对沂蒙钻石国家矿山公园的旅游开发进行了研究，通过对 701 矿功能的改变、文化的挖掘、开展工业旅游活动，为其寻找到了转型再生之路，复兴了经济，创造了就业机会，改善了生态，拓宽了产业链条，从而打造出具有钻石品质的矿山公园品牌。王莹、刘雪美（2010）以海州露天矿国家矿山公园为例，对资源型城市工业遗产旅游开发进行了初探。李纲（2012）分析了我国国家矿山公园的分布状况，认为国家矿山公园在矿种结构、时间结构、空间结构上表现出极端不平衡性，煤矿类、非金属类、贵金属类矿山比重较大；矿山开发时间相对集中在周、汉、唐、明、清等时代，新中国成立后达到顶峰；国家矿山公园主要集中在黑龙江、河北、山东、内蒙古等省区，区域分布表现为北方多于南方，东部、中部多于西部，长江中下游区、华北地区、东北地区分布最多，主要集中于"黑河—腾冲"一线的东南侧。我国矿产资源分布特点、矿业开发历史、区域经济发展水平是影响国家矿山公园结构特征的重要原因。陈震（2006）对甘肃省白银国家矿山公园旅游信息系统的设计与开发进行了研究。曾艳（2009）研究了黄石国家矿山公园工业旅游开发。牟永峰等（2009）对我国及国外矿山公园发展历程以及建设和规划过程中应注意的问题进行了研究。

---

① 数据来源：中华人民共和国国土资源部，http：//www.mlr.gov.cn/。

（四）风景名胜区的旅游开发研究

风景名胜区是风景资源集中，环境优美，具有一定规模、知名度和游览条件，可供人们游览欣赏、休憩娱乐或进行科学文化活动的，按国家规定程序报国务院及地方各级人民政府审定批准公布的特定区域。中国风景名胜区划分为三级：国家级风景名胜区、省级风景名胜区和市（县）级风景名胜区。国家级风景名胜区，指自然景观和人文景观能够反映重要自然变化过程和重大历史文化发展过程，基本处于自然状态或者保持历史原貌，具有国家代表性的风景名胜区。申请设立国家级风景名胜区，报国务院批准公布。省级风景名胜区，指自然景观和人文景观能够反映重要自然变化过程和重大历史文化发展过程，基本处于自然状态或者保持历史原貌，具有区域代表性的风景名胜区。申请设立省级风景名胜区，报省、自治区、直辖市人民政府批准公布。市（县）级风景名胜区，指具有一定观赏、文化或科学价值、环境优美、规模较小、设施简单，以接待本地区游人为主的风景名胜区，由市、县人民政府审定公布。国务院先后批准设立国家级风景名胜区 8 批共 225 处，面积约 10.36 万平方公里；各省级人民政府批准设立省级风景名胜区 737 处，面积约 9.01 万平方公里，两者总面积约 19.37 万平方公里。这些风景名胜区基本覆盖了中国各类地理区域，遍及除中国香港、中国澳门、中国台湾和上海之外的所有地区，占我国陆地总面积的比例由 1982 年的 0.2% 增加到 2012 年的 2.02%。① 我国是世界上风景名胜资源类型最丰富的国家之一，包括历史圣地类、山岳类、岩洞类、江河类、湖泊类、海滨海岛类、特殊地貌类、城市风景类、生物景观类、壁画石窟类、纪念地类、陵寝类、民俗风情类及其他 14 个类型，基本涵盖了中华大地典型独特的自然景观，彰显了中华民族悠久厚重的历史文化，其中以地质遗迹为主体资源的风景名胜区有 219 处。风景名胜区已经成为我国自然与文化遗产资源保护体系和全国主体功能区架构的重要组成部分。这些风景名胜区中已有 32 个被联合国教科文组织列入世界遗产名录，其中包括泰山、黄山、中国南方喀斯特、武夷山、庐山、武陵源、九寨沟、黄

---

① 资料来源：住房和城乡建设部. 中国风景名胜区事业发展公报（1982~2012）［R］. 2012：2.

龙、青城山—都江堰、三江并流等闻名世界的风景名胜，而这些风景名胜都是以地质景观作为其主体景观的景区。

风景名胜区从建立伊始就是为旅游业的发展服务的。然而，随着对风景名胜区旅游开发的不断深入以及对风景资源的影响和破坏，风景名胜区的开发、保护成为理论研究的热点问题。持积极开发观点的学者认为，风景名胜区应该开发成为旅游景区，通过发展旅游业来促进其可持续发展，风景名胜区可以实行三权分离以提高其利用效率。如刘骏、蒲蔚然（2004）认为，在市场经济条件下，风景区应以风景名胜区总体规划指导风景资源向旅游资源转化，然后在旅游发展规划的指导下，将旅游资源开发成旅游产品并推向市场。而提倡保护的学者认为，风景名胜区和国外的国家公园一样，是事业性质的单位，不是营利性质的，它的主要作用是保护资源，不是开发资源，因此，不应该以发展旅游业为手段，从风景名胜区中谋取经济利益，尤其是在出让经营权的过程中，非常容易出现风景名胜区的短期行为，导致对资源的毁灭性利用。如郑淑玲（2000）辨析了风景名胜区与旅游业的关系，认为风景名胜区是国家公益事业单位，不能随便开发旅游。现实中，由于风景名胜区和旅游业的天然联系，大部分学者还是坚持保护性开发，并强调风景名胜区的可持续开发，分别对风景名胜区管理体制变革（李树民，2001；汪德根，2003；杨泸，2006）、产品与线路规划（余建林，2008；吴应科，1998）、相关旅游产品的开发（陈俊鸿，1995）、与社会互动发展（陈耀华，2009）、资源保护与利用（胡跃中，2001）等方面进行了研究。

（五）旅游景区的旅游开发研究

旅游景区是为了旅游业的蓬勃发展而设定的。根据国家质量监督检验检疫总局发布的国家标准《旅游景区质量等级的划分与评定》与《旅游景区质量等级管理办法》规定：中国旅游景区质量等级划分为五级，从高到低依次为 AAAAA 级、AAAA 级、AAA 级、AA 级、A 级旅游景区。2007 年国家旅游局首批批准了 66 家 AAAAA 级景区，先后 17 批，截至 2013 年 4 月 11 日共批准 AAAAA 级景区 155 家，其中以地质遗迹为主体的 AAAAA 级景区有 92 家，占总数的 59.35%。国家 AAAAA 级景区绝大部分都具有多重身份，往往同时是国家地质公园、国家级风景名胜区等，这也充分说明了具有美学价值的地质资源无论从哪一个角度来看都是旅游业发展的重要支撑。国家旅游局开展旅游景区的创建工作，目的就是要依托这些得天独厚的旅游地质资源及所蕴含的地域文化资源，促使各地方政府加大投资力度以改善硬件设施，强化管理以提升软件水平，筛选出一批质量过硬、满足中外游客需求、在国际上有竞争力的景点使其在国内成为真正标杆的旅游精品"绝品"景区。目前，由于旅游景区的多重身份，因此对旅游景区的研究主要从地质公园、遗产地、风景名胜区等角度进行研究，在此不单独赘述。

（六）温泉的旅游开发研究

旅游温泉是指可供旅游产业开发利用的天然温泉和钻井采引的地热水，世界上对温泉的开发利用较成熟的是欧美和日本。Melanie J. Hellman 等（2004）通过遥感技术对黄石国家公园的温泉分布及储量进行了研究，C. Werner 等（2008）对黄石国家公园温泉的形成及品质进行了研究，为黄石国家公园温泉的开发做了相应的技术准备。欧洲 SPA 协会是代表欧洲 20 个国家 21 个会员的联盟组织，协会的目标是促进欧洲 SPA 和浴疗学的发展。同时，该组织关注基于矿泉水、景观以及气候的自然疗法能够被尽可能多的民众和游客使用。在欧洲，有超过1200 个温泉 SPA 和健康旅游目的地，这些目的地是备受尊重的医疗健康中心，也是重要的经济单位，对促进欧盟成员国 GDP 增长意义重大。[①] 日本温泉协会主要是根据日本《温泉法》对旅游温泉地开发进行有效的监督和管理，其温泉立法管理的做法也是值得世界其他国家借鉴的。我国温泉的旅游开发利用较早，已经成为当前我国多元休闲产业中的龙头，并带动区域经济全面发展。我国温泉度假村的开发，已经从原来的沐浴、疗养、休闲、娱乐时代进入了全新的主题化、复合性、度假型温泉时代，开发水准也得到空前提升。[②]

目前，对温泉旅游开发的研究主要有以下几个方面：温泉旅游资源的研究，例如，王艳平、山村顺次（2002）对中国温泉资源旅游利用形式的变迁及其开发

---

① 资料来源：欧洲 SPA 协会，http://www.espa-ehv.eu/default.aspx。
② 资料来源：温泉研究，北京绿维创景规划设计院。

现状进行了研究；对温泉旅游产品开发的研究，例如，陈燕娥（2006）就湘西北、陈莉莉（2008）对西部大峡谷、连彬（2009）对重庆温泉、裴若婷（2010）对罗浮山等温泉旅游产品进行了深度开发研究；对温泉旅游度假区的研究，例如，北京绿景创维对温泉村旅游开发模式的研究，提出了温泉度假村六大经典开发模式，即"特色温泉 + 景区"、"温泉 + 会议休闲"、"温泉 + 运动游乐"、"温泉 + 康复疗养"、"温泉 + 生态农庄"、"温泉 + 旅游地产"①，对依托温泉所形成的大产业以及产业整合方面提出了现实中较为可行的途径。

（七）国家公园的旅游开发研究

"国家公园"由美国艺术家乔治·卡特林（Geoge Catlin）首先提出，它是一种保留区，通常由政府拥有，目的是保护某地不受人类发展和污染的损害。世界上最早的国家公园是 1872 年经美国国会批准建立的黄石国家公园，之后"国家公园"的概念为许多国家采用。国际自然保护联盟（the International Union for Conservation of Nature，IUCN）定义国家公园是具有国家意义的公众自然遗产公园，它是为人类福祉与享受而划定，面积足以维持特定自然生态系统，由国家最高权力机关行使管理权，一切可能的破坏行为都会受到阻止或予以取缔，游客到此观光需以游憩、教育和文化陶冶为目的并得到批准。截至 2014 年 5 月 31 日，云南省作为唯一由国家林业局授权开展国家公园建设试点的省份，已经建成 8 个国家公园，分别是普达措、梅里雪山、丽江老君山、高黎贡山、大围山、南滚河、西双版纳和普洱国家公园。

由于我国国家公园的建设还处于起步阶段，且现阶段对国家公园的界定还存在较多争议，因此，对国家公园旅游开发的相关研究主要集中于概念的界定以及与我国现有各类景区（点）开发模式的比较研究。对国家公园的界定主要有三种观点：一是将国家公园等同于我国各种类型的保护区、风景名胜区、旅游景区。李经龙等（2007）认为"中国的国家公园体系在部门管理体制下逐渐演变为六种类型：国家自然保护区、国家森林保护区、国家地质公园、国家湿地公园、国

---

① 资料来源：http//：www.lwcj.com.

家矿山公园、国家重点风景名胜区"；马晓龙、保继刚等（2009）将国家公园视同旅游景区进行研究。二是将自然保护区等同于国家公园。徐嵩龄（2003）认为"国家公园是一种'就地保护'的自然保护区，就其保护性而言仅次于 IUCN 分类体系中的'科学保护区/绝对自然保护区'，他还从价值品位（国家或国际意义的自然区域）、功能（科学、教育、休闲）、面积（相对较大）和与人类关系（基本不受人类活动影响，且不容许商业性耗用型活动）四方面对国家公园的概念做了界定"。三是将我国风景名胜区等同于国家公园。谢凝高（1995）认为，我国的国家风景名胜区相当于国外的国家公园。国家公园的理念兴起于美国，随后在世界范围内得到了广泛的推广，目前我国学者做了大量国外国家公园经营管理模式经验借鉴的研究。

三、地质资源旅游产业化研究

工业化和农业产业化的研究相对成熟，地质资源旅游产业化的系统研究目前还处于探索阶段，主要散见于对自然资源的资产化研究，通过对资源资产化研究现状及产业化基本概念的梳理，以期能为地质资源旅游产业化探索提供有益的借鉴。

（一）资源资产化研究

资源的资产化是指将资源视为一种有价值的、预期可以带来经济收益的资产，并通过资产化交易，解决"资源无价"和"公地悲剧"带来的资源利用低效率，有效地配置资源，提升资源的利用效率。目前，对资源资产化的研究主要包括矿产资源、水资源、国土资源、森林资源、地质遗迹类资源资产化等方面，其中对矿产资源和国土资源的资产化研究成果相对较多，这是因为国土资源和矿产资源是我国市场经济改革中较早进入市场、通过市场机制作用在市场上交换实现价值的自然资源。

从 20 世纪 90 年代开始，学界开始研究矿产资源资产化的问题，积累了丰富的研究成果，已有的研究主要集中在我国矿产资源管理现状及存在的问题，实行资产化的原因、条件，资产化的内涵、目标、任务、特点、内容及对策，矿产资源的资产价值构成及资产评估，资产化和资源管理的关系等几个方面。具体涵盖了矿产资源价值的核算、资产的评估，资产化的模式，矿产资源价值补偿及资源税，产业化发展趋势等方面。矿产资源的资产化开了自然资源资产化的先河，为自然资源的资产化做出了有益的探索。

崔彬等（2013）认为，矿产资源的资产化是指矿产资源通过依法取得并行使矿业权，使特定的矿产资源进入市场，通过开发利用活动生产并经销售矿产品获得收益，或者通过矿业权的转让等方式获取收益。蔡静峰（2004）对我国森林资源资产化进行研究，认为摆脱我国资源困境的根本出路是对国有资源实行资产化。森林资源资产化，就是把森林资源转化为资产，将其运营作为产业，按照市场经济规律进行管理，促进森林资源有偿占有和使用，森林资源的产权流转得以实现，使森林资源资产的消长得到有效的调控。森林资源资产化改革，是森林资源管理机制的重大改革，是促进森林资源可持续利用的有效途径。樊鸿瑜（2006）提出了以三权分立分离为核心的地质遗迹类旅游资源的资产化模式。提出实行地质遗迹资产化要从经济、法律等方面保证国家拥有所有权；建立地质遗迹类旅游资源经营权经营公司进行经营权的经营，同时建立监督管理委员会和统一的规划机构保证公司的顺利运行，并优化政府在管理中的职能；将经营权出让给企业，主要涉及经营主体的选择、经营权转让模式、经营方式、策略及资金来源、收入分配等问题。其他对地质遗迹资产化的研究，如杨涛（2006）、胡能勇（2007），他们的观点都认为地质遗迹有使用价值和效用，为了保护地质遗迹应对其采取资产化的方式。相关的研究阐述了地质遗迹资源资产化的必然性，并探讨了地质遗迹资源资产化的目标、任务、实施的基本要求和具体步骤。

目前我国对部分自然资源开展了资产化的实践，取得了一定的经验，但同时也遇到很多困难，如自然资源资产价值理论的构建及其量化问题没有得到有效解决，成为资源资产化最大的障碍；长期以来形成"资源无价"的传统价值观念，阻碍了资源资产化进程；在计划经济体制下产生的资源管理模式根深蒂固，适应市场经济条件下的资源管理模式在短时间内难以形成，也难以起到主导作用。但无论如何我们欣喜地看到自然资源在从资源到资产再到资本的产业化发展路径上已经迈出了艰难的步履，也为地质资源的旅游产业化研究提供了理论上的借鉴意义。

(二) 产业化

产业化来源于工业化进程中对产业化的正确理解，是地质资源旅游的产业化研究的理论基础。

1. 产业化的基本概念

产业是宏观经济与微观企业之间的一个"集合概念"，是具有某种同一属性的企业或组织的集合，又是国民经济以某一标准划分的部门的总和。产业从产生到消亡一般要经过产业的形成、成长、成熟和衰退四个阶段，这四个阶段形成了产业的一个生命周期。

联合国经济发展委员会对产业化的定义是：生产的连续性 (Continuity)、生产物的标准化 (Standardization)、生产过程各阶段的集成化 (Integration)、工程高度组织化 (Organization)、机械化 (Mechanization)、生产与组织一体化的研究与开发 (R&D)。国务院发展研究中心认为，产业化就是将新技术、新产品、新工艺和新材料通过商品化、市场化、规模化达到实用，并获得回报。商品化、市场化、规模化是产业化的三个标志。丁云龙等 (2001) 认为产业化一般具有大规模生产的含义，即基于一项新技术开发而成的产品，达到一定生产规模，从而实现收益最大化。产业化设计就是基于大规模生产方式而进行的设计。冯永德 (2003) 指出，产业化是一个新概念，它是生产加工一条龙，贸工农一体化，生产链条延伸，最大限度地提高资源效益。江红等 (2000) 提出"产业化"主要是使具有同一属性的企业或组织集合成社会承认的规模程度，以完成从量的集合到质的激变，真正成为国民经济中以某一标准划分的重要组成部分。钟杏云 (2003) 从三个角度对产业化概念进行分析：从产业角度，"产业化"是指形成产业的产品、服务或其活动从不具有产业性质 (或状态) 逐渐转变到充分具有产业性质 (或状态) 的全过程，同时也包括形成产业的产品、服务或其活动从较少具有产业性质 (或状态) 转变到较多具有产业性质 (或状态) 的过程。从市场化角度，主要包括市场机制作用的程度和市场机制作用的范围两方面。从市场机制作用程度的角度，产业化包括市场机制对形成产业的产品、服务或其活动从不发挥作用到充分发挥作用的过程，其中包括从较低程度地发挥作用到较高程度地发挥作用的发展过程；从市场化范围的角度来看，产业化包括市场机制对形成产业的产品、服务或其活动从不发挥作用到所有范围都发挥作用的发展过程，其中包括从较小范围发挥作用到较大范围发挥作用的发展过程。从规模化的角度，产业化包括市场机制作用下的产品、服务或其活动在规模上从无规模到充分规模，包括从较小规模到较大规模的发展过程。夏清明（2004）指出科技产业化的基本特征主要包含四个方面：市场化是科技产业化的运作方式；规模化是科技产业化发展的基础；一体化是科技产业化经营的核心；现代化是科技产业化水平的标志。

从上述对产业化基本概念的研究来看，"产业化"本质上是一个产业从无到有，从一个阶段发展到另一个阶段的过程，这个过程中伴随着生产手段、生产结果（产出）、生产成本、市场范围等方面的变化，并对上下游或者关联资源及产业产生影响。

2. 旅游地质资源产业化

国内学者冯天驷最早对旅游地质资源产业化进行了研究，1998 年，他首次提出地质旅游产业的概念，在分析我国旅游业和地质旅游业发展状况的基础上，提出地质旅游产业的发展方向及对策建议，首次提出了狭义及广义地质旅游产业的概念。狭义地质旅游产业是我国地质事业和旅游事业发展到一定阶段和相互结合的产物，它是地质工作向旅游业渗透、为旅游业服务的一项新型产业，它既是旅游事业的特殊组成部分，又保留了鲜明的地质科学和地质工作特色。旅游业的构成主要包括食、住、行、游、购、娱六大要素，按目前我国的情况，旅游业包括下列各类企业：旅行社、以饭店为代表的住宿业、餐饮业、交通客运业、游览娱乐行业、旅游用品和纪念品销售行业，以及各级旅游管理机构和旅游行业组织，包括这些内容的地质旅游产业，称为广义地质旅游产业。无论是广义还是狭义的地质旅游产业，都是产业化发展的过程。

徐嵩龄（2000）针对 1996 年以来我国风景名胜区股票上市所导致的争论，就怎样认识风景资源的旅游经营做了深入的研究，他认为争论的实质是风景资源是否进行和如何进行旅游经营的问题。通过对风景资源权益、功能、价值进行评定之后，他认为寻找恰当的风景资源旅游经营模式，依然是亟待进行而且高度紧迫的任务。徐嵩岭研究中所指的风景资源就是本书研究的对象地质资源旅游资源化的结果——旅游地质资源，他的研究虽然没有提到产业化，但是已经涉及产业化的一个重要环节，即资源的市场化经营，因此，该研究为地质资源旅游产业化的研究提供了宝贵的研究思路。

杨世瑜（2008）提出了地质资源旅游资源化的旅游地质产业化观点，其观点是："随着旅游活动的发展，形成了支撑旅游经济发展的旅游产业，一些产业也因涉足旅游经济活动而加入旅游业行列。相应地，一些地质资源、地质体也因成为旅游地发展成为具有旅游经济活动的旅游实体，如以地质景观为依托的风景名胜区、旅游景区。因此，从'变化'、'转变'、'转化'的角度出发，地质资源转变为旅游地质资源，产生旅游地质经济效益，转变为旅游产业链的产业链接，并以旅游地质资源构建旅游（地质）产业，这一过程称为地质资源旅游资源化的旅游地质产业化，如地质景观构建了具经济实体的地质公园、风景名胜区。"

傅晶（2003）运用实证研究、系统分析和定量与定性相结合多种分析方法，针对黑龙江省森林公园的现状和经营情况，提出黑龙江省森林公园实施产业化经营的必要性，首次对森林公园产业化经营内涵进行界定，对森林公园的经营原则和机制进行研究，最后提出了黑龙江省森林公园实施产业化经营的对策。

从上述研究可以看出，对旅游地质资源的产业化研究已经引起了学界的关注，并且为此做出了有益的探讨，但目前还处于探索阶段，对旅游地质资源产业化的研究主要散见于各类旅游地质资源产品开发的研究中，相关的研究尚未形成理论体系。

（三）地质资源旅游产业化研究中存在的问题

地质资源旅游产业化包括地质资源旅游资源化，旅游地质资源产品化、市场化，旅游地质资源资产化。地质资源旅游产业化是以地质资源旅游资源化为前提，以旅游地质资源产品开发为核心，与相关产业结合形成旅游产业群（链）发展的过程。这一过程涉及地质资源转化为旅游地质资源，旅游地质资源开发为旅游地质资源产品，在旅游市场上产品的定价及促销，旅游地质资源资产化以及旅游地质环境保护等多方面的内容，各个领域的专家和学者都在这些方面开展了很多具有建设性和指导性的研究工作，从现有研究来看以下几个方面是急需解决的。

1. 基本概念界定不清且基础研究不足

何谓"旅游地质资源"以及"地质旅游资源"的界定存在一定偏差。冯天驷（1998）认为，由地质作用形成的自然旅游资源都可称为地质旅游资源，一部分与地质形体有直接关系的旅游资源也可称为人文地质旅游资源，如古水利工程、石窟、摩崖石刻、岩画，并依据资源的形态特征及其自然属性，将地质旅游资源分为16类。罗成德（1989）、杨世瑜（2006）认为旅游地质资源是由人类活动或者早期人类活动时期的地质活动形成的，诸如高山、陡崖、峡谷、洞穴、泉水、湖泊、岛屿以及古人类遗迹等对旅游者具有吸引力，可以用于发展旅游业的地质资源，主要包括观赏性旅游地质资源、科考性旅游地质资源以及商品性旅游地质资源。事实上，无论是"旅游地质资源"还是"地质旅游资源"，都是发掘地质资源的科学、审美等旅游价值，将其转化为支撑旅游业发展的资源。两者的区别在于旅游地质资源是地质遗迹中具有旅游开发价值的地质资源，而地质旅游资源是地质遗迹中可用于开发科考、科普等专项旅游活动的资源，地质遗迹、旅游地质资源和地质旅游资源三者之间是层级关系，地质遗迹包含了旅游地质资源和地质旅游资源，而旅游地质资源又包含了地质旅游资源。但是在现有的研究中，基本上是将这两个概念混同使用，没有对基本概念进行区分。

目前，对旅游地质资源的研究主要集中在两个方面：一是对旅游地质资源的调查、开发、评价、规划、设计、保护、可持续利用等方面；二是对旅游地质资源产品的设计、功能、策划、市场营销、开发模式等方面。但这些研究几乎都忽略了旅游地质资源的前世——地质资源旅游资源化的研究，只有部分学者的研究涉及旅游地质资源的成景作用、地质背景条件，但是这些研究又多是站在地质学、地理学的专业角度，没有很好地将旅游地质资源与其欣赏主体旅游者结合起来。这使得对旅游地质资源的研究很大程度上是就资源论资源，一方面，由于不了解旅游地质资源的成景环境，导致现有的规划一定程度上违背了自然成景作用的规律，按照行政区划来进行规划，破坏了旅游地质景观的完整性和系统性，同时不可持续。另一方面，由于未结合旅游者的需求，很大程度上对旅游地质的评价主要着重于资源的理论价值，从理论上来讲价值很高的资源，未必是旅游市场上能够为旅游者所接受的。作为一种资源要转化为产品，必须要能够满足人的某种需求才具有可行性、才能创造经济价值，如果说旅游地质资源不能为旅游者所接受，没有市场，那这种资源是没有办法实现经济价值或者效益最大化的，这就不能满足资源经济学的原则。在已有的部分研究中关注到了上述两个方面的问题，但限于研究的命题并没有深入阐述地质资源为什么可以转变为旅游地质资源，其内在动因及机制是什么，旅游地质资源如何产品化、市场化，如何实现旅游经济价值，其产品定价和市场营销与一般旅游产品有何区别，如何对旅游地质资源进行资产化管理等问题。

2. 地质资源旅游开发方式的争论

1995 年 5 月 4 日，中华人民共和国地质矿产部发布《地质遗迹保护管理规定》（［1995］21 号），提出对地质遗迹应实行"积极保护、合理开发"的原则。旅游地质资源作为地质遗迹开发利用的一种方式，对其进行经济开发是经济社会发展的必然趋势。此外，在各种旅游地质资源基础上开发出的旅游地质资源产品，也强调其保护和促进经济发展的双重目的。例如，国土资源部对地质公园的定义是"地质公园是以具有特殊的科学意义，稀有的自然属性，优雅的美学观赏价值，具有一定的规模和分布范围的地质遗迹景观为主体；融合自然景观与人文景观并具有生态、历史和文化价值；以地质遗迹保护，支持当地经济、文化教育和环境的可持续发展为宗旨，为人们提供具有较高科学品位的观光游览、度假休闲、保健疗养、科学教育、文化娱乐的场所，同时也是地质遗迹景观和生态环境的重点保护区，地质研究与普及的基地。"建立地质公园的主要目的有三个：保护地质遗迹、普及地学知识、开展旅游促进地方经济发展，对地质公园强调保护性开发，强调其旅游的功能，强调其促进经济发展的作用。

但在地质资源旅游开发的实践中，市场化运作仍颇受争议，因为市场化运作必然要符合市场经济的运行规律，要有足够的经济支撑和保障，否则对资源的破坏是在所难免的。我国现阶段的国情决定，我们在借鉴其他国家先进的开发及管理经验时并不完全具备条件，因此市场化运作是不可避免的。从美国的国家公园建设历程来看，其发展之初也非常强调对自然资源的合理开发和利用，而是到了美国经济发展水平较高之后才更加强调对这些不可再生资源的保护，逐渐淡化其经济开发方式。① 从我国经济社会发展的现实来看，尤其是一些旅游地质资源较为丰富的偏远地区，经济发展程度较低，不可能具备完全对旅游地质资源进行保护的条件。此外，从经济社会发展的一般规律来看，一个地区（国家）经济社会的发展，必然要善于利用其自身的资源优势为自身的"起飞"奠定良好的基础。因此，现阶段我国的旅游地质资源，要发挥资源的经济效应，只有在开发中保护，在保护中开发，才能保证对旅游地质资源价值的最大利用。

3. 旅游地质资源管理体制的争论

旅游地质资源种类较多，涉及绝大多数自然资源，而我国长期以来对自然资源采取分散化的管理方式，这就导致旅游地质资源及其产品的多元管理体制既成事实（见表1-3）。此外，我国一些旅游价值很高的旅游地被授予了多项桂冠，例如，黄山分别是世界自然及文化双遗产地、国家 AAAAA 级景区、世界地质公园、国家森林公园、国家地质公园、国家重点风景名胜区等，从行政隶属关系来看，分别服从联合国教科文组织、旅游局、林业部、国土资源部、住建部等部门的管理。

表1-3　我国各类旅游地质资源产品的主管机构情况

名称	主管机构
世界遗产	联合国教科文组织
世界地质公园	联合国教科文组织
自然保护区	环保部门、林业部门、农业部门、海洋部门、国土部门、水利部门及其他
国家森林公园	林业局（现并入农业部）
国家地质公园	国土资源部
国家矿山公园	国土资源部

① 美国于 1916 年成立国家公园管理局（NPS），这是美国国家公园体系建立和完善的重大事件，NPS成立以后，其战略重点和建设理念经历了从户外游乐、环境保护到生态保护三个历史阶段的演变。2003 年美国 300 多处国家公园直接创造了 106 亿美元的旅游收入和 21.2 万个就业机会。

续表

名称	主管机构
国家级风景名胜区	住房和城乡建设部
国家 AAAAA 级景区	国家旅游局
中国温泉之乡、城	国土资源部
国家公园	国家林业局

资料来源：笔者根据公开数据整理。

如何协调好多部门管理，让旅游地质资源最大化发挥作用，增加整个社会福利是一个值得思考的问题。地质资源旅游产业化是更好地解决开发、保护和有效管理之间的矛盾和冲突的有效途径之一。因此，对地质资源的旅游产业化研究是一个现实而又重要的科学研究命题，如何建立一种既能统一管理又能市场化运作的方式、找到地质资源旅游产业化的路径是当前地质资源旅游开发中的重点、难点和热点工作，也是旅游地质学研究的核心内容之一，目前的研究还处于探索阶段，例如，从风景名胜区经营权转让、资源资产化及旅游上市企业的角度进行了地质资源资产化等方面的研究，尚未形成完整的地质资源旅游产业化发展理论。

4.地质资源旅游产业化的途径

与其他产品类似，旅游地质资源产品种类多样，表现出多元化的特征。目前地质资源旅游产业化的途径并非完全相同。例如，工业遗迹、矿山遗址以开发工业旅游为主要路径；典型地质遗迹以观光、科普、科考旅游为开发路径；地热、温泉以开展休闲、度假旅游活动为路径；奇石、珠宝玉石成为旅游购物地质产品；风景名胜区和旅游景区主要以发展观光旅游为路径。尽管路径不同，但是这些旅游地质资源产品基本上覆盖了整个旅游产品体系，满足了不同层次旅游者的需求，构建了一个完整的旅游地质资源产品体系。不同类型的地质资源旅游产业化发展的途径和程度不同，但是地质资源中的旅游价值已经日益得到了旅游者、旅游地学工作者、旅游开发者（包括了当地政府、企业、社区）在内多个主体的重视，而且正在不断探索把地质资源旅游资源化，旅游地质资源产品化、市场化的途径，希望探索地球46亿年演化过程中留下的地质遗迹新的利用方式。随着具有中国特色的社会主义市场经济的不断完善，地质资源旅游开发的市场化、产业化也在得到不断地完善和发展，但要想保证地质资源旅游产业化的发展还需要付出更多的努力，探索更为有效和丰富的途径。

第二节　选题及研究意义

一、问题提出及选题

地质资源作为一种自然资源，具有结构上的非均衡性和数量上的稀缺性，是自然旅游资源的重要组成部分，是旅游业发展的重要物质基础。充分发掘地质资源的旅游价值促进旅游业发展，是理论研究和实践都不容忽视的内容。

目前，在地质资源转化为旅游地质资源进而促进旅游经济发展方面已经取得了很多研究成果，这些研究成果表明地质资源的"旅游经济问题"已经得到了学界的关注，而且地质资源通过旅游产业化发展实现经济效益在实践中也是不争的事实，那么地质资源究竟能否实现旅游产业化，如何将地质资源转化为旅游地质资源，如何将旅游地质资源开发为旅游地质资源产品，如何实现旅游地质资源资产化，还需要进一步研究和探索。一直以来，美国国家公园管理体系被公认为是目前世界上较为成功的模式，那么美国以及其他国家对地质资源旅游开发、利用及管理模式在以中国为代表的发展中国家是否可行，其借鉴意义何在，这一系列的问题在前期的研究成果中还缺乏深入、系统的研究。此外，笔者在参与"昭通旅游地质资源整合研究"、"国家旅游综合改革实验区"项目以及《云南大百科全书——旅游卷》等工作的调研中，深刻认识到地质资源对云南旅游业发展的重要意义，地质资源旅游开发在实践中以多种形式表现出来，归结起来，可以看作是地质资源的旅游产业化。因此，本书《云南地质资源旅游产业化研究》拟就地质资源的"旅游经济问题"——地质资源旅游产业化做深入、系统的研究。

二、研究方法

(一) 文献研究法

本书采用文献研究法，通过云南省文献资源共享与服务平台、世界遗产委员会、世界地质公园网络、国家住房和城乡建设部、国家旅游局、国家林业局、国土资源部、欧洲温泉协会、日本温泉协会等相关网站检索，获得了大量文献资料，为地质资源旅游产业化研究提供了大量的基础资料。在检索文献的过程中，以"地质资源旅游产业化"作为检索关键词没有检索到相关文献，而通过地质资源、国家风景名胜区、国家地质公园、世界自然遗产（含双遗产）、国家矿山公园、温泉+旅游开发进行检索，其中专利和标准两个文献类型检索结果皆为零，因此不纳入统计范围。检索时间截至 2013 年 12 月 30 日，检索结果如表 1-4 所示。

表 1-4　地质资源及旅游地质产品旅游开发文献检索结果

检索内容＼文献类型	图书	期刊	报纸	学位论文	会议论文	视频	信息资料	小计
地质资源	10	29	84	61	84	0	16	284
国家级风景名胜区	398	282	124	1	3	6	4	818
国家地质公园	64	183	131	40	88	8	7	521
世界自然遗产（含双遗产）	30	50	28	2	3	21	5	139
国家矿山公园	1	5	1	2	0	0	1	10
温泉	121	263	116	19	24	12	35	590
小计	624	812	484	125	202	47	68	2362

通过文献分析发现，对国家级风景名胜区旅游开发研究的成果最多，其次是温泉、地质资源、国家地质公园、世界遗产，相比之下，对国家矿山公园旅游开发的研究要少得多。从时序来看，对国家级风景名胜区旅游开发的研究最早，其次是温泉、地质资源，2000 年前后对世界遗产、地质公园和矿山公园的研究开始出现。我国各种类型旅游地质资源产品出现的时间与我国旅游业发展的历程完全相符。

(二) 实地调查研究法

本书选取旅游地质资源类型集中、丰富的云南省作为研究对象，利用笔者所主持的云南巧家、镇雄、永善县域旅游规划、"昭通旅游地质资源整合研究"、"国家旅游综合改革实验区"以及《云南大百科全书——旅游卷》编写过程，对云南省16个州市不同的旅游地质资源进行了翔实的调研和梳理，并采访了旅游相关部门的管理人员及景区经营者，在现场进行了问卷和访谈调研。通过实证调研，取得了大量的一手资料。在实地调研的基础上，分析了云南旅游地质资源的成景作用，着重研究了具有代表性的典型事例。通过对云南地质资源旅游产业化的深入研究，为地质资源旅游产业化研究奠定了坚实的基础。

（三）系统研究法

通过文献研究发现，对地质的旅游开发主要分散在各种类型旅游景区的研究中，诸如国家公园、地质公园、风景名胜区、矿山公园等，事实上这些不同类型的旅游开发方式都是地质资源旅游产业化的具体表现形式。本书在对云南省以及国内外地质资源旅游产业化的实践分析基础上，结合地质学、旅游学、经济学、旅游经济学等相关理论，提出了地质资源旅游产业化的概念，提出地质资源旅游产业化包括了地质资源旅游资源化、旅游地质资源产品化、市场化及旅游地质资源资产化的思路。在研究地质资源旅游资源化的过程中，利用 AHP 方法对云南典型地质资源的旅游价值进行评价，基于古典经济学的垄断和竞争理论对地质资源产品的定价机制进行探索，并利用 CAMP 模型对旅游地质资源产品的资产化价格进行分析。在对地质资源旅游开发方式系统归纳以及对地质资源旅游产业化三个方面整体分析的基础上，本书明确了云南地质资源旅游产业化的思路，针对云南地质资源旅游产业化过程中存在的问题，提出了加强立法、规范管理、科学开发、多方参与、加强保护等改进思路。

三、研究思路及创新性

（一）研究思路及技术路线

本书从地质学、旅游学以及经济学理论结合入手，研究云南地质资源旅游产业化。从云南地质资源旅游开发的实践来看，对地质资源旅游价值的认识和挖掘，为地质资源旅游资源化提供了可能，并为地质资源旅游产业化奠定了基础；

在此基础上，将旅游地质资源开发成为旅游地质资源产品，实现旅游地质资源的产品化、市场化是地质资源旅游产业化的途径和核心；通过经营权转让、特许经营等方式，优化旅游地质资源的配置，即旅游地质资源的资产化，是地质资源旅游产业化的重要补充和保障。针对云南省地质资源旅游产业化过程中存在的问题，归纳国内外经验，提出云南地质资源旅游产业化的对策和建议。本书的研究技术路线如图1-1所示。

（二）本书的创新性

（1）本书从产业化的角度探讨地质资源的旅游开发，为地质资源的开发提供了一个新的研究思路。本书从云南省旅游业发展实际出发，对云南地质资源旅游产业化进行了研究，认为地质资源旅游产业化包括了地质资源旅游资源化、旅游地质资源产品化和市场化以及旅游地质资源资产化。地质资源的旅游产业化研究与传统工业化、农业产业化不同，它是依据地质资源这一特定的资源，以发掘地质资源的旅游价值，在保证地质资源的可持续利用前提下发展旅游业。地质资源旅游产业化的界定视角不是农业产业化、工业化所探讨的链式结构，而是一种相互交融的环式结构。

（2）本书补充和拓展了旅游规划及旅游开发的相关理论，提出了地质资源旅游产业化理论框架。本书将地质资源旅游产业化理论体系概括为地质资源旅游资源化、旅游地质资源产品化和市场化以及旅游地质资源资产化三个部分，在此基础上，分别就这一理论体系中的各个构成部分进行了探索与研究。首先，对地质资源旅游资源化的条件、动力进行了研究，并结合云南实际对地质资源旅游价值进行评价；其次，基于地质资源旅游资源化，对旅游地质资源产品进行界定和分类，并从古典经济学的角度对旅游地质资源产品的定价进行探讨，结合现代市场营销对旅游地质资源产品的营销分类进行研究；最后，结合产权理论、资本资产定价模型等，对旅游地质资源的资产化从机制和定价方面进行探索。

（3）本书在地质资源旅游价值评价方法方面进行了一定的探索。本书基于地质资源的美学、科考、商品性等特点，构建了地质资源旅游价值评价的指标体系，提出地质资源的要素价值、资源影响力、资源环境条件是构成地质资源旅游

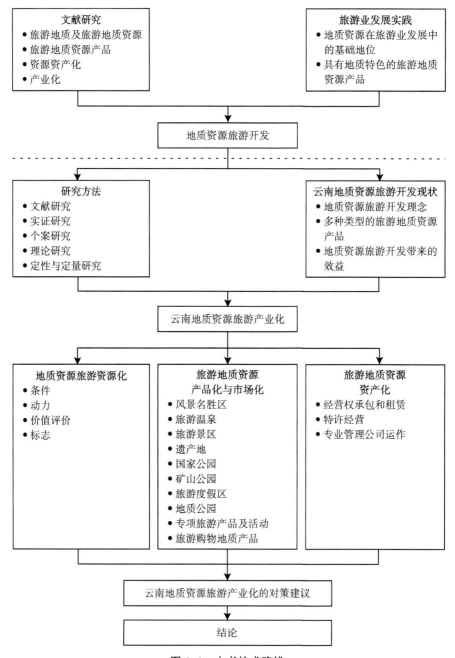

图1-1　本书技术路线

价值的三个重要指标体系，每个指标又由具体的价值构成要素指标组成，共计十个价值构成要素指标。利用这一评价指标体系对云南重点地质资源的旅游价值进行了评价，为云南旅游地质资源产品开发和资产化提供了依据。

四、研究的意义

从世界范围及我国地质资源的旅游开发来看，市场化、产业化是较为可行的一种途径，地质资源旅游产业化研究的意义具体表现在以下几个方面。

第一，地质资源是旅游业发展的基础。具有独特观赏价值同时又具有典型代表的地质资源往往成为了人们旅游活动过程中观赏和体验的对象，这一类景观具有非常高的美学观赏价值，同时由于是特有地质现象独特性的表现，因此，蕴含了深厚的科学价值，对于观赏者来说是一生中难以忘怀的体验，对于提高人的审美价值，学习科学知识，陶冶情操，树立环保意识具有非常重要的作用。此外，具有独特、稀缺意义的地质资源，可以采取设立保护区的方式运作，一方面起到保护资源的目的，另一方面也为开展特殊旅游活动奠定基础。

第二，通过对地质资源的旅游开发，为地质资源的开发利用找到新的途径。例如，早期工业化发展所遗留下来的矿山遗迹、工业遗迹，通过发展工业旅游找到了新的发展途径；旅游景区、风景名胜区以独特的生态环境和适宜的气候条件，通过开发生态旅游和休闲旅游活动找到了发展的途径；温泉旅游活动成为今天人们追求休闲度假旅游活动的绝佳方式；地质公园是科考、科普旅游的露天地质博物馆等。通过地质资源的旅游开发，可以改变地质资源的使用价值，形成不同类型的旅游产品，满足人们不同层次的旅游需求，扩大了地质资源开发利用的范围，丰富了人们的旅游活动。

第三，地质资源的旅游开发，使得一部分不能为"工业开发"的地质资源的经济效益得以发挥，为区域经济发展做出了重要贡献。地质资源旅游资源化、旅游地质资源产品化、旅游产品市场化，尽管实现价值的途径不同，但是殊途同归，它们都创造了可观的经济效益，为区域旅游经济发展做出了重要的贡献，改善、提高了当地人民的生活水平和生活环境。

第四，促进了区域旅游地质环境的保护。通过国内外地质资源旅游开发与保护的成功经验，我们可以发现，由于地质资源的旅游开发，区域旅游地质环境得到了有效的保护。当地的老百姓在享受到旅游开发带来的实惠之后，他们都会自觉地参与到保护资源的行业中，有的地方老百姓自愿到山上种树，监督不文明的旅游行为，更不用说开发资源的其他主体，如当地政府、企业。全民主动自觉地参与对旅游地质环境的保护是我们社会主义市场经济更加成熟的具体表现。

第五，实现了三大效益的结合。无论是我国还是世界其他国家，对于地质资源的旅游开发利用都取得了较好的经济效益，同时也带来了较好的社会效益和环境效益。但同时也可以清晰地发现由于各国对地质资源旅游开发的管理方式不同，因此同样品位的资源开发、利用及保护的程度差异还很大，创造的效益也具有明显的差别。在我国这一问题也是显而易见的，我国是社会主义市场经济的国家，旅游经济的发展还需要强大的资本支持，旅游经济发展中所需要的资本是需要地质资源通过市场化、产业化运作来实现积累的。目前对于旅游业、酒店、人造景点的市场化过程，由于其产权容易清晰，且本身所产生的环境和社会影响有限，基本得到了理论界的认可，其市场化或者是资产化过程没有引起太多的非议（徐嵩龄，2003；张进福，2004），而对于国家自然资源市场化问题引起了广泛关注甚至成为争论的焦点，认为这种行为改变了资源共有产权的性质。企业是以追求利润为最高目标，在其掌握了唯一性、独特性和稀缺性的资源之后，必然通过提高门票价格等方式赚取最大的利润，而在这个过程中受到损失的是社会公众利益（徐嵩龄，2000），不仅如此，在企业掌握了景区的主导经营权后，每年对于资源保护的投入费用由企业自主确定，将为全民所有的资源保护工作全盘交给"唯利是图"的私人企业，其后果不堪设想（郑易生，2002）。但实践证明，市场化、产业化运作是资源开发利用中不可或缺的一个重要部分，我们考虑到资源开发中存在的外部性问题并不等于否定这种路径的选择，我们需要做的是能否从法律层面、管理层面确定所有者与经营者的责、权、利，并在一定空间范围和时间范围内将资源进行有效的开发，对资源的开发利用要考虑两个经济学层面的内容：一个是经济效益最大化；另一个是外部性最小化。地质资源旅游产业化发展就是为了实现效益最大化和外部性最小化。

第二章　地质资源旅游开发及产业化

地质资源的旅游开发，是伴随着旅游业的发展而深入开发的。我国 1956 年建立了第一个自然保护区，20 世纪 80 年代末 90 年代初，开始在自然保护区的边缘区开展旅游活动。1982 年国务院公布了第一批国家级风景名胜区 44 家。1987 年我国加入联合国教科文组织世界遗产的申报工作，泰山成为我国第一个世界自然遗产地[①]。2000 年为了保护地质遗迹，我国开始筹建国家地质公园，2001 年国土资源部批准了第一批 11 家国家地质公园设立[②]。2004 年安徽黄山、黑龙江五大连池、江西庐山、河南云台山、河南嵩山、湖南张家界砂岩峰林、广东丹霞山、云南石林 8 家地质公园入选世界地质公园名录。2007 年国土资源部公布了第一批 28 家矿山公园。同一时期，国家旅游局根据景区质量高低推出了 A 级景区的评价标准，在最高级别的 155 家 5A 级景区中有 92 个是以地质资源为主体资源的景区，占整个 5A 级景区的 59.35%。2008 年国家林业局批准云南省为国家公园建设试点省份，先后批准了 8 家国家公园试点建设，在 8 家试点的国家公园中有 3 家是以地质遗迹为主体的国家公园。2012 年国土资源部又公布了 25 个拟命名的中国温泉之乡、城评审的名单。从目前支撑我国旅游业发展的资源产业来看，旅游业发展的基础主要是上述各种类型的保护区、景区（点）和公园。而通过对国家公布的国家级各类景区、公园的分析，我们可以发现风景名

[①] 同年列入世界文化遗产地的还有长城、周口店"北京人"遗址、莫高窟、秦始皇陵、故宫五处，其中北京人遗址是中国旧石器时代的重要遗址，也属于地质遗迹。

[②] 分别是云南石林、澄江，湖南张家界砂岩峰林，河南嵩山，江西庐山、龙虎山，黑龙江五大连池，四川自贡恐龙地质公园、龙门山，陕西翠华山和福建漳州国家地质公园。

山，地质公园、矿山公园、温泉等都是将地质资源用于旅游开发的典型代表。

第一节　地质资源旅游开发的基本类型

地质资源的旅游开发，首先是转变为可为发展旅游业所利用的旅游地质资源，其次是衍生出一系列旅游地质资源产品。根据地质资源旅游开发的价值取向及属性，可分为三种基本类型：第一种是基于地质资源的观光价值开发为风景名胜区、旅游景区，这一类型强调景观的观赏性和愉悦性，以旅游经营盈利为主要目的。第二种是以地质资源的稀有性、某一特定生态环境及科学价值为基础，将其列为世界遗产地、地质公园、国家公园，强调景观的科学性和保护性。在保护的基础上划定特定的区域开展旅游活动，旅游活动是这种类型的保护地中唯一可以开展的经营性活动。这两种资源还可以开展科考科普、登山、探险、漂流等专项旅游活动。第三种是利用地质资源所具有的收藏价值、奇特造型或养身体验的价值，可以直接或稍加修饰就可以作为商品出售旅游购物、纪念品以及旅游温泉产品。三种类型相对应的旅游地质资源产品如表2-1所示。

表 2-1　地质资源旅游开发的基本类型

地质资源的旅游属性	旅游地质资源产品主体类型	
观赏性	风景名胜区 旅游景区 温泉	专项旅游活动
科普、科考性	地质公园 世界遗产地 国家公园 矿山公园	
商品性	地质事件石、石制工艺品 矿产资源的深加工（珠宝玉石、银器、锡工艺品等）、旅游温泉	

一、观赏性旅游开发类型

这一类型的地质资源以突出的观赏价值或者愉悦度较高为特点，吸引力极强，可以直接开发为风景名胜区或旅游景区，这类产品的目标市场范围较广，属于大众旅游范围，且对这些地质资源的旅游开发不会引起地质资源环境和地质体发生巨大的变化。具体包括风景名胜区、旅游景区和旅游温泉。

（一）国家级风景名胜区

我国的风景名胜区发展较早，肩负着满足旅游业发展起步阶段大众观光旅游需要的使命。从 1982 年我国首次设立风景名胜区以来，经过 30 多年的发展，以地质遗迹为主体资源的国家级风景名胜区有 219 处（见表 2-2）。这一产品发展得较为成熟，已成为我国旅游业发展的核心吸引力，围绕以风景区形成的旅游要素中的"游"，带动了大旅游产业的发展。

表 2-2　中国以地质遗迹为主体的国家级风景名胜区一览表

名称	名称	名称
秦皇岛北戴河风景名胜区	山西五台山风景名胜区	南京钟山风景名胜区
山西恒山风景名胜区	辽宁鞍山千山风景名胜区	富春江—新安江风景名胜区
黑龙江镜泊湖风景名胜区	黑龙江五大连池风景名胜区	浙江普陀山风景名胜区
江苏太湖风景名胜区	福建武夷山风景名胜区	安徽九华山风景名胜区
杭州西湖风景名胜区	江西井冈山风景名胜区	湖南衡山风景名胜区
浙江雁荡山风景名胜区	青岛崂山风景名胜区	桂林漓江风景名胜区
安徽黄山风景名胜区	洛阳龙门风景名胜区	长江三峡风景名胜区
安徽天柱山风景名胜区	武汉东湖风景名胜区	四川青城山—都江堰风景名胜区
江西庐山风景名胜区	重庆缙云山风景名胜区	湖北大洪山风景名胜区
山东泰山风景名胜区	云南路南石林风景名胜区	湖南岳阳楼洞庭湖风景名胜区
河南鸡公山风景名胜区	陕西临潼骊山风景名胜区	广东丹霞山风景名胜区
河南嵩山风景名胜区	新疆天山天池风景名胜区	广西花山风景名胜区
湖北武当山风景名胜区	河北苍岩山风景名胜区	四川金佛山风景名胜区
广东肇庆星湖风景名胜区	辽宁鸭绿江风景名胜区	贵州织金洞风景名胜区
四川峨眉山风景名胜区	兴城海滨风景名胜区	贵州红枫湖风景名胜区
四川黄龙寺—九寨沟风景名胜区	吉林松花湖风景名胜区	云南三江并流风景名胜区
四川剑门蜀道风景名胜区	江苏云台山风景名胜区	云南丽江玉龙雪山风景名胜区
贵州黄果树风景名胜区	浙江天台山风景名胜区	沩山风景名胜区
云南大理风景名胜区	浙江楠溪江风景名胜区	嶂石岩风景名胜区

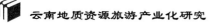

续表

名称	名称	名称
陕西华山风景名胜区	福建清源山风景名胜区	五老峰风景名胜区
甘肃麦积山风景名胜区	福建太姥山风景名胜区	本溪水洞风景名胜区
河北野三坡风景名胜区	江西龙虎山风景名胜区	雪窦山风景名胜区
黄河壶口瀑布风景名胜区	鸳鸯溪风景名胜区	仙都风景名胜区
金石滩风景名胜区	冠豸山风景名胜区	桃源洞—鳞隐石林风景名胜区
大连海滨—旅顺口风景名胜区	隆中风景名胜区	九乡风景名胜区
吉林"八大部"—净月潭风景名胜区	韶山风景名胜区	宝鸡天台山风景名胜区
江苏蜀岗瘦西湖风景名胜区	西岭雪山风景名胜区	鸣沙山—月牙泉风景名胜区
浙江嵊泗列岛风景名胜区	四姑娘山风景名胜区	石花洞风景名胜区
安徽琅琊山风景名胜区	赤水风景名胜区	崆山白云洞风景名胜区
福建鼓浪屿—万石山风景名胜区	腾冲地热火山风景名胜区	青山沟风景名胜区
江西三清山风景名胜区	万佛山–侗寨风景名胜区	仙景台风景名胜区
山东胶东半岛海滨风景名胜区	东江湖风景名胜区	江郎山风景名胜区
湖南武陵源风景名胜区	平塘风景名胜区	巢湖风景名胜区
广东西樵山风景名胜区	石阡温泉群风景名胜区	鼓山风景名胜区
广西桂平西山风景名胜区	瓮安江界河风景名胜区	仙女湖风景名胜区
四川贡嘎山风景名胜区	唐古拉山—怒江源风景名胜区	博山风景名胜区
贵州舞阳河风景名胜区	响堂山风景名胜区	石人山风景名胜区
贵州龙宫风景名胜区	碛口风景名胜区	岳麓风景名胜区
昆明滇池风景名胜区	灵通山风景名胜区	白云山风景名胜区
西藏雅砻河风景名胜区	大茅山风景名胜区	芙蓉江风景名胜区
盘山风景名胜区	潭獐峡风景名胜区	邛海—螺髻山风景名胜区
北武当山风景名胜区	须弥山石窟风景名胜区	库木塔格沙漠风景名胜区
凤凰山风景名胜区	三百山风景名胜区	三山风景名胜区
莫干山风景名胜区	青州风景名胜区	百丈漈—飞云湖风景名胜区
双龙风景名胜区	陆水风景名胜区	十八重溪风景名胜区
齐云山风景名胜区	崀山风景名胜区	梅岭—滕王阁风景名胜区
金湖风景名胜区	惠州西湖风景名胜区	林虑山风景名胜区
海坛风景名胜区	石海洞乡风景名胜区	桃花源风景名胜区
王屋山—云台山风景名胜区	黄帝陵风景名胜区	湖光岩风景名胜区
九宫山风景名胜区	博斯腾湖风景名胜区	白龙湖风景名胜区
三亚热带海滨风景名胜区	方岩风景名胜区	天台山风景名胜区
四面山风景名胜区	太极洞风景名胜区	都匀斗篷山—剑江风景名胜区
荔波樟江风景名胜区	青云山风景名胜区	九龙洞风景名胜区
马岭河峡谷风景名胜区	龟峰风景名胜区	普者黑风景名胜区
瑞丽江—大盈江风景名胜区	猛洞河风景名胜区	合阳洽川风景名胜区
建水风景名胜区	罗浮山风景名胜区	方山—长屿硐天风景名胜区

续表

名称	名称	名称
崆峒山风景名胜区	天坑地缝风景名胜区	高岭—瑶里风景名胜区
青海湖风景名胜区	光雾山—诺水河风景名胜区	云居山—柘林湖风景名胜区
西柏坡—天桂山风景名胜区	龙门山风景名胜区	神农山风景名胜区
扎兰屯风景名胜区	九洞天风景名胜区	德夯风景名胜区
医巫闾山风景名胜区	黎平侗乡风景名胜区	太阳岛风景名胜区
浣江—五泄风景名胜区	阿庐风景名胜区	佛子山风景名胜区
采石风景名胜区	赛里木湖风景名胜区	福安白云山风景名胜区
花山谜窟—渐江风景名胜区	花亭湖风景名胜区	桐柏山—淮源风景名胜区
玉华洞风景名胜区	武功山风景名胜区	苏仙岭—万华岩风景名胜区
宝山风景名胜区	青天河风景名胜区	郑州黄河风景名胜区
灵山风景名胜区	紫鹊界梯田—梅山龙宫风景名胜区	南山风景名胜区
梧桐山风景名胜区	紫云格凸河穿洞风景名胜区	虎形山—花瑶风景名胜区
榕江苗山侗水风景名胜区	天姥山风景名胜区	大红岩风景名胜区
沿河乌江山峡风景名胜区	太行大峡谷风景名胜区	湄洲岛风景名胜区
纳木错—念青唐古拉山风景名胜区	娲皇宫风景名胜区	白水洞风景名胜区
土林—古格风景名胜区		

资料来源：根据新华网资料整理，http：//news.xinhuanet.com/ziliao/2004-02/13/content_1313462.htm。

国家级风景名胜区作为文化和旅游经济的重要资源，在培育国民经济新的增长点、促进旅游经济和现代服务业发展方面，发挥着越来越重要的作用。"十一五"期间，我国国家级风景名胜区共接待游客 21.4 亿人次。其中，2010 年国家级风景名胜区接待游客 4.96 亿人次，占全国国内和入境过夜游客总数的 23%，接待境外游客 1171 万人次，占全国入境过夜旅游人数的 32%；直接旅游收入 397 亿元，占全国国内和入境过夜旅游总收入的 2.5%。另外，风景名胜区自身开展特许经营的收入也不断增长，"十一五"期间，国家级风景名胜区经营服务收入 1402 亿元，年均增长 9.9%，其中 2010 年达到 328.5 亿元。①

（二）旅游景区

截至 2013 年 4 月 11 日共批准 AAAAA 景区 155 家，其中以地质遗迹为主体的 AAAAA 级景区有 92 家，占总数的 59.35%（见表 2-3）。

---

① 住房和城乡建设部. 中国风景名胜区事业发展公报（1982~2012）[R]. 2012：8-9.

表2-3　我国以地质遗迹为主体的国家AAAAA级旅游景区一览表

景区名称	景区名称	景区名称
池州市九华山风景区	黄山市黄山风景区	南平市武夷山风景名胜区
桂林市漓江景区	厦门市鼓浪屿风景名胜区	平凉市崆峒山风景名胜区
安顺市黄果树大瀑布景区	三亚市南山大小洞天旅游区	安顺市龙宫景区
焦作市云台山风景名胜区	洛阳市龙门石窟景区	秦皇岛市山海关景区
哈尔滨市太阳岛景区	宜昌市三峡大坝旅游区	张家界武陵源—天门山旅游区
吉安市井冈山风景旅游区	衡阳市南岳衡山旅游区	长白山景区
江西省庐山风景名胜区	中卫市沙坡头旅游景区	石嘴山市沙湖旅游景区
泰安市泰山景区	忻州市五台山风景名胜区	大同市云冈石窟
河南省平顶山市尧山—中原大佛景区	安徽省宣城市绩溪龙川景区	乐山市峨眉山景区
成都市青城山—都江堰旅游景区	天津盘山风景名胜区	阿勒泰地区喀纳斯景区
新疆天山天池风景名胜区	丽江市玉龙雪山景区	昆明市石林风景区
舟山市普陀山风景名胜区	温州市雁荡山风景名胜区	杭州市西湖风景名胜区
重庆巫山小三峡—小小三峡	重庆大足石刻景区	无锡市灵山大佛景区
扬州市瘦西湖风景区	南京市夫子庙—秦淮风光带景区	宁波市奉化溪口—滕头旅游景区
杭州市千岛湖风景名胜区	安徽省安庆市天柱山景区	甘肃天水麦积山景区
广东省清远市连州地下河旅游景区	广东省广州市白云山风景区	西安市华清池景区
河北保定野三坡景区	常熟沙家浜·虞山尚湖景区	河南洛阳白云山景区
黑龙江牡丹江镜泊湖景区	黑龙江黑河五大连池景区	湖北省十堰市武当山风景区
湖南省岳阳市岳阳楼—君山岛景区	吉林长春净月潭景区	江西省上饶市三清山旅游景区
辽宁大连金石滩景区	内蒙古鄂尔多斯响沙湾旅游景区	青海省青海湖景区
山东威海刘公岛景区	山东烟台龙口南山景区	山东青岛崂山景区
陕西渭南华山景区	乐山市乐山大佛景区	浙江省嘉兴市南湖旅游区
武隆喀斯特旅游区（天生三桥·仙女山·芙蓉洞）	阿坝藏族羌族自治州九寨沟旅游景区	镇江市金山·焦山·北固山旅游景区
广东省韶关市丹霞山景区	桂林市独秀峰—王城景区	上饶市婺源江湾景区
湖南省长沙市岳麓山·橘子洲旅游区	无锡市鼋头渚景区	泉州市清源山景区
南通市濠河景区	苏州市金鸡湖景区	江苏省姜堰市溱湖旅游景区
江西省鹰潭市龙虎山旅游景区	四川省阿坝州黄龙景区	阿勒泰地区富蕴可可托海景区
迪庆州香格里拉普拉措景区	分界洲岛旅游区	重庆市万盛经开区黑山谷景区
佛山市西樵山景区	洛阳市龙潭大峡谷景区	宜昌市长阳清江画廊景区
苏州市吴中太湖旅游区	河南省洛阳栾川老君山·鸡冠洞旅游区	烟台市三仙山·八仙过海旅游景区
酉阳桃花源旅游景区	湖北神农架旅游区	

资料来源，国家旅游局网站，http://www.cnta.gov.cn。

　　2012年全国A级旅游景区接待游客人数29.26亿人次，综合收入达到2898.93亿元，总就业人数144.27万人（就业人数包括直接就业和间接就业人数），平均每家 A 级旅游景区提供就业岗位 244 个。AAAAA 级和 AAAA 级旅游景区接待游客人数为 19.73 亿人次、收入为 2373.93 亿元，分别占全国 A 级旅游景区接待总人数和总收入的 67.43% 和 81.89%，A 级旅游景区的品牌认可度进一步增强。

（三）温泉

我国温泉开发很早，20 世纪 50 年代已建立温泉工人疗养院 168 家，专门用于职工疗养，属于福利事业。20 世纪 80 年代后，温泉被转入旅游开发利用，而真正形成规模是在 21 世纪初，此后中国温泉旅游业便突飞猛进地发展。据不完全统计，截至 2005 年，我国已建温泉旅游企业（包括温泉洗浴、医疗、游泳、游乐等）近 2000 处，年使用温泉、人工温泉井地热水估计约 1.38 亿立方米，相当于 77.1 万吨标准煤的热量。其中利用天然温泉的热量大体上只相当 10 万~15 万吨标准煤的热量。2012 年 12 月 12 日，国土资源部下发《关于命名山东东营等 25 个地区（单位）"中国温泉之乡（城）"、"温泉（地热）开发利用示范单位"、"浅层地温能开发利用示范单位"的通知》（国土资函〔2012〕905 号），公布了 25 个拟命名中国温泉之乡、城评审结果名单（见表 2-4）。

表 2-4　拟命名中国温泉之乡、城评审结果名单

名称	命名地区
中国温泉之城	山东·临沂、陕西·咸阳、湖北·咸宁、湖南·郴州、广东·清远
中国温泉之乡	北京·小汤山、天津·东丽湖、重庆·巴南、黑龙江·林甸、陕西·临潼、山东·威海、河北·雄县、贵州·石阡、江苏·连云港、海南·琼海、江苏·南京·汤山、湖北·应城、广东·阳江、广东·恩平、福建·永泰、河北·霸州、河北·固安、福建·连江、安徽·合肥、贵州·思南

资料来源：国土资源部，http://www.mlr.gov.cn/zwgk/zytz/201112/t20111212_1043958.htm。

我国温泉分布的区域往往周边的生态环境较好，很多温泉本身的观赏价值也很高，例如云南腾冲的大滚锅、安宁天下第一汤等。2005~2009 年，温泉旅游行业的投资平均以 10% 左右的速度增加，2006 年增速达到 23%。2009 年我国温泉市场的总体规模继续扩大，全年市场总收入达到 372 亿元，相比 2008 年增速为 16.4%。2011 年国内温泉旅游人数为 1938 万人次，温泉旅游收入达到 708.31 亿元，同比增长 25.5% 和 53.4%。

二、科普、科考旅游开发类型

地质公园、矿山公园、国家公园以及世界自然遗产、双遗产等都是以具有典型代表意义的地质遗迹为依托建设而成，其地质资源科普及科学价值极高，具有全国乃至世界意义的典型性，其中很多还具有世界意义的观赏价值，如泰山、黄山、云南昆明石林、九寨沟等。也有的观赏价值单一，或者是对观赏者的专业水平要求较高，不能直接转变为吸引旅游者的吸引物，但是周边其他旅游资源丰富，整合之后的吸引力大大增强，同时可以开展科考、科普旅游活动，如玉龙雪山与丽江古城、大理苍山与洱海、澄江帽天山与抚仙湖。总体上，这类地质资源的旅游开发需要整合周边的资源，或者通过一定的载体（如高科技的展示手段）才能实现。

（一）地质公园

联合国教科文组织成立了世界地质公园专家组，建立了全球地质遗迹保护网络体系，截至 2013 年 3 月 30 日，联合国教科文组织支持的世界地质公园网络（GGN）共有 100 个成员，分布在全球 30 个国家和地区。其中，我国有 29 个世界地质公园列入网络成员名单，成为世界上列入网络成员名单最多的国家。根据地质遗迹的质量及其规模，可将地质公园分为四级：世界地质公园、国家地质公园、省级地质公园和市县级地质公园。

中国于 1985 年建立了第一个国家级地质自然保护区——"中上元古界地质剖面"（天津蓟县）。此后，地质遗迹保护区的建立得到了一定的发展。1985 年 11 月，原地矿部在长沙召开了"首届地质自然保护区区划和科学考察工作会议"，提出建立"武陵源国家地质公园"的建议。1987 年 7 月，原地矿部以"地发〔1987〕311 号"文下发《关于建立地质自然保护区规定的通知（试行）》，提出把地质公园作为保护区的一种方式。国家地质公园的建立是以保护地质遗迹资源、促进社会经济可持续发展为宗旨。《地质遗迹保护管理规定》第八条明确指出：对具有国际、国内和区域性典型意义的地质遗迹，可建立国家级、省级、市县级地质遗迹保护区、地质遗迹保护段、地质遗迹保护点或地质公园。20 世纪 80 年代末期，人们逐步认识到地质遗迹资源独特的旅游价值对旅游业发展的重要性。建立地质公园，可以使宝贵的地质遗迹资源不需要改变原有面貌和性质而得到永续利用，是对地质遗迹资源利用的最好方式，改变了传统的生产方式和资源利用方式。国家地质公园的建立可根据地质遗迹的特点，营造特色文化，发展旅游产业，为地方旅游经济的发展提供新的机遇。截至 2014 年 9 月，国土资源部分六批批准了 218 处国家地质公园（见表 2-5）。

表 2-5　中国世界地质公园网络成员名录

地质公园名称	地质公园名称
安徽黄山地质公园	房山世界地质公园
庐山世界地质公园	镜泊湖世界地质公园
云台山世界地质公园	伏牛山世界地质公园
石林世界地质公园	龙虎山世界地质公园
丹霞山世界地质公园	自贡世界地质公园
张家界世界地质公园	阿拉善沙漠世界地质公园
五大连池世界地质公园	秦岭终南山世界地质公园
嵩山世界地质公园	乐业—凤山世界地质公园
雁荡山世界地质公园	宁德世界地质公园
泰宁世界地质公园	香港世界地质公园
克什克腾世界地质公园	天柱山世界地质公园
兴文石海世界地质公园	江西三清山地质公园
泰山世界地质公园	神农架世界地质公园
王屋山—黛眉山世界地质公园	延庆世界地质公园
雷琼世界地质公园	房山世界地质公园

资料来源：根据世界遗产委员会（http://whc.unesco.org）资料整理。

地质公园的建设有力地促进了地质遗迹保护、促进了旅游地经济和社会的发展以及地学知识的普及。

（1）促进了地质遗迹保护。主要体现在提升公众对地质遗迹的保护意识、提高地质遗迹保护技能、加大保护资金投入、深入开展科学研究等几个方面。

（2）促进了旅游地经济和社会的发展。据统计，英国 2001 年成立的大理石拱形洞地质公园，2007 年的游客数量比 2001 年多出 30%。马来西亚的浮罗交怡（兰片威）地质公园自 2007 年加入世界地质公园网络，当年游客接待人数比 2006 年增加约 50 万人，达 230 万人。

中国的地质公园更是在当地综合旅游效益方面发挥了非常显著的作用。2012 年，中国张家界世界地质公园共接待游客 3590.1 万人次，比 2011 年增长 18.04%，实现旅游总收入 208.71 亿元，比 2011 年增长 24.74%，首超 200 亿元大关。其中，接待境外旅游者 215.81 万人次，同比增长 21.16%，远超全国平均 2% 的增速。2012 年旅游接待人次和入境旅游人次都稳居湖南省首位。张家界市正式成为 49 个世界旅游城市联合会会员城市，并获得国际旅游"金桂奖"，成为我国迄今为止首个获此殊荣的城市。

云台山世界地质公园 2000 年门票收入仅 400 万元，在 2002 年 2 月被批准为中国国家地质公园、2004 年 2 月 13 日被联合国教科文组织批准为世界地质公园后，2012 年，云台山景区接待游客 504 万人次，实现门票收入 4.5 亿元，景区税收达到 1.08 亿元，占修武县财政收入的 21.3%，是河南省唯一纳税过亿元的旅游景区。同时，云台山地质公园的地质旅游业发展，也促进了当地群众的就业。目前，地质公园直接从业人员达到 3.56 万，间接从业人数近 10 万，成为修武县增加就业的一个重要渠道。公园周边居民通过提供劳务、开办家庭宾馆、经营旅游纪念品等方式增加收入，旅游发展为全县创造新的就业岗位 4000 多个。云台山的旅游发展还推动了新农村建设，景区附近的岸上乡、岸上村，开发前是一个有名的贫困村，人均年收入只有 260 元，而在发展旅游业之后，依托旅游业迅速致富，2006 年人均收入达到 5 万元，成为河南省有名的富裕村和新农村建设示范村，岸上乡还被推荐为全国创建文明村镇先进乡。

内蒙古克什克腾旗在建立地质公园前，仅仅是一处草场，游客人数甚少，在 2002 年国家地质公园建立后，游客人数及旅游收入迅速上升，到 2006 年时，游客人数已达到 129.6 万人次，旅游收入达 3.8 亿元，克什克腾旗也一举脱贫迈入小康门槛。

北京房山世界地质公园管理处提供的数据显示，该地质公园为房山旅游业带来了显著的经济效益和社会效益。2001 年接待游客 383.3 万人次，综合收入 4.76 亿元；2007 年接待游客 572.5 万人次，实现综合收入 9.67 亿元；6 年间，直接增加就业 5000 余人，带动间接就业 2 万人。

地质公园在中国的建设极大地促进了地方经济的发展（见表2-6）。

表2-6　我国部分国家地质公园2004~2007年旅游经济发展情况

公园名称	加入世界地质公园网络年份	2004~2007年游客人数（万人次）				2004~2007年旅游综合收入（亿元）			
		2004年	2005年	2006年	2007年	2004年	2005年	2006年	2007年
黄山	2004	106.2	170.9	181.2	203.59	5.84	7.5	9.32	11.56
庐山	2004	139	154	175	280	6.36	7	14	18
石林①	2004	209.5	221.7	235.6	247.2	1.63	1.78	2.97	3.52
五大连池	2004	38	42	47	64	0.4	0.5	0.78	1.2
丹霞山	2004	114.37	117.86	128	128	2.23	2.1	2.4	2.4
雁荡山	2005	125	130	150	158	7.5	8.1	10.01	10.75
泰宁	2005	72.9	88	139	148.5	1.7	2.2	4.5	4.9
克什克腾	2005	85.2	105.8	129.6	135.8	2.51	3.17	3.8	4.2

注：①石林世界地质公园的旅游收入数据仅为年度的门票收入。

资料来源：中国世界地质公园网络成员2007~2008年工作报告，转引自：李慧，骆团结.欧洲地质公园网络科普现状及其对我国的启示 [J].国土资源情报，2009（4）.

（3）促进了地学知识的普及。地质公园在规划建设的过程中都要求在重要的地质遗迹点附近设立通俗易懂的科学解说牌、建设博物馆，以满足游客了解地学知识的需求。因此，地质公园为开展各种科普活动提供了平台，同时随着地质公园的发展也产生了大量的科普读物及音像制品。例如，中国克什克腾旗地质公园在短短几年内就出版了8部科普读物和4部影像作品，另外，还有大量其他形式的科普作品。

（二）世界遗产地

目前，全球共有981处世界遗产（有29处属于跨国遗产），其中，文化遗产759处，自然遗产193处，双遗产29处；已有2处世界遗产地被联合国教科文组织除名，有44处濒危世界遗产。中国已有45处世界遗产，其中世界文化遗产31处，世界自然遗产10处（九寨沟、黄龙、武陵源风景名胜区、三江并流、四川大熊猫栖息地、中国南方喀斯特、三清山、中国丹霞、澄江帽天山化石地、新疆天山），文化和自然混合遗产4处（泰山、黄山、峨眉山及乐山大佛和武夷山）。①根据联合国教科文组织公布的《操作指引》，我国现有的世界遗产地中，世界

① 数据来源：联合国教科文组织网站，http：//whc.unesco.org/en/interactive-map/.

自然遗产都是典型的地质遗迹，而 4 处双遗产也有典型的地质遗迹，文化遗产中有 7 处包括地质遗迹中的石质文化和化石（见表 2-7）。

表 2-7　中国含地质遗迹的世界文化遗产一览表

名称	被列入的主要文化遗产的内容
大足石刻	大足石刻群共包括石刻造像 70 多处，总计 10 万余尊，其中以北山、宝顶山、南山、石篆山、石门山 5 处最为著名和集中
龙门石窟	石窟全长 1000 米，有佛洞 1352 个，佛龛 785 个，造像约 10 万尊，题记和碑刻 6300 余品
庐山国家公园	佛教和道教庙观，代表理学观念的白鹿洞书院（庐山地处江南台背斜与下扬子坳隐的交接带，区内地层除三叠纪外均有系统的出露，构造明显，展现出地壳演化的主要过程）
莫高窟	莫高窟集建筑、绘画、雕塑于一体，是我国内容最丰富的石窟艺术宝库
周口店"北京人"遗址	中国旧石器时代的重要遗址
安阳殷墟	中国历史上有文献可考，并为甲骨文和考古发掘所证实的最早的古代都城遗址
云冈石窟	现存主要洞窟 53 个，造像 5.1 万余尊，是我国四大石窟群之一

资料来源：http://whc.unesco.org/en/statesparties/cn/。

自 1987 年我国首批世界遗产认定以来，我国的世界遗产在国内外的知名度迅速提高，游客接待人数急剧增长。如武陵源自 1992 年被列入《世界遗产名录》以来，年平均接待游客以 10%的速度递增；武夷山自 1999 年被列入《世界遗产名录》以来，年平均接待游客更是以 20%的速度递增。随着我国世界遗产地旅游的开发，我国地质遗迹的研究也得到了重视。

（三）国家公园

国家公园是国际上公认的平衡保护与利用关系最佳的保护地。国家公园是保护大规模生态过程的大面积自然区或近自然区，以及保护物种和生态系统特征，提供环境和文化上的科研、教育、娱乐与旅游基地。国家公园是由政府划定和管理的保护地，以保护具有国家或国际重要意义的自然资源和人文资源及其景观为目的，兼有科研、教育、游憩和社区发展等功能，是实现资源有效保护和合理利用的特定区域，国家公园应体现国家的主要价值和整体形象。国家公园目前被认为是全球最成功的资源管理模式，在全球拥有资源禀赋最高、保护与利用关系处理得最好、旅游体验最佳的品牌价值。截至 2012 年，已在 200 多个国家和地区建立近 1 万个国家公园。目前，由于管理体制、发展模式等各方面的原因，国家公园的发展方式尚未成为我国地质资源旅游开发方式的主流，在此对其他国家和地区国家公园的开发方式予以分析。

1. 美国国家公园

美国是世界上最早提出国家公园概念并付诸实践且国家公园体系建设最完善、最成功的国家之一。100多年前，当被誉为"国家公园之父"的约翰·缪尔及马赛、莱恩、奥尔布赖特等殚精竭虑地在美国倡导国家公园的理念时，他们是为了保护美国西部荒野的美，并没有想到今天国家公园可以为美国带来如此巨大的经济收益[①]。2007年以来，美国的57个国家公园每年吸引近3亿游客，其中，1872年通过的世界第一个国家公园——黄石国家公园在9000平方公里的土地上，用1%的开发面积吸引了世界各地300多万名游客，带动周边地区实现5亿美元的经济收入，旅游业在当地经济总量中所占的比重由过去的30%变为82%。在我国，在对美国国家公园已有的研究中，更多关注的是美国国家公园的公益性分析、国家公园体系建立的过程、国家公园的立法及管理、国家公园的变迁历程等。这些研究对自然保护地、公园以及景区的开发和建设具有非常好的借鉴和指导意义。

但是，在现有的研究中，很少涉及美国国家旅游开发利用，这实际上是对美国国家公园体系理解的偏差，美国国家公园从建立那天起，在100多年的发展历程中，整个国家公园体系一直与旅游业相伴而行。首先，美国公园体系的建设有着严格的规范、控制和管理，国家公园体系的变化随着旅游业的发展不断演变。截至2008年，美国的公家公园体系不同类型包括20个类别、391个单位，总面积达到34113万平方千米，占国土总面积的3.54%（见表2-8）。其次，在国家公园体系的建设过程中唯一可以开发和市场化运作的就是发展旅游业。从表2-9中可以清晰地看出，美国国家公园旅游服务所创造的直接经济效益以及旅游服务所

---

① 由于美国的公园、景区是实行国家公园管理体系进行统一管理，所以这里的国家公园经济收益包括了除命名为国家公园之外的所有为大众开放的公园、景区的经济收益，并不仅仅是命名为 national park 的公园。需要说明的是美国的 National park 与我国目前林业部在云南试点的国家公园的内涵并不完全一致。

动的就业等社会效益都非常显著。

表2-8 美国国家公园系统发展一览表

类别/所占百分比（%）	特征	数量	面积（km²）
国家公园/14.83	多以自然景观为主，资源丰富，有着大面积的陆地或水体，不允许从事狩猎、采矿等活动	58	210828.65
国家保护区/4.6	与国家公园相似，区别是国家保护区内可以从事大众狩猎、采矿、天然气开采等活动	18	97765.69
国家游憩区/4.6	主要为游客提供户外游憩服务。目前有12个国家游憩区是以大型水库为中心建立起来的，另外的国家游憩区位于大型人口居住中心附近	18	14975.02
国家纪念地/18.93	主要是保护那些小的、具有国家意义的资源，通常比国家公园小得多，也没有国家公园丰富多样	74	8206.77
国家海滨和湖滨/3.58	沿海岸线或湖岸而建，在保护自然价值的同时，可开展水上娱乐活动	14	3334.76
国家河流/1.28	主要是保护那些没有筑坝、开渠或其他改变的自由流动的小河、溪流。要保护这些河流的自然状态。这些区域可以提供徒步旅行、划独木舟、狩猎等户外活动的机会	5	1725.44
国家荒野风景河流/2.56	荒野河流看上去只有很少的人类活动痕迹，是自由流动的，除通过小径之外通常很难接近	10	1294.69
国家风景游览小径/0.77	是一些线形的公园地，其中包括国家风景小径和国家历史小径	3	969.90
国家景观大道/1.02	一些与公园区域基本平行的道路，人们开车沿着受保护的廊道前进，一边欣赏公园的景色。这些大道还常常与一些文化区域相连接	4	717.69
国家历史公园/10.74	一般为具有多种特征或建筑的历史性公园	42	703
国家战场/6.14	可以分为国家战场、国家战场公园、国家战场地和国家军事公园四种。1958年，国家公园管理局委员会建议把这些公园地统称为国家战场	24	289.37
国家史迹地/20.46	由国会批准列入国家公园系统的。是一些有历史纪念意义的地方，它的范围较小，内容也不及国家历史公园丰富	80	151.79
国家保护地0.51	是一种比保护区小的保护地点	2	136.55
国家纪念碑/6.91	通常主要用于有纪念意义的场地，但它们也不一定需要场地或建筑来表现其历史主题	27	42.85
其他/3.07	未列入上述各类别的项目，包括一些承担独特意义的类别，如白宫、威廉姆王子森林公园等，及一处国际史迹地	12	149.22
合计		391	341291.39

资料来源：赖启福.美国国家公园系统发展及旅游服务研究［J］.林业经济问题，2009（29）：5.（有改动）。

表 2-9　美国国家公园旅游服务对美国经济的影响

年份	销售收入（亿美元）			比值	价值增加/(亿美元)			比值	创造就业职位/(万个)			比值
	直接收益	间接收益	总收益		直接收入	间接收入	总收益		直接收益	间接收益	总收益	
2001	86.24	38.92	125.15	2.22	46.24	24.34	70.57	1.90	21.2000	5.5000	26.700	3.85
2005	83.87	38.51	122.38	2.18	45.35	24.08	69.43	1.88	18.6807	4.7996	23.480	3.89
2006	86.79	43.34	130.13	2.00	48.57	21.48	70.06	2.26	17.3292	3.9515	21.280	4.39
2007	95.77	48.06	143.83	1.99	53.88	24.20	78.08	2.23	18.8018	4.4224	23.224	4.25

注：表中的比值是指直接效益与间接效益之比。

资料来源：赖启福. 美国国家公园系统发展及旅游服务研究 [J]. 林业经济问题，2009（29）：5.

2. 非洲国家公园

南非的 18 个国家公园每年接待游客合计 200 万人次。塞舌尔的野生动物公园和海滩每年接待游客合计超过 15 万人次，不仅为当地带来了可观的旅游收入，也促进了关联产业的发展。

3. 德国国家公园

MariusMayer 等（2009）对德国 6 家国家公园开展研究，并对以国家公园为首选目的地的游客进行专门分析。研究主要通过调查问卷，计算出 2007 年德国 6 家国家公园人均每日旅游支出结构（见表 2-10），从表 2-10 中我们可以看出，过夜游游客支出远高于一日游游客；萨克森瓦登海国家公园景区总收入中超过 10% 是由那些以国家公园为首要目的地的游客所贡献的，而巴伐利亚国家森林公园等其他 5 个国家公园这类游客的贡献度更高，最高的达到 48.15%，由此可见，国家公园作为旅游目的地之一，具有独特的吸引力，能发挥其经济价值。

表 2-10　2007 年德国 6 家国家公园人均一日游支出结构

	萨克森瓦登海国家公园		巴伐利亚国家森林公园		埃菲尔山		米里茨湖（2004 年数据）		海尼希国家公园		凯勒森林埃德湖国家公园	
	一日游游客	隔夜游游客	一日游游客	隔夜游游客	一日游游客	隔夜游游客	一日游游客	隔夜游游客	一日游游客	隔夜游游客	一日游游客	隔夜游游客
样本数（个）	337	1576	445	619	1160	284	188	1182	796	173	662	381
每日支出均值（欧元）	12.83	56.87	10.1	49.6	10.5	46.88	8.05	51.1	9.42	41.84	6.88	37.25

续表

	萨克森瓦登海国家公园		巴伐利亚国家森林公园		埃菲尔山		米里茨湖(2004 年数据)		海尼希国家公园		凯勒森林埃德湖国家公园	
	一日游游客	隔夜游客	一日游游客	隔夜游客	一日游游客	隔夜游客	一日游游客	隔夜游客	一日游游客	隔夜游客	一日游游客	隔夜游客
住宿(%)	—	42.30	—	36.60	—	40.30	—	45.80	—	37.70	—	42.20
餐饮(%)	72.30	34.10	66.70	36.30	75.20	42.70	68.20	32.40	63.90	41.30	81.30	39.10
购物(%)	12.70	15.90	21.70	20.10	11.90	10.50	20.00	13.60	10.60	9.50	12.00	12.00
其他(%)	15.00	7.70	11.60	7.00	12.90	6.50	11.80	8.20	25.50	11.50	6.70	6.70

资料来源:Marius Mayer. The Economic Impact of Tourisminsix Gemannational Parks〔J〕. Landscapeand Urban Planning, 2010(97):73–82.

Marius Mayer 等的研究将旅游者作为经济系统的参与者,研究其对经济系统的贡献,从研究数据可以发现,每一个国家公园的收入远大于景区总收入和旅游者总支出,国家公园不仅为景区直接创造经济效益,还间接为景区及相关产业创造效益(见表 2-11)。

表 2-11　2007 年德国 6 家国家公园旅游的经济影响指标

单位:百万欧元

	萨克森瓦登海国家公园		巴伐利亚国家森林公园		埃菲尔山		米里茨湖		海尼希国家公园		凯勒森林埃德湖国家公园	
	全部游客	特定目的游客①	全部游客	特定目的游客	全部游客	特定目的游客	全部游客	特定目的游客	全部游客	特定目的游客	全部游客	特定目的游客
旅游者总支出	1040.2	115.8	27.8	13.5	8.7	2.8	13.4	5.6	5	2.2	3.9	1
景区直接收入	358.8	39.7	9	4.3	2.9	0.93	4.7	1.9	1.7	0.77	1.3	0.35
景区间接收入	166.3	18.5	4.5	2.2	1.4	0.45	2.2	0.9	0.77	0.35	0.62	0.17
景区总收入	525	58.2	13.5	6.5	4.3	1.4	6.9	2.8	2.5	1.12	1.9	0.52
收入对等量	30289	3360	939	456	265	85	628	261	2.6	92	105	28

资料来源:Marius Mayer. The Economic Impact of Tourisminsix Gemannational Parks〔J〕. Landscape and Urban Planning, 2010(97):73–82.

---

① 指以国家公园为首选目的地的游客。

（四）矿山公园

矿山公园是在地质资源工业开发之后对地质资源价值的二次转化和利用而形成。中国的矿山公园，是以展示矿业遗迹（主要指矿产地质遗迹和矿业生产过程中探、采、选、冶、加工等活动的遗迹、遗址和史迹）景观为主体，体现矿业发展历史内涵，具备研究价值和教育功能，可供人们游览观赏、科学考察的特定空间地域。[①] 目前世界上已有一大批矿山公园，成为地质资源旅游开发的重要组成部分和典型代表。

2004 年国土资源部下发《关于申报国家矿山公园的通知》，正式命名了国家矿山公园（National Mine Park of China），并启动了国家矿山公园的申报与建设工作，第一次提出矿山公园的概念，从此矿业遗迹的保护与开发进入良性循环，标志着矿山公园的建设迈出了新的步伐。截至 2012 年 12 月 26 日，我国公布了 72 处矿山公园（见表 2-12）。一些矿山公园与旅游业相结合，取得了可观的旅游收入。2012 年 3 月，开滦国家矿山公园正式启动市场化经营，实现了社会效益和经济效益的双丰收。当年，政务接待 8000 多人次，考核收入 42 万余元；购票人数 14000 多人，旅游团队优惠票、学生半价票及博物馆门票占 95%，收入 18 万余元。[②] 2012 年遂昌金矿国家矿山公园游客接待量达 25.68 万人次，同比增长 3.43%，旅游综合收入达 1.25 亿元，同比增长 34%，为遂昌景区旅游收入之最。[③]

表 2-12 中国国家矿山公园一览表

国家矿山公园名称	国家矿山公园名称	国家矿山公园名称
黄石国家矿山公园	湘潭锰矿国家矿山公园	宜昌樟村坪国家矿山公园
应城国家矿山公园	深圳凤凰山国家矿山公园	淮北国家矿山公园
潜江国家矿山公园	江合煤矿国家矿山公园	铜陵铜官山国家矿山公园
平谷黄松峪国家矿山公园	丹巴白云母矿国家矿山公园	淮南大通国家矿山公园
首云国家矿山公园	嘉阳国家矿山公园	唐山开滦煤矿国家矿山公园
怀柔圆金梦国家矿山公园	万山汞矿国家矿山公园	任丘华北油田国家矿山公园
史家营国家矿山公园	东川国家矿山公园	武安西石门铁矿国家矿山公园

① 资料来源：中华人民共和国国土资源部网站，http://www.mlr.gov.cn/tdzt/zdxc/dqr/40dqr/dxkpcs/2009 04/t20090421_688594.htm。
② 数据来源：国家煤炭工业网，http://www.coalchina.org.cn/。
③ 数据来源：遂昌县旅游委员会，http://www.gotosc.gov.cn/jgzn.aspx。

续表

国家矿山公园名称	国家矿山公园名称	国家矿山公园名称
太原西山国家矿山公园	富蕴可可托海稀有金属国家矿山公园	迁西金厂峪国家矿山公园
赤峰巴林石国家矿山公园	梅州五华白石嶂国家矿山公园	大同晋华宫矿国家矿山公园
满洲里扎赉诺尔国家矿山公园	凡口国家矿山公园	辽源国家矿山公园
林西大井国家矿山公园	大宝山国家矿山公园	汪清满天星国家矿山公园
额尔古纳国家矿山公园	合山国家矿山公园	嘉荫乌拉嘎国家矿山公园
阜新海州露天矿国家矿山公园	全州雷公岭国家矿山公园	鸡西恒山国家矿山公园
白山板石国家矿山公园	白银火焰山国家矿山公园	遂昌金矿国家矿山公园
鹤岗市国家矿山公园	金昌金矿国家矿山公园	温岭长屿硐天国家矿山公园
黑河罕达气国家矿山公园	格尔木察尔汗盐湖国家矿山公园	宁波宁海伍山海滨石窟国家矿山公园
大兴安岭呼玛国家矿山公园	玉门油田国家矿山公园	福州寿山国家矿山公园
大庆油田国家矿山公园	石嘴山国家矿山公园	上杭紫金山国家矿山公园
盱眙象山国家矿山公园	郴州柿竹园国家矿山公园	景德镇高岭国家矿山公园
南京冶山矿山公园	新乡凤凰山国家矿山公园	德兴国家矿山公园
枣庄中兴煤矿国家矿山公园	宝山国家矿山公园	萍乡安源国家矿山公园
威海金洲国家矿山公园	韶关芙蓉山国家矿山公园	瑞昌铜岭铜矿国家矿山公园
南阳独山玉国家矿山公园	深圳鹏茜国家矿山公园	沂蒙钻石国家矿山公园
焦作缝山国家矿山公园	临沂归来庄金矿国家矿山公园	潼关小秦岭金矿国家矿山公园

资料来源：根据国土资源部网站（http：//www.mlr.gov.cn）资料整理。

三、商品性旅游开发类型

具有赏玩、收藏、增值价值的地质资源可以直接（或加工）转化为旅游购物品，这一类地质资源可采用商品性的旅游开发方式，如观赏石、珠宝玉石等。

有一种类型的地质资源其造型独特、纹理如画、色彩迷人，体积大小不一，既可以作为园林景观中的假山叠石，也可成为旅游者购买的旅游工艺品，这就是观赏石。观赏石，从广义角度又称奇石、怪石、供石、异石、巧石、石玩等，统指大自然中形成的具有审美价值、商品价值和收藏价值的石质艺术品，包括造型岩石、纹理岩石、矿物晶体、古生物化石、盆景岩石、事件石、纪念石等。特定的地质条件产生了不同的观赏石，我国奇石资源丰富，在全国各地都有分布（见表2-13）。

奇石的交易在各地主要是奇石交易市场，有的甚至成为该地的旅游景点，比

表 2-13 我国奇石种类及分布

地区	奇石种类
广西	大化石、马安彩陶石、贺州黄蜡石、柳州草花石、柳州墨石、三江彩卵石、三江黄蜡石、来宾水冲石、石胆、三江黑卵石、百色彩腊石、天峨卵石、邕江石、浔江石、运江石、马山石、大湾卵石、灵山花石、安陲青石、桂平太湖石、柳州彩霞石、武宣石
广东	潮州黄蜡石、阳春孔雀石、花都菊花石
湖南	排碧乡穿孔石、�水浪纹石、湖南水冲彩硅石、渠水奇石
湖北	襄阳石、穿天石、汉江石、黄石孔雀石、渔洋石、三峡雨花石、黄荆石、堵河卵石、下坪河石
山东	长岛球石、崂山绿石、济南绿石、竹叶石、泰黄石、崮山卵石、紫金石、梅石、淄博文石
福建	九龙壁
浙江	锦纹石、天竺石
河北	曲阳雪浪石、涞水云纹石、太行豹皮石
安徽	栖真石、景文石、安徽紫金石
江苏	雨花石、栖霞石
江西	庐山菊花石
云南	龙泉石、巧宁石、金江石
北京	燕山京谷石、北京星辰石、金海卵石、房山青石、拒马河石
内蒙古	葡萄玛瑙、巴林石、戈壁石
河南	河洛石、嵩山画石
东北	松花石、釉岩玉
陕西	汉江石
甘肃	西夏风砺石、兰州石
宁夏	黄河石、宁夏玛瑙石、贺兰石
新疆	大漠奇石
青海	河源黄河石、青海丹麻石、玉树彩纹石、青海星辰石、青海桃花石
四川	泸州空心响石、涪江石、绥江卵石、青衣江卵石、泸州画石、泸州浮雕石、沫水石、长江绿泥石
重庆	夔门千层石、龙骨石、重庆花卵
贵州	贵州青、乌江石

资料来源：根据奇石网（http://www.qsw.cn/）资料整理。

较著名的柳州奇石城、都江堰奇石市场、海万春园奇石古玩文化城、西安奇石村、青海省奇石古玩广场、宁夏奇石市场、北京十里河奇石市场、山东省临朐县奇石市场、无锡奇石市场、内蒙古奇石广场、成都奇石市场、西宁奇石市场、昆明景星花鸟市场等。有的地方还专门举办奇石展、奇石博览会，往往展会开幕的时候都是宾客盈门，商机无限。

地质资源中的宝玉石、翡翠、大理石、五花石、雨花石、玛瑙等观赏石都逐渐成为旅游工艺品中档次较高的旅游购物品，提升了旅游购物在旅游收入中所占比例，改善了旅游业的产业结构，使得旅游产业结构向合理化、高度化的方向发展。例如，云南大理的大理石、五花石在 20 世纪云南旅游业刚起步时就成为旅游购物品，而目前云南旅游业和珠宝玉石产业的互动发展更是有力地促进了云南地方经济的发展。

第二节 地质资源旅游产业化

地质资源旅游产业化是指在地质资源旅游资源化的基础上，开发出旅游地质资源产品并实现其经济社会价值的过程，具体包括地质资源旅游资源化、旅游地质资源产品化和市场化、旅游地质资源资产化，这三个部分在理论上相互影响，但在实践中又存在交叉和并存。

一、地质资源旅游资源化

地质资源旅游资源化是地质资源向旅游地质资源转变的过程。地质资源的旅游资源化是自然力和人力共同作用的结果。自然力的作用决定了地质资源可以转化为旅游地质资源的类型以及质量的等级，是内因。各方力量、各种技术条件以及特定经济环境是地质资源可以作为旅游地质资源开发利用的外因。其中，政府和旅游企业在地质资源旅游资源化的过程中起主导作用，各利益相关主体共同推动，为实现地质资源价值以及资源保护双重目的，通过调查、评价，在地质资源传统工业开发方式上进行创新，将其与旅游业有机结合，实现地质资源的长期可持续开发，最终实现地质资源旅游资源化。

地质资源旅游资源化是发现具有旅游价值的地质体并将其转变为旅游地质资源的过程，它包括实践和认识两个方面的变化。实践中，地质资源的旅游价值是一个不断发现和提升的过程，是在旅游业以及经济社会发展过程中，为满足旅游者需求以及旅游经济发展的需要，对地质资源旅游价值不断发掘的过程。在认识上，转变地质资源就是矿物资源的认识，认识到地质资源不仅包括矿产资源，也包括地质运动及其形成的地质环境、地质形态以及空间结构等，即地质体在地质条件和成景作用下成为具有美学价值和科学价值的地质资源，而这些地质资源能为旅游者带来旅游效用。

借鉴《旅游资源分类、调查与评价》（GB/T18972-2003）及资源价值评价的方法，可以构建地质资源旅游价值的评价体系。总体来看，地质资源旅游价值包含资源要素价值、资源影响力以及资源环境条件。资源要素价值是资源本身的价值，具体包括观赏游憩价值、科学文化价值、资源的珍稀奇特程度、规模与丰度、完整性；地质资源的旅游价值还反映在其影响力上，具体包括资源的知名度和影响力以及适游期或使用范围；地质资源旅游价值与其所在的环境有紧密联系，具体包括区域资源的互补性和协调性、所在区域地质环境的稳定性以及生态环境的舒适度等。通过对地质资源旅游价值的评价，可以为旅游地质资源产品开发和旅游地质资源资产化交易提供价值依据。

理论上对地质资源旅游价值的认可、政策上为地质资源旅游开发提供依据以及实践中对地质资源的旅游开发是地质资源旅游资源化的重要标志。其中，对地质资源旅游价值的认识和挖掘是地质资源旅游资源化的核心，地质资源转化为旅游地质资源，是地质资源旅游产业化的基础环节。根据旅游地质资源的属性，将旅游地质资源分为观赏性旅游地质资源、科考科普类旅游地质资源和商品性旅游地质资源。

二、旅游地质资源产品化与市场化

旅游业的发展需要依托相关的旅游产品，同时，地质资源的旅游价值也只有开发为产品在旅游市场上进行交换才能得以实现。因此，必须将旅游地质资源开发成为旅游地质资源产品并使其成为旅游市场的交易对象，即旅游地质资源的产品化和市场化。旅游地质资源产品的开发和市场化，对地质资源旅游价值得以实现起到关键的作用，也是地质资源旅游产业化的核心内容之一。旅游地质资源被开发成为不同类型的景区（点）、专项旅游产品、旅游活动以及旅游购物品，成为在旅游市场上交易的对象，即旅游地质资源产品，是旅游地质资源产品化和市场化的标志。

旅游地质资源产品是以旅游地质资源为基础为满足旅游者愉悦而设计开发出来的、可供交换的对象和劳务的总和。这一定义包含了五层含义：第一，旅游地质资源产品设计开发的基础是旅游地质资源；第二，旅游地质资源产品的购买对象是旅游者，它在功能上具有观赏性、科学性、体验性、愉悦性，空间上具有地域性和垄断性；第三，旅游地质资源产品必须具有物质实体，即地质体；第四，旅游地质资源要转化为旅游地质资源产品需要通过调研、设计、规划等专项工作，因此，旅游地质资源产品或多或少包含了人类专门为旅游目的而投入的劳动；第五，旅游地质资源产品更多地保留了地质资源的性质和特征，因而旅游地质资源产品一般是不可更新的，但是有的产品是可耗竭的，对旅游地质资源产品的开发必须考虑旅游地质环境因素。旅游地质资源产品属于旅游产品的一种类型，但又有别于一般的旅游产品。

从我国旅游业发展的业态来看，风景名胜区、旅游景区、国家公园、地质公园、世界遗产地等是当前旅游业发展的主要表现形式，而这些表现形式也是旅游地质资源产品化的主要形态。

旅游地质资源的产品化为地质资源旅游价值的实现提供了可能，而在此基础上旅游地质资源产品的市场化则直接实现了地质资源的旅游价值。只有根据旅游者的需求特征以及游客的集中度两个维度，结合资源本身的环境承受能力，为不同旅游地质资源产品的营销需要选择不同的目标市场，才能保障对旅游地质资源的有效开发与保护。

三、旅游地质资源资产化

通过地质资源旅游资源化，实现了地质资源向旅游资源的飞跃；同样地，通过对旅游地质资源产品的开发，也实现了旅游地质资源转化为旅游地质资源产品的飞跃。然而，旅游地质资源的产业化还需要提高资源转化和产品生产的效率，因而涉及旅游地质资源的配置问题。通过优化旅游地质资源的配置，使优秀的开发和管理企业能够获得优质的旅游地质资源，从而开发出适合市场需求的旅游地质资源产品。从现有的资源配置方式来看，可以简单分为计划型和市场型两种方式。计划型在社会主义市场经济的发展历程中宣布破产，而市场型的配置方式由于其竞争机制使得资源转化和生产效率得到有效的提高。

旅游地质资源的资产化，是旅游地质资源作为交易对象，在市场中进行交易，其标志是旅游地质资源可以在产权市场上流通和交易。由于我国法律上对自然资源所有制的限制，旅游地质资源不可能在市场上直接流通，所流通的只是资源的经营权。在此背景下，只要选择合理的流通形式便可以保证资源效率的有效发挥，实现旅游地质资源及产品价值的最大化。

结合我国的实际情况，旅游地质资源的资产化是在不改变旅游地质资源所有权的前提下，围绕经营权转让对旅游地质资源予以承包和租赁，转让旅游地质资源景区内相关经营活动的特许经营权，或是引入专业经营公司加强对旅游地质资源的开发和管理，这也是我国现阶段旅游地质资源资产化的主要形式。

从地质资源旅游产业化的三个主要内容来看，地质资源旅游资源化是产业化的基础，产品化、市场化是核心，资产化是提高产业化水平和效率的有效保证。从世界范围内地质资源旅游产业化发展的实践来看，对地质资源价值的认识和发掘受制于经济、技术和认识等方面的原因经历了一个漫长的过程，产品化、市场化则在旅游业的全球化过程中出现了趋同的特征，而资产化由于各国产权制度等因素的约束呈现多元化的态势。

第三章　云南地质资源旅游开发现状

云南省位于中国西南边陲，东西横跨 864.9 公里，南北纵距 990 公里，总面积 39.4 万平方公里。全省地势北高南低，海拔高差大，海拔最高点是梅里雪山的卡瓦格博峰，海拔 6740 米，最低点位于河口的南溪河与红河交汇处，仅 76.4 米。最高点与最低点之间的直线距离有 840 公里，相对高差达 6663.6 米，素有"一山分四季，十里不同天"之说。全省地形以云贵高原和横断山脉纵谷为基础，形成了山高谷深、高原湖泊、湖光山色、喀斯特景观广泛分布的特色。独特的地质构造和气候条件赋予了这块神奇的土地丰富多彩而又独具特色的地质资源。这些地质资源在旅游业发展的过程中成为云南享誉中外高等级、高知名度、高价值的旅游地质资源，基于这些资源已开发了数量众多、种类丰富且品质卓越的旅游地质资源产品。

第一节　云南旅游地质资源环境概况

一、地形地貌特征

云南地处青藏高原东部，云贵高原西部，受地质构造条件的影响，形成了山地为主的地貌景观，以山地高原地形为主。山地面积占 84%，高原面积占 10%，两者合计约占全省总面积的 94%。总体地势西北高、东南低，自西北向东南呈阶梯状逐级下降。山地、高原间分布众多山间盆地，全省共有面积 1 平方千米以上的盆地 1400 多个，盆地总面积为 2.4 万平方千米，约占总面积的 6%（见表 3–1）。

表 3–1　云南主要的地貌类型

地貌类型	海拔高度（米）	主要分布地区
极高山	＞5000	滇西北德钦、香格里拉、丽江一带
高山	3500~5000	滇西北和滇东北地区
中山	1000~3500	滇中及滇东地区
低山	500~1000	滇东、滇南、滇西南地区
丘陵	＜500	

在云南境内，规模较大的活动断裂带附近还分布着海拔高度变化范围较大的各种类型的盆地，主要有构造地貌、剥蚀地貌、侵蚀地貌、溶蚀地貌、堆积地貌及上述诸类地貌的过渡类型，其中构造地貌尤为突出，水系、盆地、山地分布几乎都受地质构造控制。高原主要分布在滇中、滇东及滇东南地区；山原主要分布在滇西及滇东北地区。

以元江河谷和云岭山脉一线为界，可将云南分为东、西两个地貌区（见图 3–1）。以东为滇中、滇东高原盆地区（Ⅰ），属云贵高原的一部分，区内高原面保存比较完整，除边缘地带外，大部分地区山势低缓，河谷开阔，盆地众多，平均海拔 2000 米左右，相对高差 500~1000 米左右，以中山—高原—湖盆地貌景观为主。边缘地带因受金沙江、南盘江及元江等河流深切，高原面遭到破坏，部分山地海拔大于 4000 米，相对高差达 2000 米，形成深切割中山—高山—山原地貌景观；而高原的东部、东南部，因有大面积石灰岩地层分布，各类岩溶地貌发育，峰丛、峰林、孤峰平原、溶蚀洼地、漏斗、落水洞、溶洞、伏流、地下暗流等溶蚀地貌景观多见。

以西为滇西山地峡谷区（Ⅱ），属青藏高原横断山纵谷区的一部分。下关—永平一线以北是青藏高原南延部分，平均海拔 3500 米左右，地壳上升幅度大，峡谷深切、山势恢宏，高山深谷相间，地势险峻，山地相对高差 3000~4000 米，省内最高的山脉、山峰均分布在这一区域。高黎贡山、怒山（碧罗雪山）、云岭等巨大山系和怒江、澜沧江、金沙江等大河相间排列，形成著名的"三江并流

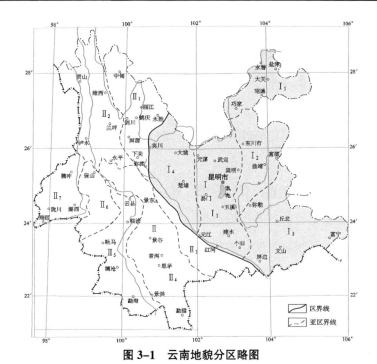

图3-1　云南地貌分区略图

注：Ⅰ滇中、滇东高原盆地区：Ⅰ₁昭通中山峡谷亚区，Ⅰ₂曲靖高原盆地亚区，Ⅰ₃昆明高原湖盆亚区，Ⅰ₄楚雄高原亚区，Ⅰ₅文山岩溶中山台地区。

Ⅱ滇西山地峡谷区：Ⅱ₁丽江山原湖盆亚区，Ⅱ₂兰坪高山峡谷亚区，Ⅱ₃哀牢山中山亚区，Ⅱ₄思茅中山宽谷亚区，Ⅱ₅临沧中山盆地亚区，Ⅱ₆保山中山盆地亚区，Ⅱ₇腾冲熔岩中山宽谷亚区。

资料来源：《云南国土资源遥感综合大调查》（2004）。

区"。构成深切割高山（极高山）—中山—湖盆地貌景观。下关—永平以南山势逐渐降低，除部分山顶外，大部分山地海拔 1500~2000 米，大盈江、高黎贡山、怒江、大雪山、澜沧江、无量山、李仙江、哀牢山、元江呈帚状撒开，西南部地势渐趋平缓，宽谷盆地发育，形成中山—低山—宽谷—盆地地貌景观。

二、气候环境

云南由于高纬度和高海拔相结合，低纬度和低海拔相一致，形成不同的气温变化。各地的年平均温度，除了金沙江河谷和元江横贯外，大致由北向南递增，平均在 5~24℃。南北气温相差 19℃左右，相当于从我国南部海南岛到东北长春之间的平均温差。全省气候类型多样，从热量条件来看，云南从南至北相距 900 余公里，在八个纬度的范围内，大体可分为北亚热带、南亚热带、中亚热带、热带、暖温带、温带、寒温带、高山苔原及雪山冰原等气候类型。从水分条件来看，全省以湿润、半湿润气候类型为主，仅金沙江河谷、红河州中部及迪庆州大部分属半干旱气候。就水平分布而言，气候带并非完整地呈带状分布，而是相互交错，彼此穿插，尤其是西部，气候带自北向南逐层交替，导致南部的气候逆河谷北伸，北部的气候带沿山脊往南伸展。云南气候类型之多，地区差异之大实为罕见。

全省有的地区长冬无夏，春秋较短；有的地区终年如夏，一雨成秋；不少地区四季如春，温度适宜。其共同特点是：年温差小，日温差大；降雨充沛，干湿分明，分布不均；气候垂直变化异常明显。气候条件形成了云南生态环境多样性和旅游适宜性。

三、水文环境

云南地势起伏大，地域广阔；地貌类型复杂，以山地为主；降雨丰富，气候湿润。在地形和气候等自然地理要素的综合作用下，发育了众多的江河湖泊及地下水系，并蕴藏着丰富的水资源。

云南共有六大水系。从总体分布看，以大理—楚雄—昆明—沾益一线为界，以北属金沙江水系，以南分布着五大水系，从西到东依次为伊洛瓦底江、怒江、澜沧江、元江和南盘江水系。河网纵横，江河众多，源远流长，许多河段成为风景优美、引人入胜的风景河段。

水体是自然景观的基本造景条件之一，也是众多旅游地质景观的重要成景条件。云南水景五彩缤纷，按照水体的性质和特点可分为以下几种景观类型，即江河、湖泊、瀑布、泉水（含矿泉、温泉、间歇泉、冷泉、喷泉、汽泉、毒气泉等）以及人工水景景观（即城市以水景为主体的公园和水库）五大类。

四、大地构造环境

云南地处欧亚、印度板块及滨太平洋构造域的结合部位，冈瓦纳古陆与古欧亚大陆拼合地带，因此构造地质条件十分复杂（见图3-2）。区域构造运动对云南地质环境影响显著。元古代以来，云南地区经历过多次区域性构造运动，有东川运动、晋宁—澄江运动、加里东运动、印支运动、燕山运动、喜马拉雅运动。不同的区域构造单元造成了云南地质环境的地域性差异。

根据地史时期云南不同地区在沉积建造、岩浆活动、变质作用等方面的差异，可以划分为波密—腾冲褶皱系、左贡—耿马褶皱系、三江褶皱系、松潘—甘孜褶皱系、扬子准地台和华南褶皱系 6 个一级大地构造单元和 12 个二级构造单元（见图 3-2）。

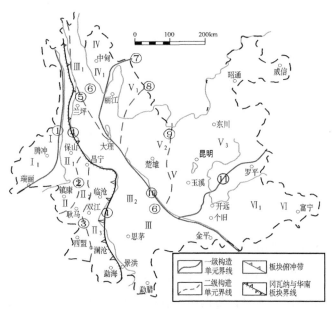

图 3-2 云南大地构造分区略图

注：Ⅰ波密—腾冲褶皱系：Ⅰ₁腾冲褶皱带；Ⅱ左贡—耿马褶皱系：Ⅱ₁保山褶皱带，Ⅱ₂西盟褶皱带，Ⅱ₃临沧—勐海褶皱带；Ⅲ三江褶皱系：Ⅲ₁云岭褶皱带，Ⅲ₂兰坪—思茅坳陷；Ⅳ松潘—甘孜褶皱系：Ⅳ₁中甸—义敦褶皱带；Ⅴ扬子准地台：Ⅴ₁丽江—盐源台缘褶皱带，Ⅴ₂滇中台坳，Ⅴ₃滇东台褶皱，Ⅴ₄哀牢山推覆体；Ⅵ华南褶皱系：Ⅵ₁滇东南坳带。①怒江断裂；②柯街—崇岗—南町断裂；③昌宁—勐连断裂；④澜沧江断裂；⑤云岭—维西—乔后断裂；⑥金沙江—哀牢山断裂；⑦三江口—剑川断裂；⑧程海断裂；⑨绿汁江断裂；⑩红河断裂；⑪师宗—弥勒断裂。

资料来源：《云南国土资源遥感综合调查》（2004）

Ⅰ 波密—腾冲褶皱系：指怒江断裂带以西的地区。沿高黎贡山主峰分布的中元古界高黎贡山群为本区最老地层，是一套深变质岩系，由黑云斜长变粒岩、片麻岩、角闪斜长片岩、石英片岩、大理岩、云母石英片岩等组成，总厚度达 6000 米。

Ⅱ 左贡—耿马褶皱系：该褶皱系范围为澜沧江断裂以西到怒江断裂，北部延入西藏，南面进入缅甸。该褶皱系被柯街断裂等穿插分割成三个部分，各部分的地质构造特征虽然各具特色，但具有相同的结晶基底和大致相同的构造演化历程，岩石成分复杂。

Ⅲ 三江褶皱系：云南省兰坪、思茅等地区属于该褶皱系，东面以金沙江—哀牢山断裂与扬子准地台和中甸褶皱带分界；西面以澜沧江断裂与冈底斯—念唐古拉褶皱系相毗邻；向北联结藏东昌都；向南延入越南、缅甸、老挝及泰国，总体北西向展布。褶皱带内有确定时代最老的地层为志留系，仅出露在哀牢山断裂西侧的墨江、绿春地区，由厚度巨大的笔石页岩、硅质岩等组成类复理石建造，与上覆下泥盆统为连续沉积。区内出现的变质程度较深的雪龙山变质岩系，原岩为一套类复理石建造，基本可与藏东奥陶系青尼洞群对比，下古生界应属该褶皱系的基底构造层。

Ⅳ 松潘—甘孜褶皱系：松潘—甘孜褶皱系展布于藏北、青海、川西接壤区。云南中甸地区仅是褶皱系由川西南延的一小部分。该褶皱系的古老结晶基底为元古界恰斯群（仅见于四川乡城、贡岭一带），在发育古生代地台盖层的基础上，于二叠纪中、晚期发生强烈裂陷，进而演化成再生地槽，于印支末期全面褶皱回返，从而结束地槽发展历史。

Ⅴ 扬子准地台：扬了准地台（仅指云南部分，下同），西缘以小金河三江口断裂及格咱河断裂南段为界，与松潘—甘孜褶皱系所属的中甸褶皱带为邻，西南缘以金沙江—哀牢山断裂为界，与唐古拉—昌都—兰坪—思茅褶皱系毗邻，东南部大致以弥勒—师宗断裂为界，与华南褶皱系的滇东南褶皱带毗邻。扬子准地台包括了滇中、滇东等广大地区。准地台具典型的基底和盖层双层结构。基底岩系包括下元古界苴林群、大红山群、瑶山群和中元古界昆阳群。下元古界为优地槽型建造，为一套复理石和钠质火山岩建造（细碧—角斑岩建造等），厚逾万米，可能经吕梁运动后形成结晶基底，相伴发生了中酸性岩浆的侵位和区域动力热流变质作用；中元古界达 9000~11000 米，为冒地槽型的类复理石建造和碳酸盐建造，经晋宁运动全面褶皱回返，形成扬子准地台的褶皱基底，并伴随发生中酸性岩浆侵位活动和低温区域动力变质作用，从而结束了地槽演化阶段。晚元古代至中三叠世为地台演化阶段，形成了后地槽阶段的盖层沉积，盖层发育良好。

Ⅵ 华南褶皱系（Ⅵ1 滇东南皱带）：该褶皱带西北面以弥勒—师宗断裂与扬子准地台分界；西南面以红河断裂为界与哀牢山断块毗邻，其南面和东面分别延入越南和中国广西。该区是加里东褶皱系的西延部分，地处华南皱系与扬子准地台之间的过渡带。其地壳活动经历了从地槽（加里东期）到地台（华力西期）再到地槽（印支期）的复杂演化过程。

五、地质环境

（一）地层岩性

云南地层发育齐全，自元古界至第四系均有出露。各时代的地层剖面较完整。层序清楚。显生宙古生物化石丰富，具不同生物地理区（系）组合特征。不少地层单位在国内或大区城内有一定的代表性，著名的梅树村震旦系—寒武系界线层型剖面，即位于昆明市晋宁县昆阳镇附近，部分地层中赋存有丰富的磷、锰、铁、铜、煤、盐、大理石等矿产。因此，云南是我国乃至世界上研究地层古生物及矿产等方面的重要地区之一。

早、中元古代，云南皆为地槽型沉积。晚元古代至古生代，云南东、西部的分割局面明朗化，扬于区为地台型沉积；晚古生代在滇西却存在活动中兼夹稳定型沉积的环境变化。同时，在西缘腾冲—保山地区，出现了冈瓦纳相冰海沉积和生物组合，其余地区，仍属特提斯生物区（系）。三叠纪沉积类型多样，地层分区极为复杂，地槽型沉积在西部仍较发育，但范围缩小；东部于滇东南及滇西北的部分地区，也发育有地槽型沉积；扬子区仍为地台型沉积。晚古生代至三叠纪，是云南火山活动最强烈的时期，遍及全省，但多集中在深、大断裂带及其旁侧，并在空间分布上具有陆相向海相环境的变迁。三叠纪以后，云南地槽型沉积基本上全面结束，海相沉积基本消失。侏罗纪、白垩纪多以陆相红色碎属沉积为主。古新世沉积范围缩小，有较好的膏盐沉积。上新世至渐新世，全省各地发育一套磨拉石建造。并普遍不整合于下伏地层之上。中新世和上新世全为山间含煤建造，局部尚有火山岩。第四纪沉积类型多样，分布广泛；北部和西北部高山地区冰川堆积广泛；腾冲地区出现了多期火山活动；河流阶地广泛发育；古人类化石与古文化遗迹丰富；云南不仅是"元谋猿人"的故乡，而且是研究人类起源及进化的重要地区。

云南由于处在我国两大构造城交接地带，跨 5 个一级大地构造单元，所以各时代地层在不同地区，其发育程度，岩石组合、厚度变化、层序特征，接触关系、古生物组合、沉积岩相与古地理条件，区域变质作用及火山活动等方面差异极大。

（二）岩浆岩

云南岩浆岩十分发育，总出露面积为 91830 平方千米，其中火山岩为 65000 平方千米，从区域分布上看，以滇西地区占绝对优势，而滇东地区及滇东南地区仅占少量。云南岩浆岩具有岩类齐全，岩浆活动期次多、形成环境多样、分布范围广泛等特点，是我国研究岩浆岩的极好地区。其复杂多样的岩浆作用，为云南省多种内生金属矿产的形成提供了极为有利的条件，形成了钨、锡、铁、铜、铅、锌、铋、钼、金、银等多种矿产。因此，对云南岩浆岩及岩浆作用的研究，在地质科学及找矿方面均具有重要的意义。

云南的火山岩甚为发育，除早古生代和白垩纪以外，其余地质时代均有，总出露面积约占全省面积的17%。按地质时期可分为吕梁期、晋宁期、澄江期、华力西期、印支期，燕山期和喜马拉雅期 7 期火山岩，其中以华力西和印支 2 期分布最广。华力西期火山岩分属于泥盆纪、石炭纪、二叠纪三个时代。泥盆纪火山岩仅限于滇西；石炭纪火山岩以滇西为主，少量出露于滇东南，二叠纪火山岩分布最广，除滇西澜沧江以西及滇东元谋—玉溪地区外，均有分布。印支期除相对稳定的扬子准地台没有火山活动以外，其他相对活动的大地构造单元均有火山岩发育。喜马拉雅期的火山机构多保留完好。

侵入岩一般出露面积较小。仅有花岗岩类深成岩与浅成斑（玢）岩变分布广泛，有侵入体 300 多个，出露总面积约 25000 平方千米，占全省面积的 6.5%。该类岩体主要分布在云南西部，有岩体 200 多个，出露面积约 21400 平方千米，滇中及滇东南地区，有岩体 100 多个，出露面积约 3600 平方千米。

（三）变质岩

云南的变质岩主要分布在五大区域，即怒江—澜沧江变质地区、德钦—绿春变质地区、玉溪变质地区、金沙江变质地区、文山变质地区。

怒江—澜沧江变质地区指澜沧江断裂以西的云南部分，由高黎贡山—独龙江变质地带、潞西变质地带、丙中洛—澜沧变质地带组成；德钦—绿春变质地区的主要范围为澜沧江断裂与金沙江—哀牢山断裂之间的区域，北西向展布，北窄南宽，呈一带状形态，由云岭—无量山变质地带、维西—墨江变质两地带构成；玉溪变质地区的范围为三江口—丽江—洱源一线以东，富源—弥勒—蒙自一线以西，金沙江—哀牢山断裂以北的区域，与扬子准地台的云南部分大体一致；金沙江变质地区西以金沙江断裂为界，东南止于三江口—丽江—剑川一线，与松潘—甘孜褶皱系的云南部分一致；文山变质地区位于云南东南部，北西以弥勒—开远一线为界，南西止于蒙自—屏边一线，南入越南，东入中国广西。在大地构造上相当于华南褶皱系的云南部分。

（四）深大断裂

在云南分布着十大深断裂带：金沙江—哀牢山断裂带、澜沧江断裂带、怒江断裂带、弥勒—师宗断裂、小江断裂带、元谋—绿汁江断裂带、程海—宾川断裂带、三江口—箐河断裂系、兰坪—思茅断裂系、保山—腾冲断裂系，这十大深断裂带周围分布着火山、峡谷、河流、温泉、名山等旅游地质资源，是重要的成景作用之一。

（五）活动性构造和地震

元古代以来，云南地区经历过多次区域性构造运动，有东川运动、晋宁—澄江运动、加里东运动、印支运动、燕山运动、喜马拉雅运动。区域构造单元形成了云南地质环境的地域性差异。特别是新生代以来构造运动十分强烈，其表现形式多样。除构造形变外，尚有地壳的不均衡抬升、岩浆活动、冰川作用和地震活动等。其中又以地震活动相当频繁、强烈为特点。

（1）新构造运动表现突出。受喜马拉雅运动第二幕影响，云南曾于中、上新世一度夷平。上新世末至第四纪初，伴随青藏高原隆起云南地区开始快速抬升，现代地貌轮廓逐步形成。根据各种新构造运动表现，云南新构造运动有四种基本类型：间歇式掀斜抬升运动——间歇式掀斜抬升运动波及全省新构造运动。断裂运动——云南活动断裂众多，其中规模较大、全新世以来活动较明显的断裂有近40条。这些断裂常伴带状地热异常、地热、火山和地震活动规律展布。断块差异运动——滇西块区、滇东块区和滇中块区呈现断块差异运动。穹状隆起运动——主要发生在滇中的大姚，永胜和滇东南的文山、丘北一带。

（2）构造单元特征各异。根据地史时期云南不同地区在沉积建造、岩浆活动、变质作用等方面的差异，可以划分为波密—腾冲褶皱系、左贡—耿马褶皱系、三江褶皱系、松蟠—甘孜褶皱系、扬子准地台和华南褶皱系 6 个一级大地构造单元和 12 个二级构造单元。

（3）这深大断裂发育。深大断裂极为发育，断裂走向以北西及南北走向为主，北东向次之，有 4 条超壳断裂、22 条壳断裂。

（4）活动性断裂发育。活动性断裂在区内分布十分广泛，主要有小江断裂、程海—宾川断裂、元谋—绿汁江断裂、普渡河断裂、曲江断裂、石屏—蒙自断裂、格咱河断裂、澜沧江断裂、怒江断裂、南定河断裂、黑河断裂、维西—乔后断裂、红河断裂、无量山—营盘山断裂、大盈江断裂、龙陵—瑞丽断裂、镇定断裂等。这些断裂一般控制了新第三纪和第四纪沉积盆地的形成和发展。区内广泛发育的高原湖泊和山间盆地，上第三系和第四系的发育和分布，均受这些活动性断裂的控制，而且断裂的后期活动还使这些地层受到破坏并发生形变。有的断裂还控制了火山活动及温、热泉的分布，有的断裂长期以来一直就是地震活动的控制因素。

（5）地震频发。云南最早记录史籍的地震是公元 110 年的晋宁县附近的地震。较系统的记载是从 15 世纪 40 年代开始的。据初步统计（1446~1980 年），云南境内共记录到 M≥5 地震 311 次，其中 M≥8 地震 2 次、M≥7 地震 9 次、M≥6 地震 76 次、M≥5 地震 224 次。

（六）矿产资源

云南复杂的地质构造为丰富矿产资源的形成提供了条件。由于多旋回的构造运动和复杂多样的地质作用，形成了云南省多层次、多类型、多成因的含矿建造和丰富的矿产资源。素有"有色金属王国"之称的云南，不仅在铜、铅、锌、钨、锡、铋、钼等有色金属方面居中国前列，而且其他许多矿产如铁、磷、稀土、煤及多种非金属矿产也属储量较多的省、区之一。

（七）地质环境脆弱性

受地质环境条件的影响，云南地质环境脆弱，地质灾害易发，影响了旅游业的发展。云南最古老的地层在下元古代，距今 17 亿年，此后各地层均有沉积。元古代以来，经历了如下区域构造运动：东川运动、加里东运动、华力西运动、印支运动、燕山运动、喜马拉雅运动。这些运动形成了云南的断陷盆地、温泉、火山、峡谷等各种独特的地质、地貌景观，也形成了丰富的矿产资源。同时，由于活动性断裂的分布较广，第四纪以来地壳抬升强烈、地质环境较脆弱，地质灾害发生频繁。强烈的活动性构造发育，导致旅游生态地质环境极其脆弱，常常成为旅游业发展的制约因素。

区域地质环境的差异性，特色各异的地质构造单元，形成了不同特色的生态地质环境。新构造运动强烈，深大断裂发育的地带形成了生态环境多样性、自然风光奇异的乡村自然景观，构成了旅游地质景观对游客的吸引力。不同地域五彩缤纷的旅游地质景观是旅游的重要旅游资源组成。

第二节　云南旅游地质景观概况

特殊的地质环境造就了数量、种类和质量上都极为丰富的地质资源，且具有极高的观赏价值和科学价值，这为地质资源成为旅游地质资源和旅游地质景观奠定了基础。

一、成景作用及地质景观分布特征

从成景角度看，纷繁的构造，特定的格局，多样的地层、岩性系统频繁的岩浆侵入和喷发，大规模的变质作用，为云南丰富多彩、世界罕见的旅游地质景观奠定了区域成景地质基础。

（一）岩溶成景作用

岩溶作用是一种主要而广泛的外动力成景地质营力，伴随着碳酸盐成景岩组中部分可溶成分被地表、地下水溶解、搬运和沉淀。岩溶作用的结果通常在地表形成奇峰、柱石、石芽、洼地、岩溶湖、漏斗、谷地等；在地下则形成各种溶洞、暗河、大泉、各种形态及颜色的钙华等。

在云南，从滇东南高原起伏不定、线条流畅的峰丛、峰林（三叠系碳酸盐岩）到滇东密簇的奇妙石柱（二叠系碳酸盐岩）、滇中溶蚀—断陷湖泊、滇西南热带雨林沟谷溶蚀景观（石炭系碳酸盐岩），直至规模壮阔雄伟的滇西北高原，冰天雪地的玉龙雪山（石炭系、二叠系、三叠系碳酸盐岩），由于气候条件、岩性岩相、组合特征、水动力条件、地质构造及活动方式、原始地形与地表水网等因素不同，相应地发育各具特征、岩溶化程度及溶蚀类型各不相同的景观，云南岩溶景观的基本特征如下。

（1）全省均有分布，但集中发育于滇东（包括滇东南）地区，滇东成景质量极高，岩溶景观常构成景区的主要吸引物。例如目前已经成为世界自然遗产的石林景区、正在打造国际休闲度假旅游地的抚仙湖。

（2）滇东地区（包括滇东南），较长时间处于湿热的热—亚热带气候环境，岩溶作用强烈，岩溶景观典型、暗穴暗河系统发育、规模大，以开阔性溶蚀为主，地貌组合类型多样。这一地区碳酸盐岩成景岩组主要为震旦纪灯影组碳酸盐岩、石炭—三叠纪碳酸盐岩，如广南八宝一带、丘北普者黑 4A 级景区。

（3）滇西南地区，原始森林郁郁葱葱，气候潮湿温暖，属于热带—亚热带气候，这里碳酸盐岩沟谷纵横，峡谷崖壁，沟溪之畔热带雨林植物气生根在碳酸盐岩溶穴、溶隙中生长、攀缘，钙华垂挂谷壁，生物溶蚀特征显著，形成热带雨林沟谷岩溶景观。如西双版纳热带植物园 5A 级旅游景区。

（4）滇西北地区，早期由于海拔湿热条件，形成岩溶地貌，经剧烈抬升改造后仅呈残留状保存于高原面上，如丽江、中甸等地，由于地处地貌转折带，水动力强，主要发育溶蚀侵蚀、溶蚀冰蚀类型地貌，海拔 4000 米左右的现代溶蚀现象令人惊叹，高寒地带岩溶景色清新，令人悦目，密林深处，潭潭碧水，串串冰湖，钙华坝蜿蜒如田，玉埂银丘，天工巧夺。

（二）侵蚀成景作用

侵蚀作用是外营力对地表冲刷、磨蚀和溶蚀等作用的总称。云南侵蚀成景作用普遍，但受水系发育特点控制，沿主要河流及其一级支流发育，形成峡谷、瀑布景观，还有丹霞地貌及其他各类成景岩组侵蚀地貌景观。

（1）峡谷类景观沿主河道及其一、二级支流发育，以滇西北地区景观最雄伟。金沙江、澜沧江、怒江南北向并流数百公里，形成世界奇观"三江并流带"的高山峡谷景观区；滇东北地区在金沙江及其支流侵蚀下，在高原面和侵蚀基准面之间形成众多的裂点，为中山峡谷地貌；滇西南偏北部为中山峡谷，近南部则为宽谷地貌，河曲、沼泽、漫滩发育；滇东地区沿南盘江发育峡谷，切割高原，规模虽不大，但局部地段发育嶂谷，也成为旅游地质景观。在地貌裂点附近形成瀑布，滇西北地区密集，但单体规模较小，滇东、滇东南、滇东北也有许多瀑布跌水。其中以路南大叠水瀑布规模为最。

（2）类黄山型花岗岩侵蚀地貌景观，以福贡一带最具吸引力，临沧等地也有分布；变质岩侵蚀景观地貌集中分布于滇西北；碎屑岩景观地貌以丹霞地貌为主，分布于滇西丽江黎明、黎光及大理剑川、滇中楚雄一带。

（3）土林景观分布较广，以元谋最为典型，其他地区如陆良、江川、南涧、永德也有分布。

（三）冰川成景作用

冰川成景作用是成冰过程、冰体内部的力学和热学过程及其对地表的塑造过程的总称。云南冰川成景作用强烈、普遍，现代冰川作用集中于滇西北高山地区。

典型或较典型的冰川遗迹分布广，南到西双版纳，东至巧家药山、禄劝轿子山等高海拔地区都有分布。现代冰川规模宏大，冰舌最低海拔达 2700 米，加上云南的通达条件比西藏、新疆等省更方便，因而是进行实地考察的较佳场所。

（四）火山成景作用

集中于腾冲地区是我国现代火山地貌、地热景观集中地区之一。景观壮阔，保存完整，多期活动，具有较鲜明的特色。此外，在剑川老君山、普洱等地也有少量火山地貌。火山成景作用是省内主要的成景作用之一。

（五）高原湖泊成景作用

云南省高原湖泊分布广泛，断陷、岩溶、火山、冰蚀、淤塞等类型较齐全，以断陷湖泊为主，在滇中的昆明—开远、滇西大理—泸沽湖一带最为发育。其中滇池、洱海、泸沽湖、抚仙湖景观最好。根据湖泊分布特点，可划分为滇中断陷湖群、滇东溶蚀湖群、滇西断陷湖群及滇西北冰蚀湖群。

二、云南特色旅游地质景观

云南独特的地质环境形成了极具观赏性和科学性的地质景观，以火山景观、喀斯特溶洞景观、深切峡谷景观最为典型。具体包括火山景观、红色砂岩山地景观、古生物化石景观、泥石流地质景观、干旱劣地景观、喀斯特峡谷景观、断层景观、高山穿洞景观、冰蚀景观、雪峰冰川景观、高山景观、中高山景观、中山景观、宗教名山景观、名山景观、侵蚀剥蚀的高原景观、峡谷景观、喀斯特景观、溶洞景观、喀斯特泉华景观、喀斯特天坑景观、河流景观、高原断陷湖泊景观、高原冰蚀湖群景观、冷泉景观、温泉群景观、毒泉景观、毒气泉景观、气泉景观、温泉景观、瀑布景观等一系列具有代表性的特色地质资源景观。云南特色旅游地质景观特征如表 3-2 所示。

表 3-2 云南特色旅游地质景观简表

景观类型	地质景观名称	主体旅游地质景观特征
火山景观	腾冲火山群景观	以腾冲县为中心 1000 多平方千米的范围内,有截顶圆状、穹状、盾状、低平马尔式火山四种,火山锥多为混合锥,有少量的岩渣锥,火山口保存完整的火山共 23 座,火山锥 97 座,火山口 50 个,火山规模和完整性居全国之首。其中腾冲柱状节理景观、打鹰山景观、黑空山景观都是非常著名的景区(点)。腾冲柱状节理是山岩浆喷发时的温度约为 1200℃,当岩浆冷却至 800℃~900℃时岩浆结晶形成长条状柱体,地质学称为柱状节理。由于岩浆含有呈六方晶形的斜长石、橄榄石、角闪石、辉石等矿物质,所以冷却后多形成六棱柱体,是中国境内迄今为止发现的规模最大、保存完整、年代最短的柱状节理。对研究火山岩浆生成和地质构造有重要的科学价值。打鹰山山顶呈截顶圆锥状,海拔 2614.5 米,相对高度 600 米,为一圆锥体,底部直径 5.25 千米,顶部的火山口直径为 200 米,深 60 米,由于长期风化,火山口内有 3 个间隔不一的火山湖,夏季积水,冬季干枯,火山口被尘土和火山灰混合物覆盖,下为暗红色的浮石和火山弹,火山锥外貌十分清晰,结构完整,是研究腾冲火山的重要对象。以其为中心,周围有规则地排列着 80 多座大大小小的火山。在其周围 50 千米的半径范围内,密布着上百个温泉、沸泉。黑空山是典型的第四纪火山,山体内部空空,山岩呈暗褐色,山顶呈截顶圆锥状,海拔 2072 米,相对高差 214 米,火山口深 100 米,该山及其北侧的大空山、南侧的小空山连成一线,山体附近有火山湖
	屏边团山火山景观	屏边县玉屏镇附近的阿基伍村南面,溢出岩浆形成多级火山熔岩台地景观,火山口深约 60 米,锥顶海拔 1703 米,相对高差 350 米,分主、副两个火山口,主火山口呈马蹄状,宽 150 米,高 50 米,坡度 35°,火山锥完整呈圆形。岩性为白榴橄榄灰石岩和白榴玄武岩。主要有凝固的熔岩、怪异的火山弹、火山豆、火山浮石、熔岩流流纹、壮观的熔岩飞瀑等景观
红色砂岩山地景观	剑川石宝山丹霞景观	剑川县城西南约 25 千米的沙溪乡境内。面积约 40 平方千米。以砾岩、砂砾岩、砂岩为主,均为铁钙质混合胶结,岩层产状平缓。地面高低起伏不平,节理发育,近直立两组为主,成崖成坝,多级台阶错落参差,岩层表面沿节理经风化或被水溶蚀形成平行排列、整齐的棱角形花纹或大小不一的溶孔,或石钟倒悬
	丽江老君山丹霞景观	位于丽江黎明乡境内,覆盖黎明、黎光、美乐 3 个行政村片区,总面积达 240 平方千米,由三叠系砂页岩经风化和流水侵蚀而形成的丹霞景观。具有分布广、山体壮观、景色绚丽、发育典型和顶平、身陡、麓缓等明显特点,是中国丹霞地貌景观中海拔较高、高差最大、层次最分明的丹霞景观。其景观观赏性高,分布集中,空间距离小,可进入性强,便于游览,其中比较著名的景观有"千龟山"、"大佛崖"和"太阳三起三落"等。千龟山由流水侵蚀、溶蚀紫红色砂岩形成。主要景观有"千龟竞渡"、"佛陀峰"、"情人柱"和"老君炼丹"。"千龟竞渡"景观由一大片被风化成巨鳞状的山岩组成,整整齐齐排列在山坡,每片巨鳞状山岩都像一只正在爬行的乌龟。千龟山巨大直立的山峰"佛陀峰"景观,其顶部的"风化巨鳞"一层一圈螺旋而下,下半部是赤红的裸露山壁,似一朵倚峭壁的灵芝,所以也称"灵芝峰"。"情人柱"景观由千龟山两根 30 多米高紧紧相拥的石柱组成。千龟山高大褚红色的山崖,如同一个躺着的老人头,也称为"老君炼丹"
	兰坪罗古箐	位于兰坪县通甸乡东北 24 千米处,面积约 20 平方千米。主要景点有吉利吉彩屏、回音丹壁、三叟峰、河岭图、画屏山及一线天等。岩体高大、宏伟壮观
古生物化石景观	禄丰恐龙化石群景观	位于禄丰县恐龙山方圆约 10 平方千米的范围内。通过研究鉴定的古生物有 24 属 30 多种,分别属于两栖动物、爬行动物、哺乳动物三大类,统称为"禄丰蜥龙动物群"。在禄丰恐龙化石动物群中尤以许氏禄丰龙震惊全球,这种恐龙个体虽小,但十分完整,比较原始,对研究恐龙早期进化具有重要意义

景观类型	地质景观名称	主体旅游地质景观特征
古生物化石景观	澄江古生物化石群	位于玉溪市澄江县东部帽天山，距澄江县城5000米。2001年被批准为国家地质公园。包括了40个门类，100多种古生物化石，涵盖了现代生物的各个门类，包括海绵动物、腔肠动物、软体动物、节肢动物和疑难动物化石等在内的无脊椎动物化石和原始脊索动物化石
	罗平古生物化石群	位于罗平县东南部，总面积200平方千米。公园包括大洼子古生物化石景区、九龙瀑布景区、多依河景区、鲁布革小三峡景区、金鸡峰丛景区共5个片区。2011年11月批准为国家地质公园。2007年10月发现的"罗平生物群"，位于云南省罗平县罗雄镇大洼子村委会，距今约2.38亿~2.39亿年；生物群门类多样，保存了比较完整的海生爬行类、棘皮类、甲壳类、双壳类、腹足类以及植物化石，生物门类的多样性、化石保存的完整性、埋藏的独特性举世罕见，堪称我国珍稀的三叠世海洋生物化石库，具有重要的古生物学和地质学意义
泥石流地质景观	东川小江泥石流景观	位于云南省东北部，系金沙江一级支流，流域全长138.2千米，流域面积3043.45平方千米，总落差2860米，河谷谷底宽15~50米。小江河谷处在断裂带之上，是中国历史上著名的铜矿区，植被破坏严重，因而这里极容易形成规模巨大的泥石流，是长江上游水土流失最严重、生态环境最恶劣、地质灾害最频繁的区域之一。洪水季节，泥石流来势凶猛，流量达到每秒1000多立方米，大大小小的石头被淤泥夹带着，伴随着粗粗细细的残枝断根形成了一条巨大的泥石河流，汹涌奔腾而下，大有一泻千里的气势，这是生态失衡所带来的恶果，又是大自然的一大景观
干旱劣地景观	元谋土林景观	位于元谋县境内，距离元谋县城12~38公里，总面积42.9平方千米，根据成因和形状可分为土芽型、笋尖型、帽盔型、古堡型和连体型5种类型。以新华、虎跳滩、斑果、尹林土林分布集中，面积最大、景点最壮观、发育最典型、色彩最丰富。马吼、湾保、白泥湾、罗岔、小雷宰、甘棠等地土林发育不典型，分布稀疏
	陆良彩色沙林景观	位于陆良县城约15千米的终南山脚下，面积5平方千米。呈层峦叠峰状，又因其以红、黄、白为主色调，杂以青、蓝、黑、灰等色，加上季节、气候、日照及观赏角度的不同，产生绚丽多彩的色调。沙林以其"两峰"（五峰山、终南山）簇拥，"五湖"（五冲湖、永丰湖、终南湖、雨师庙湖、五峰山湖）相托，一碑（爨龙颜碑）相望，形成林峰水碑映衬成趣的自然画卷
	永德土林景观	距永德县城约50千米，占地0.15平方千米。地层属古生代海相沉积地层的红砂砾土，经风雨剥蚀及周围生态环境变化，结构疏松的砂砾逐渐被剥蚀，结构紧密的残留下来而形成。土林形似古塔，貌如古堡，土壤以红、黄两色为主，每座土峰大小高矮不一，最高的有30余米，一般为20多米，计200余座
	元江彩色膏林景观	位于元江县城西的官仓附近，与县城直线距离约3000米，面积约0.5平方千米。元江彩色膏林系含膏盐的泥岩、页岩经地表水沿垂直节理侵蚀而成的密集膏林，加之原岩物质组分的差异性，构成灰绿、灰紫、灰红、黄褐色等色调的彩色图案，柱体表面多有一层由石膏组成的薄膜保护柱体的稳定性。膏林平均海拔500米；膏林柱体多下粗上尖，且稍带浑圆，高约40~50米，峰丛在平缓斜坡上高百余米，重峦叠嶂，浑然一体，色彩及柱体造型多变，构成一幅幅蕴含浓郁诗情画意的彩墨画
喀斯特峡谷景观	会泽地缝景观	位于会泽县境内，云贵高原隆起以后，流水对石灰岩经过数百万年的冲刷侵蚀和溶蚀，地下河顶端坍塌、洞内崩塌等因素作用下，逐渐在褶皱和断层中形成了绵延曲折的大地缝。大地缝长10余千米，最宽处20余米，最窄处约1.4米，最高处约486米，入口处海拔1980米，出口处海拔1620米。整个地缝曲径通幽，一线通天；同时有众多的石芽、石柱、石幔、溶洞等，两边陡峭的山崖

续表

景观类型	地质景观名称	主体旅游地质景观特征
断层景观	昆明西山断层崖景观	位于昆明西山区，该断层崖是岩层的连续性遭到破坏并沿断裂面发生明显的相对移动形成的，其形成的地质时间不长，风化剥蚀较轻，整体陡峭险峻、气势磅礴，崖底山前一带发育有倒石堆景观。断层崖高出滇池湖面200余米，峭壁陡崖上人工雕琢石道、石洞、石室、台案、石窟、"龙门"门槛，浑然一体
高山穿洞景观	高黎贡山石月亮景观	位于福贡县利沙底乡境内的高黎贡山山脉中段山坡上。"月亮石"是在大理岩内形成的溶洞在地壳抬升过程中不断演化的残留体，是地壳抬升导致的"沧海桑田"最好的佐证。石月亮四周是悬崖峭壁，深不可测，石月亮地质奇观，是研究地壳运动、板块碰撞、早期海洋生物、新构造运动等的最佳场所
雪山、冰川景观	白马雪山、冰川谷景观	位于德钦县东南部，角峰、刃脊、冰斗等冰蚀景观发育且十分典型，呈U形的白马雪山冰川谷内残存有小型现代悬冰川，冰川谷的形态保存完好，冰蚀地貌十分典型，角峰、刀脊、冰斗、U形谷、融冻风化及相应的冰碛物十分发育，冰斗、冰川擦痕、羊背石、冰碛丘陵等冰蚀和冰碛景观保存完好，是考察第四纪冰川遗迹的最佳场所
	梅里雪山、冰川景观	位于云南省德钦县与西藏自治区左贡县和察隅县之间，耸立于怒江与澜沧江大峡谷之间，冰川面积146.87平方千米。山脉呈北北西—南南东向伸展，平均海拔6000米以上的山峰有13座，称为"太子十三峰"，主峰为卡瓦格博峰，海拔6740米，为云南省的最高峰。围绕高峰区发育着横断山南部规模最大的冰川区，峰区周围有现代冰川48条，是澜沧江和怒江流域冰川规模最大的山峰区之一。梅里雪山是山地海洋性冰川地貌景观集大成地，山上典型的刃脊、角峰、冰川谷、冰斗冰川、悬冰川、冰瀑布、冰裂隙等景观广为分布
		卡瓦格博峰是梅里雪山十三峰主峰，海拔6740米，为云南第一高峰。卡瓦格博山顶终年积雪，雪线海拔约4000米。峰下，现代冰川发育，冰斗、冰川连绵。其中斯农、明永冰川从海拔5500米往下延伸至2700米的森林地带，离澜沧江面仅800多米，是世界稀有的低纬度、高海拔季风海洋性现代冰川。广泛发育的冰川地貌造成卡瓦格博峰山势陡峻，地表崎岖不平
		位于德钦县卡瓦格博峰南侧，方圆30平方千米。缅茨姆峰是梅里雪山"太子十三峰"之一，位于卡瓦格博峰南侧，海拔6054米，方圆30平方千米，积雪终年不化。山势陡峭，垂直高差达4000米，峰壁下只发育有几条短小的悬冰川和一条山谷冰川，色泽幽蓝或翠绿。冰崩、雪崩频繁
		明永冰川，位于梅里雪山主峰卡瓦博格峰。云南省规模最大的海洋性冰川，冰川面积12.55平方千米，长11.5千米，末端下伸到海拔2660米的森林带中。冰川体上广泛分布着冰洞、冰裂隙等景观，冰舌区形成多级冰瀑布和冰台阶景观
		斯农冰川位于云南省德钦县境内，发源于梅里雪山主峰卡瓦博格峰东坡海拔6000余米的冰斗中。冰川沿山谷向东北再转向东流，冰舌止于海拔约3150米的林带，呈弧形，长约7500米，宽约600米，局部有冰瀑布，冰川下泽潭成群，冰川的阶梯地形与无数断壁发生着较多的冰崩，巨大的冰块从百米高的冰塔林上坍塌而下。冰川融水汇集的河流在乱石中汹涌而下，翻腾的浪花与水声震耳欲聋
	白马雪山景观	位于德钦县东南部。白马雪山云岭西支北部的高大山地，山峰海拔多在5000米以上，主峰拉扎雀尼，海拔5429米，峰顶终年积雪，广泛发育了冰斗、刃脊、角峰等冰蚀景观，现代冰川不发育，还残存有小型悬冰川，但完整保存了冰川槽谷等景观
	玉龙雪山、冰川景观	位于玉龙县境内。玉龙雪山南北长60千米，东西宽20千米，有大小山峰90多座，较大的有13座，俗称"玉龙十三峰"，主峰"扇子陡"海拔5596米，玉龙雪山多数山峰海拔都在4500米以上，山地垂直带谱景观十分发育。山顶终年积雪，重峦叠嶂，刃脊、角峰、冰斗十分发育，雪山主峰扇子陡两侧沿着沟谷地带，分布有19条现代冰川，有悬冰川、山谷冰川、冰斗冰川、冰斗山谷冰川等

续表

景观类型	地质景观名称	主体旅游地质景观特征
雪山、冰川景观	玉龙雪山、冰川景观	玉龙雪山冰川位于丽江市北部约 25 千米处。玉龙雪山主峰扇子陡（海拔 5596 米）两侧分布有 19 条冰川景观。冰川类型齐全，有悬冰川、山谷冰川、冰斗悬冰川、冰斗山谷冰川等，总面积 11.61 平方千米，平均每条面积 0.61 平方千米。受地形影响，雪山东坡冰川条数多而规模大，西坡少而规模小，分布比较零散。冰川粒雪线海拔 4620~4900 米，东坡低于西坡。白水河 1 号冰川为雪山最大冰川之一，长 2.7 千米，面积 1.52 平方千米
	哈巴雪山、冰川景观	位于香格里拉县东南部。雪山东西宽 12 千米，南北长 16 千米，主峰海拔 5396 米，相对高差达 3800 米，山脚是奔腾的金沙江虎跳峡，与玉龙雪山隔虎跳峡相望。属"三江并流"世界遗产八个片区中哈巴雪山片区，哈巴雪山北坡和西坡，刃脊、角峰和冰斗平行排列，气势磅礴。冰峰脚下是流石滩景观；3000~4000 米地带，地势起伏和缓，有许多冰川作用形成的湖泊，总共有 110 多个，最大者 0.3 平方千米，以黑海、湾海、黄海、双海风景最为秀丽。黑海水色如墨
	担当力卡山景观	北起滇缅交界处，南抵独龙江深谷，纵贯贡山县西部。担当力卡山海拔一般均在 3500 米以上，主峰南代腊卡，海拔 4964 米。山体由古老的变质岩系组成，冰川地貌发育，山顶有残存的高原面。许多山口都是崖耸百丈，绝壁横空，陡峭高峻，险不可攀。担当力卡山是恩梅开江的上源独龙江和套祖干河（缅甸境内）的分水岭，相对高差 2000~3000 米，峡谷深邃
	甲午雪山景观	位于德钦县北部。甲午雪山是北云岭的一部分，北连察里雪山，南接白马雪山。山峰高度均在 4800 米以上，主峰 5220 米，是澜沧江与金沙江的分水岭。山顶终年积雪，冰斗、刃脊、角峰景观发育
	石卡雪山景观	位于香格里拉县建塘镇西南约 7 千米处。石卡雪山主峰海拔 4449.5 米，最低点纳帕草甸海拔 3270 米，相对高差 1100 多米。地质剖面、断层、褶曲和节理等构造景观特征十分明显；角峰、U 形谷、冰碛物、冰蚀湖泊等冰川遗迹景观保存良好
	碧罗雪山景观	兰坪县与福贡、碧江、泸水 3 县的界山。山顶一带冰川与古冰川遗迹十分发育，飞瀑密布，分水岭蚀余高原面两侧分布着众多的冰蚀湖，被称作"万瀑千湖之山"。较为集中的有两个湖群：老窝山湖群，海拔 4435.5 米，拥有湖泊 20 个；拉格鲁多依湖群，分布着十几个高山冰蚀湖泊。老窝河峡谷，两岸陡峻，沿河有大量的石灰岩分布区，喀斯特大泉和溶洞景观沿河分布
	天宝雪山景观	位于香格里拉县。天宝雪山为香格里拉七大雪山之一，主峰海拔 4750 米。融冻风化作用特别剧烈，山峰顶部刃脊和角峰景观十分发育，其下部大量分布着石河、石圈、石带等冻土地貌景观和流石滩景观
高山景观	轿子山景观	位于禄劝县境东北角乌蒙乡。轿子山是中国纬度最低的季节性高山雪峰。主峰海拔 4223 米。轿子山东坡地势险峻，主脊山峰相连；西坡山顶为高山剥蚀面，地势相对平缓，裂点之下是深切峡谷
	高黎贡山景观	位于怒江大峡谷，保护区东西宽 9 千米，南北长 135 千米，总面积 12 万公顷。高黎贡山是横断山脉中最狭窄、高度最低的一列山地，怒江和伊洛瓦底江的分水岭。山体平均海拔约 3500 米，最高峰是嘎娃嘎普峰，海拔 5128 米，山顶终年积雪，广泛发育冰斗、刃脊、角峰、槽谷、冰蚀湖等冰川地貌景观。腾冲境内的高黎贡山西坡上，有第四纪火山群分布
	拱王山景观	位于寻甸县和禄劝县境内。山地海拔一般均在 3000 米以上，主峰雪岭海拔 4344 米，是滇东高原第一高峰。山地中古冰川遗迹十分发育，沿着古冰斗分布的海拔高度，可以还原出古冰斗发育时的雪线位置。山地北高南低，北部地势陡峻，相对高差达 2000 余米，是著名的小江峡谷景观；南部山势较和缓，山地中有一些小型断陷盆地。山地属寒武系白云岩与二叠系玄武岩等地层组成的断块侵蚀山地，是中国著名的铜矿产地之一。坡麓地带，滑坡、崩塌和泥石流十分发育

续表

景观类型	地质景观名称	主体旅游地质景观特征
中高山景观	老君山景观	老君山是云岭山脉中支南部的一列山地，横亘于剑川、玉龙、兰坪和洱源等县，面积约1900平方千米。山体平面上呈三角形，山地海拔一般在2500~3500米，主峰老君山海拔4247米。由三叠系紫红色砂岩在流水的侵蚀和溶蚀作用下形成了中国规模最大的丹霞地貌景观，独特的龟裂纹丹霞地貌景观系列具有世界意义，最具代表性的是沿着黎明河谷两岸展布的千龟山、大佛崖和"太阳三起三落"丹霞景观。在海拔1800米以上的地区，保留了第四纪多期冰川遗迹和完整的山岳冰川地貌景观系列。冰蚀景观和冰碛景观保存良好，九十九龙潭是其杰出代表
	苍山景观	苍山南北长约50千米，东西宽约24千米。苍山共有十九峰、十八溪。山峰海拔均在3000米以上，主峰马龙峰，海拔4122米。两峰夹一峡谷，构成"苍山十八溪"，山峰顶部第四冰期形成的冰川谷、刃脊和角峰景观依然保存良好，山中峡谷、瀑布、溪流景观十分优美
	乌蒙山景观	北起云南、贵州两省边界，向西南经贵州省的赫章县和威宁县，在云南的鲁甸县与宣威市的交界处再次进入云南，直抵会泽、曲靖一带，全长250千米。乌蒙山有三列山地组成，地势西南高，东北低，海拔多在2100米左右，主峰大牯牛寨山，海拔4016米。乌蒙山是由断层抬升形成的年轻山地，大部由上古生界的石灰岩组成，山地顶部起伏和缓，为残余高原面，漏斗、溶蚀洼地、溶蚀盆地、溶洞、地下河等喀斯特景观比较发育。边缘受小江、牛栏江、南盘江、北盘江等河流的切割，比较破碎，泥石流十分发育。乌蒙山群山起伏，山中有山，峰外有峰，峡谷深陷，逶迤连绵
中山景观	哀牢山景观	北起大理州，南抵红河州南部，绵延450千米。哀牢山是一列经过大幅度抬升和河流强烈下切而形成的深切中山山地景观。西坡相对比较平缓，东坡因受元江的强烈切割，谷坡陡峻，山地顶部残存有平坦的高原面。平均海拔2000米以上，主峰是无名山峰，海拔3165.9米。山体北部较狭窄，南部较宽阔，被河流切割成大围山、分水岭和五台山三列山地景观
	无量山景观	北起大理巍山、南涧南部，向南经普洱市中部，至西双版纳南部，绵延500余千米。无量山最高峰笔架山海拔3370米。无量山系由中生界侏罗、白垩系及新生界第三系红色湖相地层组成，是云南高原近期被抬升后，由澜沧江、元江及其支流深切分割而成的中山峡谷区，多河流和瀑布景观。无量山北部狭窄高峻，海拔2500米以上，南部开阔低矮，海拔约1500米
	屏边大围山景观	位于屏边县城东北约15千米处，南北长约60千米，东西宽约6千米，总面积约23万亩。大围山最高海拔2363米。团山、凹嘎、鸡冠等火山口共同组成屏边火山系统，但只有团山火山受风化程度低保存完好。岩性为白榴橄榄灰石岩和白榴玄武岩
	磨盘山景观	位于新平县城南面。磨盘山南北长约15.47千米，东西宽约14.8千米。磨盘山因山体形似磨盘而得名。排列着十二峰、最高海拔约2614米。顶部残存着大片缓缓倾斜的高原面
宗教名山景观	鸡足山景观	位于宾川县西北，南北宽15千米，东西长30千米。有天柱、风头等13峰，以天柱峰为最高，海拔3240米，最低海拔为南村桥边1780米，相对高差达1400余米。鸡足山属断块隆升山地，为中高山深切割地貌景观。鸡足山共有40座山岭，13座险峰，34条崖壁，45个不同成因的洞穴。特别是玄武岩断层崖，成为鸡足山最突出的自然景观
	巍宝山景观	位于巍山县城东南约10千米处，总面积6平方千米。主峰海拔2568米，相对高差1000余米，前山山地绵亘叠嶂，宫观多藏于密林之中；后山险峻陡峭，庙宇多依山势显建于岩壁之间。是中国十三座道教名山之一

景观类型	地质景观名称	主体旅游地质景观特征
宗教名山景观	云峰山景观	位于腾冲县西南 20 多千米处。云峰山为一拔地而起的孤峰，海拔 2200 米，高出平地 1000 米。远看形如玉笋挺立，直插天际，岩石以花岗岩为主。云峰山以其"山高谷深，陡峭险峻"而著称，山上一千多级"三折云梯"直通山顶，最陡处的 43 级石阶近乎垂直，且宽不足尺，两旁是万丈深渊，令人目眩心惊，被誉为腾冲十二景之首
	方山景观	位于滇川交界的云南北大门滇川大通道上，地处攀西六盘水、攀枝花、元谋、永仁的中心，总面积 34 平方千米。方山主峰海拔 2377 米。山地主要由第三系古新统元永进组砂岩、泥岩组成。整个方山景区由六大景区共 42 个景点组成
	昆明西山景观	位于昆明城西的滇池之滨，北起碧鸡关，南至海口，绵延 35 千米。西山是碧鸡山、华亭山、太华山和罗汉山的总称，素有"滇中一佳景"之称，旧名碧鸡山，又称为"睡美人"山。最高峰罗汉峰，海拔 2511 米。东面为著名的西山断层崖景观，山麓地带是倒石堆景观。龙门在西山北段，为西山悬崖峭壁上的"第一胜景"，其石崖雕凿殿宇阶台，构思、布局都体现了"险"、"奇"、"雄"、"峻"。南段有观音山等景观
	观音山景观	位于滇池西岸的中部。观音山是昆明西山南部的湖成山丘，海拔 1926 米，是由晚古生界石灰岩等地层组成的湖成台地分割而成。观音山山形奇特，犹如一只展翅欲飞的凤凰，也称其为"凤凰展翅"
名山景观	梁王山景观	位于澄江县与昆明市呈贡区之间，一山观三湖之地。梁王山是澄江十景之一，素有"滇中第一名山，云南王者之山"的美称。山脉自东北向西南方倾斜延伸，长约 15 千米，宽约 5 千米，主峰海拔 2820 米，相对高差 820 米，为滇池盆地周围山峰之冠
	马雄山景观	位于沾益县东北处。马雄山因山形酷似一匹雄骏高昂的马而得名。为滇东高原北部残余山地景观，是南、北盘江和牛栏江三江的分水岭，被称为"一山分三江，一山分两盘"。马雄山主要由砂页岩和石灰岩组成，地下水系发育，东麓水洞为珠江正源，溪流泉涌，出洞成河。马雄山山峰犹如一匹斜卧在高原平台上的双峰骆驼，其中两座隆起的驼峰，一座是主峰马雄山（海拔 2443 米），另一座是次峰老高山（海拔 2368 米），两峰之间是具有宽阔脊面的鞍部，山峰向鞍部延伸，有三个连绵起伏的小山峰
侵蚀剥蚀的高原景观	东川红土地景观	位于昆明市以北偏东方向，距昆明市约 161 千米，距东川区约 49 千米。红土地是在东川高温多雨的气候条件下，富含铁、铝成分的酸性黏重土壤经氧化沉积而形成的红土地
峡谷、河湾景观	金沙江虎跳峡景观	位于迪庆州和丽江市交界处。大峡谷上起香格里拉县下渔落村，下至丽江大具坝，全长 17 千米。峡中兀立一巨石，传说有猛虎从此一跃过江，故峡以石为名，得名"虎跳峡"。金沙江沿玉龙雪山与哈巴雪山之间的断裂不断下切雕凿，两岸雪山相对抬升，形成今日的虎跳峡大峡谷。总落差 220 米，纵坡降 0.37%，谷底狭窄，江面宽度仅 30~80 米，江水咆哮，流速达 10 余米/秒，冲过密布险滩怪石，跌下 18 个陡坎险滩，冲出峡口。整个峡谷分上虎跳、中虎跳、下虎跳三段。上虎跳江心有一块巨大的崩塌岩石，状若中流砥柱，将主江分流，为著名"虎跳石"。中虎跳江面落差甚大，江中林立礁石，被称为"满天星滩"。下虎跳江面狭窄，有约 5 米的巨虎横亘于江中，江水澎湃如潮，具有"狂涛卷地"之势。虎跳峡两岸峭壁千仞，重峦叠嶂，白雪皑皑，瀑布高挂，相对高差达 3700~3900 米

续表

景观类型	地质景观名称	主体旅游地质景观特征
峡谷、河湾景观	怒江大峡谷景观	位于怒江州境内,北起秋那桶,南抵跃进桥一段的怒江峡谷,总长310千米。怒江奔腾于高黎贡山和碧罗雪山之间,每年平均以1.6倍黄河的水量奔腾向南。两岸山岭海拔均在3000米以上,谷底水面宽度一般为20~90米,谷深2000~3000米,最深处在贡山丙中洛一带,达3500米,水流落差640米。受地质构造控制,嶂谷、隘谷、V形谷隔段出现,沿江多激流险滩,十分壮观。两岸危崖耸立,雪山高峻,瀑布飞悬,有"水无不怒石、山有欲飞峰"之称。怒江峡谷的著名景观有双腊瓦底嶂谷、青那桶峡谷、羊角石、双角峰、犀牛岭、鹰嘴崖、石月亮,以及腊乌岩、腊早岩、石门关等峭壁千尺和怒江第一湾、万马滩、尖山滩、阎王滩、猛姑滩、响石滩等
	澜沧江大峡谷景观	位于德钦县境内,北起佛山乡,南至燕门乡,长150千米。峡谷江面海拔2006米,左岸的梅里雪山卡瓦博格峰海拔6740米,右岸的白马雪山拉扎雀尼峰海拔5426米,峡谷的最大高差达4734米,从江面到顶峰的坡面距离为14千米。每千米平均上升337米,峡谷有一个近于垂直的坡面景观。它不仅以深邃和悠长而闻名,且以江流湍急而著称。澜沧江在150千米的距离内落差为504米。狭窄的江面狂涛击岸,水声如雷,十分壮观。河谷两岸,山顶白雪皑皑,冰蚀景观刃脊、角峰、冰斗发育;冰川舌深入森林中;下段具有干热河谷的特征,地表破碎
	东川小江峡谷景观	南起阿旺乡岩脚,北至小河,东源发源于寻甸县的清水海,全长133千米。小江属金沙江支流,峡谷全长72千米,最宽6千米,最窄1.5千米,海拔1600~6950米,东为牯牛寨山,西为拱王山。峡谷底宽15~50米,相对高差1000~2000米,落差909米。小江地处断裂带上,新构造活动频繁,这一带历史上是中国重要的铜矿区,已有几百年的开采史,导致峡谷两岸植被稀疏、地表裸露、岩层破碎,山高坡陡,极易形成泥石流。在东川境内的小江流域发育有100多条泥石流,每年使河床抬高15~21厘米,被称为世界"泥石流的博物馆",其中最为出名的是蒋家沟泥石流和大桥河泥石流沟
	香格里拉大峡谷景观	位于迪庆州香格里拉西北部80多千米处。香格里拉大峡谷是金沙江一级支流冈曲河及其支流深切高原面形成的横贯香格里拉县北部的峡谷群,长约100千米,宽约30~40千米,由香格峡谷、里拉峡谷、巴拉峡谷、色仓大裂谷、碧壤峡谷等组成。在河流下切力作用下,形成了高山深切峡谷的地貌类型,为国内罕见的典型V形峡谷及隘谷,相对高差可达3500米以上。区域内不少山峰超过4500米,部分垭口海拔超过4000米。峡谷宽处不超过80米,最窄处仅10米。区内还分布有大量的冰川遗迹,是冰川遗迹研究的理想场所
	牛栏江峡谷景观	位于左江支流硝河上。牛栏江是长江上游金沙江段的一大支流。牛栏江峡高谷深,江流曲折,两岸沟壑纵横,峰岭绵延,相对高差近2000米。牛栏江峡谷谷坡分三个层次重叠,最下一层是陡峭的斜坡,中间一层是垂直的悬崖,最上一层又是倾斜的大山,于是两岸合在一起就将峡谷拼成了下部V形、中部方形、上部倒八字形的美妙曲线。特别是毗邻大山包黑颈鹤国家级自然保护区的牛栏江鸡公山峡谷,是由二叠纪峨眉山玄武岩为主体形成的深邃峡谷,两岸陡峻。牛栏江畔有红石岩温泉,乐马古银矿遗址、乐红小石林、石笋林和石头城,梭山黑石大洞,热冷双泉和燃气泉等
	长江第一湾	位于丽江市石鼓镇境内。金沙江流至石鼓镇时,受陡崖阻挡,河流由东南急转向东北,流向转了近120度,平面上形成"U"形大湾。江面较宽,水流较缓,是长江江面上的第一个渡口。江面海拔约1750米,山高水长,气势磅礴
	怒江第一湾	位于贡山县境内。怒江流至丙中洛附近,受玉箐千丈悬崖绝壁所阻,由东向西直转而去,流3300余米,被丹拉大陡坡阻住,又由西向东流,形成一个大半圆形的湾。江面海拔1710米,是千里怒江的第一个渡口。距丙中洛乡7.8千米处,大理岩岸壁山丛中,有很多喀斯特洞穴

景观类型	地质景观名称	主体旅游地质景观特征
峡谷、河湾景观	裴脚深谷	位于红河县境内，西北起小河底，东南至曼东路口。红河沿红河深大断裂切割而成的V形峡谷，长约26公里，宽20~50米，谷深一般为600~700米，最深处为1550米。两岸陡峻，峡谷中水急滩险
	罗平鲁布格峡谷景观	位于云南、贵州两省界河黄泥河上，长约20千米，距离罗平县城43千米。鲁布革峡谷是在黄泥河峡谷上修筑鲁布革水电站而形成的高峡平湖，峡谷由雄狮峡、滴灵峡、双象峡等组成，峡谷两岸群山，有的壁立千仞，有的危岩耸立，有的绝壁临水而立，一串串钟乳石倒垂于水面，奇形怪状。玉带湖、腊山湖和弯子湖，环绕着腊山，湖的尽头有瀑布
	丽江观音峡景观	位于距丽江古城东南17千米处的七河乡境内。观音峡包括是集山水、湖泊、峡谷、森林等自然景观。在峡谷两岸都是悬崖峭壁，在峡谷内还有一条观音瀑，上下落差40多米，它最奇特美丽之处在于太阳照进峡谷的中午时分能看见双道七色彩虹
	金沙江奔子栏大转弯景观	位于德钦的奔子栏附近。金沙江流至德钦的奔子栏附近，由于在云南高原隆升之前的曲流基础上，地壳抬升，河流下切，保留了原曲流形态而形成的一个180度的大转弯
喀斯特景观	昆明石林景观	位于石林县境内，分布面积近400万平方千米。昆明石林是中国最具代表性的三大喀斯特地貌景观区之一，各类形态的石林有近80片，分布于海拔1720~2203米，展现了不同时代形成的石林与区域地壳抬升和水文系统演化所造成的景观差异性。石林的景观形态主要有柱状石林、塔状石林、蘑菇状石林、剑状石林、尖峰溶痕城堡和不规则状石林。石林与其他喀斯特地貌景观的组合展现了石林发育环境的多样性和演化的复杂性，主要有石林溶蚀洼地、石林岩丘、石林谷地（槽地）、石林岭脊、石林坡地和石林溶蚀盆地等。石林地区全面展示了石林的形态类型与组合，并保留有完整的发育演化遗迹，因此被称为"石林博物馆"。石林代表性的景观有大小石林、石林阿诗玛头像、乃古石林、普豆石林、大叠水瀑布、长湖、月湖、清水塘、芝云洞、奇风洞等。石林是世界上唯一能以石林发育遗迹和石林景观系列展现地球演化历史的喀斯特地貌景观区
	罗平峰丛景观	位于罗平县城东南部的罗雄、板桥、旧屋基、大水井、鲁布革等乡镇。景观有峰林、峰丛、溶丘、溶洞、地下河等，星罗棋布地撒在坝子里，面积达数百平方千米。罗平峰林密集，形态奇异，景观最优美的区域是一个长约60千米、宽约2千米的"入"字形地带。金鸡峰丛是罗平峰丛最美的景观，散落于坝子中的峰丛造型优美
	丘北普者黑峰林、峰丛	位于丘北县城北西约20公里的普者黑盆地。面积约16平方公里，宝塔状、馒头状峰林、峰丛发育，2~7个/平方公里，溶峰一般高50~150米，其间发育有喀斯特湖群
	个旧峰林	位于泸江与红河的分水岭上，海拔2000~2500米。发育在二叠系阳新统和三叠系个旧组石灰岩地层中，以桂林式锥状峰林为主
	广南八宝峰林峰丛景观	位于广南县八宝盆地中。以峰丛、峰林、瀑布景观为主，面积近40平方千米。该地峰林峰丛景观典型，峰林较矮，高50~100米，呈宝塔、馒头状；峰丛高大，高100~200米，呈尖锥状。盆地中心还发育少量孤峰，高度大于50米。盆地内分布约65个较小的溶洞、7个面积不大的喀斯特湖泊
溶洞景观	建水燕子洞景观	位于东建水县城东30千米的泸江峡谷中。燕子洞因洞内外岩壁上栖息着成千上万只燕子而得名。洞分为三层：上层老巴洞，面积近10平方千米，中层和下层洞相连，分前、中、后三洞，三洞洞口均有翼燕栖息。目前主要开发的是前洞的一部分，前洞又分明洞和暗洞，明洞形似一座巨大的天生桥，两面透光，暗洞规模宏大，洞长4000米，高50余米，宽30米，泸江水奔腾入洞，形成地下伏流。溶洞分为三个景区，第一景区称为"龙泉探幽"，第二景区称为"天街撷美"，与第一景区终端紧紧相连，是一条高于河床35米的绝壁长廊，长廊被石柱、石幔、石屏风分隔成若干厅堂，第三景区称为"梦幻世界"，景区面积达2万平方米，为燕子洞景观的精华所在

续表

景观类型	地质景观名称	主体旅游地质景观特征
溶洞景观	泸西阿庐古洞景观	位于泸西县城西北约5千米的盆地边缘的峰丛洼地中，全长3000多米，面积近1.5平方千米。溶洞周围峰丛林立，山脚清泉涌流，庐源河玉带环绕。溶洞、竖井18个，暗河九条，彼此间纵横交错，上下沟通，构成一个复杂多层次的洞穴系统。阿庐古洞群由"庐源河"、"玉柱洞"、"玉峡洞"、"玉笋洞"组成，具有"洞外有山，山脚有泉，洞中有洞，洞中有天，洞中有河"的特点。洞分三层，彼此相通。上、中层为旱洞，下层为水洞，即玉笋洞，河长625米。阿庐古洞拥有四大奇观——古洞佛光、阿庐云海、地河幻景、天造神物，堪称世界溶洞之林的四大奇葩
	宜良九乡溶洞景观	位于宜良县城西北的九乡彝族回族乡。洞主要分布在南盘江一级支流麦田河及其支流两岸。在地壳间歇式抬升运动中，完成了多层溶洞的演化过程，造就其巨大、奇特的洞穴系统景观。区内已发现溶洞近百个，主要洞穴有三脚、仙人洞、白象洞、蝙蝠洞等峡谷与洞穴相连，洞内有生物堆积、有人类活动遗存及哺乳动物化石。故有"九乡溶洞九十九"、"溶洞之乡"之说。洞穴中石钟乳、石笋、石柱、鹅毛管、石花、卷曲石、边石坝（神田）、瀑布、暗河等喀斯特景观比比皆是，被誉为"洞穴博物馆"。汇集了洞穴群景观、峡谷景观、钙化景观、洞穴瀑布景观、化石遗址和史前人类遗址等
	弥勒白龙洞景观	位于弥勒县虹溪镇东北的溶丘洼地中。洞体呈北东向展布，长1149米，洞分上下两层，上层洞长530米，下层溶洞长619米，上下两层溶洞相通，平面上呈"八"字形，30多个大厅，100多个景点，洞中有洞，洞中见天，奇景迭出，共分为南宫、北宫、瑶池仙境、海底世界四大景区。南宫景区以雄伟高大的石帘、石幔为特点，有"取经路上"、"犀牛望月"等景观。北宫以造型奇特的龙鳞状浮雕、龙柱、石幔见长，重重叠叠，酷似北京九龙壁。瑶池仙境以"岛屿罗列"、"幽谷小溪"、"碧水莲花"等景点取胜。海底世界有石花、石珊瑚、石葡萄、石珍珠等类型，是白龙洞的精华。"灵芝斜塔"为洞中最著名的景观
	开远南洞景观	位于开远市南3千米处的通灵村附近。开元南洞是云南规模最大的地下暗河出口之一，其中有三个终年流水潺潺的泉潭，洞内泉石景观奇异，洞脚终年泉水涌出。划船而入，可欣赏到石芽、石笋、石柱等钟乳石奇观。洞外山崖下有三个清澈的龙潭，其中一个龙潭在溶洞深处，常年流着清泉
	威信天台山溶洞景观	位于威信县城西部约32千米的毕坎村老鹰岩上。天台山溶洞分四层，相互贯通，别具特色。第二层洞主洞长2138米，宽25米，支洞深1062米，宽25米，高18~25米，有10余个大厅。每层溶洞之间的高差20~25米。洞内次生碳酸钙沉积类型繁多，色彩绚丽，形态各异。单体、复合形体共生，黄色、淡红色、白色或无色透明石钟乳、石笋、石柱比比皆是，多以站立式、侧挂式、悬垂式分布。洞中景象万千，石葡萄、石球、鹅针管、卷曲石等比比皆是，大厅中环立钟乳、石枝、石柱。攀缘而上，一路峰回路转，景象奇特，石人、石猴、石龙、石狮、石花绚丽多姿。石瀑临空飞溅，气势磅礴。洞顶、洞壁、洞底缠绕的羽状、枝状、柱状钟乳石，如盘根错节的森林
	鹤庆清源洞景观	位于鹤庆县云鹤镇北12千米的逢密山山腰上。因洞内有泉水从崖壁中流出，清澈见底，终年不断，故名清源洞。洞穴深幽，分上下两层，左右两穴，左穴较窄，右穴宽如厅堂。内有石田、石柱、石兽、石笋、石幔等天然奇形，钟乳遍布，千姿百态，有地下石林之称
	华坪仙人洞景观	位于华坪县城中心镇西南2000米处南面的轿顶山东麓。主洞长110米，最高处约26米，宽约15米。洞内钟乳石等造型奇异，各种钟乳石似笋如花，千姿百态，入洞20米，地势突然开阔，辟有舞池，七色彩灯闪耀，宛若仙苑琼宫，令人流连忘返；洞内还有暗河，暗河河水汇入新庄河

景观类型	地质景观名称	主体旅游地质景观特征
溶洞景观	曲靖花山溶洞景观	位于沾益县境内。因溶洞地处沾益县花山水库东侧，故名花山溶洞。花山溶洞全长565米，高0.8~17米，宽0.7~19米不等。洞内有六个大厅，数十个景点。大厅与狭窄通道相间，出现多级台坝，纵剖面呈阶梯状；横剖面形态变化较大，有葫芦形、椭圆形、梯形等，景观壮丽。洞内景观以石幔、石帘、石柱、石笋为主，生长着大量的石葡萄、石花、卷曲石等，其中卷曲石长达10厘米，单个纤细弯曲，成簇的酷似冰花，晶莹透明，洁白无瑕，甚为奇美溶洞拟人化景观较多
	普洱翠云溶洞景观	位于思茅区西南53千米。溶洞发育于三叠系泥质灰岩中，呈三层洞群展布。第一层标高1190米，部分地段为暗河；第二层标高1210米；第三层标高1240米。洞中次生碳酸钙大量沉积，以悬挂式石幔、石帘为主，共30多个景点。洞中的钟乳和石笋神态各异，有莲柱官厅、白象点头、群龙戏珠、神雕玉屏、冰川飞瀑、龙王寝宫等景观。洞内有仙人洞、彩虹洞、观音洞、水帘洞、珍珠洞等九个洞穴，还有大、中河落水洞和翠云小石林，附近还有二叠连瀑、南帕河瀑布等景观
	富民宝石洞景观	位于禄劝县撒旦镇盘龙村后东南2千米处的龙泉河的天生桥附近。洞内古河道沉积层内，藏有源自二叠系峨眉山玄武岩风化层中的红、绿、蓝、白等色玛瑙石，洞内钟乳悬垂，四壁奇石参差，有观景台、道士下山、琼林仙姬等拟人化景观，其中以仙人洞和过水洞最有名。1983年曾在洞口堆积物中发现陶器、骨器等文物，属一新石器时代洞穴遗址
	曲靖天生洞景观	位于沾益县光华村。曲靖天生桥是发育于下石炭统摆佐组石灰岩中，洞内钟乳、石笋、石柱等分布密集，造型奇特。溶洞南北走向，洞分三层，全长1000多米
	祥云清华洞景观	位于祥云县清华山。清华洞发育在二叠系石灰岩地层中，分三层，第二层最宽阔，高30余米，宽50余米，第三层洞分两支，逶迤弯曲，深不可测。山顶有一孔，形如盘碟，俗称"碟大天"。洞内钟乳石悬挂，千姿百态。洞门建有坊、亭，石壁上题咏甚多
泉华景观	香格里拉白水台景观	位于哈巴雪山山麓，占地面积3万平方米。白水台是由于水中的碳酸氢钙经阳光照射发生化合作用形成碳酸钙白色沉淀物，不断覆盖地表而形成的千姿百态的喀斯特地貌景观，是迄今所发现的规模最大的冷凝型淡水碳酸盐泉华台地。白水台顶，地势平坦，上有泉眼和碧水浅潭，泉水流入潭内，潭内钙化堤坝曲蜿蜒，若莲叶轻浮水中，水漫流到白水台表面，形成一幅"仙人遗田"的秀丽景观
喀斯特天坑景观	沾益海峰天坑景观	位于沾益县海峰湿地西部的大毛寺村前。海峰天坑群有10多个天坑，最深的天坑184米，最浅的也超过70米，底部面积最大的2.2公顷，最小的也有0.48公顷。其中最大的天坑直径约200米，也为最深的天坑，坑内尚有恐龙时代的蕨类植物，坑底有溶洞与地下河，洞内景观奇异，此外，洞底还有三个保存完整的地下森林天坑，底部的地下森林和溶洞形成了一个别具一格的自然生态与科研考察的绝佳之地
	沧源天坑景观	位于沧源县糯良乡斑卡三组附近的山坡上。沧源天坑群共有7个天坑，直径最小的有50米，最大的有200米，均匀分布在同一水平线上。其中最大的天坑深235米、直径184米。洞内生长着桫椤、董棕等一些珍稀的植物，有水潭、沙滩、暗河、瀑布，以及数量众多的石笋、石钟乳等，堪称洞穴喀斯特沉积物的典型代表
河流景观	金沙江景观	金沙江流经云南西北部、川西南山地，到四川盆地西南部的宜宾接纳岷江为止，流经云南省迪庆、丽江、大理、楚雄、曲靖、昭通6个地州，主要支流河流39条。金沙江流经山高谷深的横断山区，水流湍急，受局部构造的控制，以峡谷景观为主，且以滩多湾急而著称，宽谷景观仅见于龙街、蒙姑和巧家等局部地段。河谷相对高差一般在1000~3000米，受地壳间歇性抬升的影响，谷坡往往由3~5级阶地或夷平面构成，形成折线式的谷坡地貌景观结构，这样的地貌景观结构有利于生物垂直带谱的生长发育，孕育出了移步换景的自然风景系统。金沙江河谷深切，地形封闭，金沙江河谷地带较有代表性名景观有奔子栏大转弯、长江第一湾、虎跳峡、元谋土林、水富大峡谷温泉等

续表

景观类型	地质景观名称	主体旅游地质景观特征
河流景观	澜沧江景观	澜沧江全长4500千米，云南境内干流长1334千米，流域面积88478.1平方千米，主要支流有黑惠江（漾濞江）、威远江（小墨江）、补远江、南腊河及小惠江等。澜沧江的中上游均穿行在崇山峻岭之中，以峡谷景观为主，两岸多瀑布和激流。著名的干流和支流上的景河段主要有梅里雪山大峡谷、营盘街峡谷、巴迪燕子峡谷、漾濞石门关峡谷等。该江流经地域也是云南旅游景观丰富而集中区之一，汇聚了西双版纳、大理、三江并流等国家级风景名胜区，西双版纳、纳板河、哀牢山、无量山、南滚河等国家级自然保护区，在其分水岭地带，残留有大量的蚀余高原面，高原面上分布有冰川湖群等景观
	怒江景观	怒江从贡山县青拉桶进入云南折向南流，经怒江州、保山市和德宏州，流入缅甸后改称萨尔温江，云南段长654.4千米。怒江奔流在怒山与高黎贡山之间，两岸山脊多在4000~5000米，谷底海拔2000~3000米，河床坡度大，支流属羽状水系，形成世界著名的峡谷区。青纳桶那巧落至丙中洛一带，江面海拔2000米，但两岸雪峰海拔都在5000~6000米，两岸陡壁挺立，崩落岩块横亘江中，水拍浪打，出现很多穿洞。在与西藏交界的牙关河上，形成400多米落差的瀑布。怒江流经贡山县丙中洛乡日丹村附近，受玉箐大悬岩绝壁的阻隔，江水的流向从由北向南改为由东向西，流出300余米后，又被丹拉大山挡住去路，再次掉头由西向东急转，形成了一个半圆形大湾，为怒江第一湾。其他景观还有双腊瓦底嶂谷、羊角石、双角峰、犀牛岭、鹰嘴崖、石月亮，以及腊乌岩、腊早岩、石门关等峭壁千尺和万马滩、尖山滩、阎王滩、猛姑滩、响石滩、支流上的老窝河峡谷，以及水流比较舒缓的潞江坝风景河段等
	元江（红河）景观	位于云南省中部、东南部和广西壮族自治区西南部，流域平均宽度约120千米。主要支流有绿汁江、小河底河、南溪河等，主支流的景观均以峡谷景观为主
	南盘江景观	发源于曲靖市北部的马雄山麓，向南流经曲靖市、陆良县、华宁县、弥勒县、开远市等县市后，在罗平县的三江口出省，在云南省境内长715.5千米。南盘江所经之地为云南主要喀斯特分布区，主支流不少河段潜入地下，地表径流减少，地下水量比较丰富。南盘江上游在滇东南高原上流动，卷曲蜿蜒，河谷开阔，水流平缓，在进入陷落盆地后更为显著，两盆地之间多有高差不一的峡谷相连，峡谷内河谷深切，水流湍急，往往形成跌水瀑布，如石林大小瀑布，在开远龙潭以下，呈峡谷地形，重峦重叠，喀斯特景观比上游分布更广。南盘江在云南境内主要景观有马雄山珠江源，"珠江第一漂"。在其支流上，形成了许多著名的风景河段，如多依河喀斯特瀑布群景观；八宝河风景河段，附近有溶洞65个，湖泊7个，众多的瀑布；巴江支流上的芝仙洞、天生桥、大叠水瀑布等
	瑞丽江景观	瑞丽江属中缅界河，云南境内长351千米。江面有三段不同的景观。第一段为流经遮放坝的风景河段，水流舒缓，江心洲、边滩比比皆是；第二段为河流切割黑山门山体而形成的峡谷河段；第三段为瑞丽江桥以下部分
	大盈江景观	南底河与槟榔江在盈江县下拉线北部交汇后，成为大盈江。大盈江末段进入虎跳石后河床坡度猛增，水势汹涌澎湃，至虎跳峡时两岸石壁紧缩，怪石嶙峋，最窄处仅7米，江水湍急，激流腾空，浪花四溅，深谷内滚滚涛声如同雷鸣，声闻数里。由于激流强烈下切，河道深邃，沿途崖泉飞瀑比比皆是，水汽氤氲中一条彩虹横跨江面，气势磅礴
	硕多岗河景观	发源于香格里拉县城东北约30千米的楚力措。河系呈羽状分布，右岸支流较多，但源头短，河长一般在14千米以内，大部分支流分布在左岸，其中以冲江河为最大，全长29千米，集水面积为250平方千米，占硕多岗河流域面积的12.7%。硕多岗河流经普达措国家公园
	南溪河景观	发源于蒙自市东北鸣鹫镇西南的小田坝。南溪河为中越两国的界河，河长170千米，国境内流域面积3353平方千米，南溪河与元江交汇处的河口，海拔仅76.4米，是云南省的海拔最低点。南溪河两岸有石灰岩热带沟谷雨林景观、花鱼洞瀑布景观，支流小南溪上的花鱼洞前瀑布三叠而下，跌荡于苍树秀木、怪石异礁之间，形成水帘洞式的秀美瀑布景观

续表

景观类型	地质景观名称	主体旅游地质景观特征
河流景观	黑鱼河景观	位于腾冲县黑鱼河峡谷。黑鱼河是在熔岩流的作用下，岩浆堵塞地下水脉流露出地表而形成。夏季洪水暴发期，黑鱼河与龙川江交汇的一段常现奇观，一条江中会形成清浊分明的两样水色。河水上游河谷两侧柱状节理景观出露，极有观赏价值
	多依河景观	位于滇黔桂三省区交界处，距罗平县城 40 千米。多依河是一条由喀斯特瀑布群组成的河，在全长 12 千米的多依河河床上有近 40 个钙华瀑布，可谓十湾九跌、一目十滩。有著名的雷公滩、处女滩、鸳鸯瀑布等
	马过河景观	位于马龙县西北马过河镇境内。全长 16 千米，水面宽 30~40 米，两岸悬崖峭壁，岩石千奇百怪，游览线路九曲十八弯。马过河以溪流平湖、陡壁峭岩、瀑布为特色
	巴江景观	发源于石林县山头村山神庙峰。全长 74 千米，径流面积 705.6 平方千米，上游经过乃古石林，有一段穿越芝云洞，变成地下暗河，在大小石林边缘形成著名的天生桥和喀斯特峡谷景观，是石林地区控制喀斯特发育的侵蚀基准面；中游从石林县城鹿阜镇穿过，形成城市休闲景观廊道；下游是云南省知名的大叠水瀑布
	流沙河景观	发源于勐海县勐遮乡西北星火老寨后山。干流长 118 千米，流域面积 2066 平方千米。因流域内花岗岩山地风化强烈，河中多泥沙，故名流沙河。流沙河的中上游，主要在勐遮、勐混和勐海三个坝间穿流，河床平缓。流出勐海坝子以后，在一段多石的峡谷内奔流，河床变窄，水流变急，落差大而集中，成为水力资源十分丰富的河段
	南汀河景观	发源于临沧市临翔区博尚镇。南汀河境内长 255 千米，集水面积 8245 平方千米，落差 1860 米。上游南源北流，与地势北高南低反向成趣；中游流水西去转西南，流经永德大雪山脚，峡谷间蜿蜒 70 多千米；下游孟定坝河岸开阔平坦，是物产丰富的鱼米之乡
高原断陷湖泊景观	滇池景观	位于昆明盆地的西南部。湖面海拔 1886 米，南北长 40 千米，东西最宽为 13 千米，平均宽 7 千米，湖岸线长 163.2 千米，面积 309.5 平方千米，平均水深 5.3 米，最深 10.9 米。是云南省面积最大的高原湖泊，滇池在景观上形成了湖面—湖滨沼泽（西部是西山陡崖）—湖积平原—山前坡麓和山地层状景观系统，主要景观有湖面景观、湖滨带沼泽湿地景观、湖岸山地景观（如西山断层陡崖、睡美人等）
	洱海景观	位于大理州境内，水位 1974 米，洱海湖面面积 249.4 平方千米，湖周长 116.9 千米，最大宽度 8.4 千米，最窄处 3.4 千米，南北长 42.5 千米，洱海景色秀丽，有 3 岛（金梭岛、玉几岛、赤文岛），4 洲（青莎鼻洲、鹤鹏洲、鸳鸯洲、马濂洲），5 湖（太平湖、莲花湖、星湖、神湖、潴湖），9 曲（莲花曲、大鹤曲、蟠矶曲、凤翼曲、罗莳曲、牛角曲、波垠曲、高岩曲、鹤蠹曲）之胜景
	抚仙湖景观	位于玉溪市的澄江、江川、华宁三县境内。湖面海拔高度为 1722.5 米，湖水平均深度为 95.2 米，最深处有 157.8 米，湖面积 212 平方千米，湖容积为 191.4 亿立方米。一类水，是云南省水质最好的湖泊，抚仙湖沿西面的尖山平地拔起，状如玉笋，雄伟峻峭，被称为"玉笋擎天"景观；东部有温泉，泉口甚多；东北面的回龙山如大象长鼻，故称象鼻岭景观；南面山间的海门河，隔山连江川的星云湖，河中段有一堵赭色石壁，称"界鱼石"；湖南部江川县水域内有一小岛，名孤山，离湖岸最近处约 800 多米。传统的景点有禄充、孤山、明星、新河口、海口五大景区，其中禄充和孤山两地风光最美，景点较为集中
	泸沽湖景观	位于云南省西北部和四川省西南部交界处。泸沽湖为云南、四川两省共辖的高原湖泊，湖泊面积 51.3 平方千米，属云南省管辖的面积为 30.3 平方千米，泸沽湖水深仅次于抚仙湖。湖的形状是南北较长，东西较窄，形如马蹄形景观。湖的东部有一长形半岛称长岛，伸入湖中约 4 千米，长岛两边有大嘴海堡、永宁海堡等 7 座小岛。湖北面的石子山麓的象鼻半岛酷似象鼻深入湖中戏水，湖的西北面，雄伟壮丽的格姆山巍然矗立

续表

景观类型	地质景观名称	主体旅游地质景观特征
高原断陷湖泊景观	阳宗海景观	位于昆明市东南部。阳宗海属成湖较晚的幼年湖，其湖岸平直，湖水深，湖底坡度大，分布有岩洞暗礁，湖边沉积物粗大，其东西两岸均为岩石陡坡，南北两岸有湖泊坝坪
	异龙湖景观	位于石屏县城近郊。平均水深 2.9 米，最深 3.75 米，水面面积 32 平方千米，湖北岸为乾阳山，岩石坚硬，基岩裸露，湖岸平直陡峻，局部湖岸有断层陡崖保存。南岸为五爪山，形如鸡爪，深入湖中，形成大小湖湾 72 个。其中有名的九湾为小水湾、大湾、高家湾、罗色湾、杨家湾、马房湾、狮子湾、青鱼湾、白浪湾。湖之西岸有三屿，即大瑞城、小瑞城、马宝龙，俗称"九湾三屿"
	星云湖景观	位于江川县境内。星云湖海拔 1722 米，面积 34.71 平方千米，平均水深 5.91 米，最大水深 10 米。星云湖外貌呈椭圆形，东岸较陡，多为石质，已发现多处温泉
	程海景观	位于永胜县城西南约 20 千米处。滇西第二大湖泊，湖水面积 76.9 平方千米，湖面海拔 1501.1 米，平均水深 25.7 米，最大水深 35 米；南北长 20 千米，东西宽 5.4 千米
	杞麓湖景观	距通海县城 1.5 千米。湖泊略呈北东南西向的矩形状，东西长约 10.4 千米，南北平均宽约 1.48 千米，湖面积 37.3 平方千米，湖岸线全长约 63.9 千米，最大水深 6.8 米，平均水深 4 米，湖东面的落水洞，两旁悬崖高峻，峭壁耸峙。湖北面的沙沟嘴，直伸进湖内
	茈碧湖景观	位于洱源县城北部 3 千米处。湖中拥有罕见的自然奇观，地下泉水上升形成"水花树"奇景
高原冰蚀湖群景观	千湖山冰蚀湖湿地景观	位于香格里拉县以南 50 千米的小中甸乡团结村境内。千湖山的湖是冰川消退时，冰川侵蚀、冰碛物堆积形成的凹地，或冰碛物阻塞河床、冰川谷潴水而成的冰碛湖，其形态千姿百态。在长期强烈的内外地貌应力精雕细刻下，形成的奇特的地貌造型景观
	老君山九十九龙潭景观	位于丽江老君山北侧的主峰脚下。海拔 4247 米。九十九龙潭由近百个大大小小的冰蚀湖泊呈串珠状分布于分水岭地带而成。这些冰蚀湖泊，形状各异，湖水幽深，在阳光和花木的映照下呈现出蓝、橙、黄、绿的绚丽色彩
冷泉景观	大理蝴蝶泉景观	位于点苍山云弄峰神摩山下。海拔 2030 米，蝴蝶泉处于洱海大断裂的北东盘，该盘在地下水溶蚀作用下，形成了众多的落水洞和溶洞，受大气降水和地表水补给，形成了喀斯特含水层。该含水层中的地下水，沿溶蚀管道流动，在与冲、洪积物接触部位，受细粒松散物阻截，溢出地表后形成了蝴蝶泉。蝴蝶泉水域面积 50 多平方米
	丽江黑龙潭景观	位于丽江古城北端象山之麓的黑龙潭公园内。黑龙潭主要由玉龙雪山东麓洼地及其周边泉水补给，海拔 2419 米。潭水源于多股从象山脚下的古栎树下涌出的泉水，汇成面积近 4 万平方米的水潭，色碧如玉，名为玉泉
	鹤庆龙潭景观	位于马耳山和石宝山之间。两边山地以中三叠世石灰岩最为发育，喀斯特作用强烈，使该县成为大理州龙潭洞穴最多的地方，全县有龙潭 60 余处，以西山脚分布集中，较有名的有逢密大龙潭、青玄洞小龙潭、仕庄龙潭、黑龙潭、白龙潭、西龙潭、黄龙潭、温水龙潭、羊龙潭共 9 个
	曹溪寺三潮圣水泉景观	位于安宁市曹溪寺北约 500 米处。曹溪寺三潮圣水景观是低温冷泉，水温 14.5℃，是由虹吸作用造成的自然现象，无论是在枯水还是丰水季节，每逢子、卯、午、酉四时，泉口先是风声呼呼，继而吼声如雷，接着便有一股更粗大的水流呼啸而出，飞珠溅玉，蔚为壮观。涌泉 2~3 小时后，泉水戛然断流。再隔 3~4 小时，又准时喷水而出。后来，由于上游的森林遭到过量砍伐，作为补给源的地下水的供水状况发生变化，致使雨季时涌水时刻往往提前，而旱季时泉水涌出的次数也常有减少，通常仍是一、七、十三、十九时的流量最大，三、九、十五、二十一时的流量最小

景观类型	地质景观名称	主体旅游地质景观特征
冷泉景观	昆明黑龙潭景观	位于昆明城区北郊龙泉山五老峰下，黑龙潭公园内。分为清水潭和浑水潭，两池池水相通，中间以石桥为界。清水潭面积 600 平方米，潭深 15 米，水质清澈呈黝黑色，浑水潭面积 2600 平方米，水深 0.5 米，水色微黄
	嵩明白邑黑龙潭景观	位于嵩明县白邑乡南部。黑龙潭位于始建于明代的"黑龙潭寺"中，向潭底望去，呈青黑色，故名黑龙潭。泉水涌流出量很大
	华宁盘溪大龙潭景观	位于华宁盘溪镇东北 5 千米处。泉眼为喀斯特地下河出口，所以出水量极大，达到每秒 4.7 立方米，年出水量 1.67 亿立方米，潭泉占地面积超过 1340 平方米，水深 7 米，为云南出水量最大的潭泉，在中国大泉中，出水量位居第三
	禄劝转龙缩泉景观	位于禄劝县屏山乡东北 55.6 千米处转龙镇旁。泉为一个石砌方形龙潭，深 1.5 米，海拔 2235 米，每年春、夏两季，几乎每天都会出现潭水时缩时盈的现象，每天 8~10 次，每次长达 1~2 小时，缩时水干见底不湿鞋，盈时水从地下涌出
温泉群景观	腾冲热海景观	位于腾冲县城西南 20 千米处，面积 9 平方千米。腾冲地热奇观，是地层中心的热流向地表上升，顺着地壳断裂处勃然喷发的结果。其中，位于全县地热区高温中心的热海，为滇西断裂带的一个地热喷射口，其景观，水温，涌出量全县之冠。热海的地热显示有喷气孔、冒气地面、沸泉、喷泉、热水泉华、热水喷泉和毒气孔 7 种景观，有较大的热泉、气泉群共 80 余处
	洱源温泉景观	在洱源县 9 个乡镇中，有 6 个乡镇都有众多的温泉群。洱源温泉群年产 38~78℃的温泉水 308 万立方米，这些温泉大部分属于硫磺泉和碳酸泉，富含钾、钙、镁、铁等多种微量元素。其中以九气台温泉、下山口温泉、城西温泉、火焰山温泉、江干温泉等为代表。这些温泉水质好、水温高、出水量稳定、保健医疗效果佳
	龙陵邦腊掌温泉景观	位于龙陵县城以北 11 千米的香柏河沿岸，地处高黎贡山余脉山中。海拔 1300 米。邦腊掌温泉每日供热水量为 4000 立方米，水温最高可达 104℃。邦腊掌温泉有"三奇一神"的特点。泉奇，仅在 0.4 平方千米的范围内，就有氢氟泉、碳酸泉和硫磺泉三种不同类型的温泉，被称为"温泉博物馆"。色奇，同一个泉眼的水会因为季节、气候、水温的变化而呈现出清、乳、墨等不同颜色。涌奇，部分泉眼因为地壳运动而形成间歇性涌流，能预测方圆 400~800 千米的地震，被称为"地球的穴位"、"地球的肚脐眼"。一神，指温泉对各类疾病有着独特的治疗作用，邦腊掌热矿泉水中含有铀、钾、铵、钙、锂、镁等 23 中化学元素
	昌宁鸡飞澡堂温泉景观	位于昌宁县城东南 34 千米处的鸡飞乡澡塘村。鸡飞温泉群有数十股热泉，水温 36~81℃，流量约 15 升/秒，水中含有钠、钾、钙、镁、锂、铯等多种矿物质
毒泉景观	巧家毒泉景观	位于巧家县蒙姑乡新塘村。海拔 840 米，泉水流量 8 升/秒，系冷泉，泉水清澈，泉水所含的钙、镁浓度极高，使水的硬度达到了 916 毫克/升，超过了国家规定饮用水的总硬度标准的一倍多。少量饮用口感略甘涩，饮入过多会中毒，首先影响声带，对人体的声带神经和语言中枢有强烈的麻痹作用，使发声嘶哑甚至暂时失声，同时伴随着肚腹胀痛
毒气泉景观	腾冲扯雀塘毒泉景观	位于腾冲县曲石乡小鱼塘村东南 1 千米处的山坡上。扯雀塘毒泉是火山活动的产物，是火山活动后期的一种"低温放气现象"。扯雀塘因毒气大，已成为天然的禁区

续表

景观类型	地质景观名称	主体旅游地质景观特征
气泉景观	腾冲黄瓜箐气泉景观	位于腾冲县城西南 20 千米处的热海景区内，与热海大滚锅沸泉一河之隔，面积 5000 平方米。在这条狭长状如黄瓜的山箐里，全长 1.2 千米，宽约 100 米，热气穿砂破石，不断喷出，随处可见亮晶晶黄灿灿的硫磺，空气中也弥漫着硫磺的味道。喷气较大的气孔有 16 处，出气口温度 94℃~96℃。主要特征为喷气孔冒出地面，喷出滚滚烟雾。气能煮熟米饭、鸡、鸭、肉、蛋以及薯类，气泉有蒸熏治病的功能，对神经性疾病、心血管疾病、风湿病、妇科病等 20 多种疾病疗效显著
温泉景观	弥勒温泉景观	位于弥勒县境内。弥勒地热资源丰富，以小芹田温泉，梅花温泉及小寨温泉远近闻名。小芹田温泉属低矿化碳酸温泉，又名热水塘温泉，位于弥勒县弥阳镇东北 11 千米吉山乡热水塘村，水温 60℃，日出水量为 6566.4 立方米。梅花温泉又称碧玉温泉，位于弥勒县弥阳镇西 3.5 千米处，以温泉附近多梅树得名，水温 49℃~54℃，日总出水量 2246.5 立方米。小寨温泉位于朋普小寨村，古称翠微温泉，至今有 600 多年的历史。弥勒温泉水属低矿化碳酸泉，水温中，舒适度较佳
	水富西部大峡谷温泉景观	位于距离水富县城 4 千米的金沙江畔。在金沙江大峡谷下 2380 米的深处蕴藏着丰富的地热资源，该温泉水温高达 85℃、水压大、流量多，日涌量达 8000 多立方米。泉水富含有益人体健康的偏硅酸、硫、锗、锂、溴、硒、氨、铜、锶等矿物质
	安宁温泉景观	位于昆明城区西部 40 千米的螳螂川畔。安宁温泉水源充足，日流量达 2000 吨。温泉源出石灰岩壁，由众多泉群组成，多数泉眼分布于螳螂川东北岸，在断裂带上的泉眼共计 9 个。泉水清澈碧透，水质柔和，水温达 42℃~45℃，内含碳酸钙、镁、钠和微量放射性元素
	曲靖三宝温泉景观	位于麒麟区以南偏东 13 千米的三宝村。三宝温泉共有主泉两眼，水温 40℃~57℃，日出水流量达 2400 立方米。富含氡、钾、钠、钙、镁、铁等 30 多种对人体有益的活性元素和矿物质，水质清澈透明，无色无味
	芒市法帕温泉景观	位于芒市风平镇法帕村委会，距芒市城区 8 千米。有多处出水口，一般流量 20~53 升/秒，水温 40℃~48℃，水中含重碳酸钙、镁等多种矿物质
	芒市遮放温泉景观	位于芒市西南部，距城区 39 千米。遮放瑶池为景中之奇，此泉呈多点出露，水温 50℃左右，为碳酸泉，水质清纯，流量稳定，日流量 6000 立方米，分 "龙"、"雄"、"雌" 三池。母泉位于一株硕大的古榕树下，因泉水透过高山腹里从榕树根下源源流淌出来似巨龙吐水，又因过去是土司沐浴的地方，故称 "龙池"。龙池十米见方，一半被树的根部笼罩，盘根错节，形成一个个水上洞府，呈半明半暗的一池两景，三池之间，池池相望，而水则互不相融
	元江瓦纳箐温泉景观	位于元江县城西南 18 千米的咪哩乡瓦纳村委会境内。温泉有多个天然出水口，水温在 43.2℃~86.6℃，大多数喷水口水温皆在 80℃以上。泉水中含有氟、溴、碘、锶、铁、锂、钡、锰等十余种化学成分
	师宗葵山温泉景观	位于师宗县城西南 18 千米的葵山镇温泉村金马河源头。海拔 1840 米。由于受北东向断裂的控制，深部的热流与两旁含水层的水沿断裂破碎带通道上升、运移而形成热水，系上升泉。共有大小不等的 160 个热水点，出露温泉 5 个，其中温热水泉 3 个，低温热水泉 2 个，另外沿金马河中也有温泉出露，与河水混流。日出水量 972.69 立方米，平均水温 38℃，泉口最高温度 60℃。水中含有锶、锌、锂和硫化氢之类等 10 余种矿物成分
	金平勐拉热水塘温泉景观	位于金平县城南部 49 千米的勐拉乡。温泉从石洞中涌出，最尽头大约水深 1 米多，水温在 50℃~60℃，水中有机矿物质还有天然清洁作用。温泉水里含有多种矿物质，属高热氡氟水，有硫磺味

续表

景观类型	地质景观名称	主体旅游地质景观特征
瀑布景观	罗平九龙河瀑布景观	位于罗平县城东北22千米处的以堵勒村旁。由四个主瀑组成，年平均流量为18立方米/秒，洪水季节的流量超过1000立方米/秒。在九龙瀑布4千米长的河道上，有大小数十个钙化滩和十多级瀑布，这些瀑布层层叠叠沿河而下，各层之间均有一潭相隔，形成叠水和瀑布相间分布的格局，是国内罕见的钙华滩瀑布群景观。其中最高一台的"神龙瀑"是云南省最宽、最大的瀑布，高56米，宽112米，次台瀑布高43米，宽35米；其他各台高20米、10米、5米不等
	大关黄连河瀑布景观	位于大关县城北6千米处。在方圆25平方千米的范围内大小瀑布47个，其中落差大于10米的有14条，最大瀑布落差达147米。主要景点有仙女瀑、情郎瀑、少女瀑、月老瀑、鸳鸯瀑、洞房瀑、相思瀑、对歌瀑、姊妹瀑、银链瀑、迎客瀑、寿星瀑、珠帘瀑、白象洞、水帘长廊和大滑板等20多处。其中，对歌瀑位于黄连河中心景区东侧，共五级，总落差40米，宽2~4米。迎客瀑由东北、西南两侧瀑布构成，东北侧瀑布落差55米，宽4~6米；西南侧瀑布高60米，宽3~5米。大滑板为倾角为12°的细砂岩岩板，层面平整光滑，溪水漫流岩板上，长30米，宽16米
	腾冲叠水河瀑布景观	位于腾冲县城以西1千米处。叠水河瀑布是来凤山熔岩淤塞河道而形成。瀑布高29米，瀑面宽约5米，丰水季节可达8~10米。瀑布从高岩上跌落，响声雷动，水花四溅，形成了"不用弓弹花自散"的景观
	石林大叠水瀑布景观	位于石林县城西面20千米。大叠水瀑布水源来自南盘江支流巴江与几弯河汇流的下游白鸽江，江水遇两条平行的断裂层而形成两处较大的落差，第一道称小叠水，第二道称大叠水。第一层落差约5米，第二叠落差87.8米，总高92余米，宽30余米，雨季流量每秒150立方米，枯季流量每秒3.2立方米，是云南境内珠江水系中落差最大的瀑布
	广南三腊瀑布景观	位于广南县八宝镇三腊村东500米的八宝河上。由落共河、八宝河、水拉河汇集而成。河水从悬崖处飞流直下，连跌3座悬崖，构成总体连贯的三叠瀑布，总落差约120米，瀑布水面的斜线长达200余米。三腊瀑布一帘三台，一台一景。第一道帘宽20多米，落差约40米，奔腾直下的瀑水形成了一个水雾蒸腾的水潭。第一道水帘的水由水潭左拐而下，形成第二瀑帘，宽20米，落差36米。奇妙的是，飞泻而下的水帘，在中段又分成左、右两道水帘，最终又共同跌入一个水潭中。第三帘瀑布的帘面比上面二帘稍窄，但落差却达50米，其气势比上两帘更为磅礴
	独龙江哈滂瀑布景观	位于贡山县独龙江乡独龙江下游近国境处。瀑布落差约120米，宽约40米，水量稳定。独龙江水流至滴水时，由顶部一小缺口喷出，跌落于巨石上，再弹射到江心，形成横喷水流。离瀑布下游20米有一个水塘，当地人称"洗眼泉"
	泸水滴水河瀑布景观	位于泸水县片马镇滴水河村附近的滴水河上。瀑布由两支组成，落差近300米，左支阴山镖水由三级组成，最大一级215米，宽10米，水量1.2立方米/秒；右支阳山镖水宽6余米，高170米，流量0.3立方米/秒，两支汇合之后流入怒江支流古炭河
	屏边滴水层瀑布景观	位于屏边县玉屏镇西凹嘎河和牧羊河交汇口下游1千米处公路旁。瀑布发育于屏边团山火山和凹嘎等火山喷发流淌的熔岩流冷凝而形成的熔岩台地前端。瀑布由三级组成，第一级高10米，宽4米；第二级高24米，宽6米；第三级高80余米，宽10余米。流量0.3~0.6立方米/秒，下为深切新现河河谷
	洱源银河峰瀑布景观	位于洱源县玉湖镇西罗坪山银河峰山谷。瀑布由三级组成，单级落差20余米，枯水期流量0.1立方米/秒，洪水期2~3立方米/秒
	金平标水岩瀑布景观	位于金平县城东29千米，马鞍底街南约4千米处。瀑布高130余米，沿着45度角的岩石倾泻而下，瀑布宽5米，瀑布跌落后东流经龙脖河汇入红河

续表

景观类型	地质景观名称	主体旅游地质景观特征
瀑布景观	大姚双沟瀑布景观	位于大姚县城东北赵家店乡境内，蜻蛉河下游。瀑布由两支三级组成，总落差 90 余米，宽约 20 米，枯水流量 0.3 立方米/秒，洪水流量 80 立方米/秒。第一级高 19 米，第二级高 121 米，第三级高 82 米。瀑布景观四季分明，夏秋季节雨水猛降，山洪暴发，洪水如蛟龙翻腾，汹涌直下，如巨雷轰鸣，令人惊心动魄。冬春季节，清澈的河流在 3 个台面上形成断裂，向"三潭"倾泻而去
	东川白莹瀑布景观	位于昆明市东川区新村镇东北约 5 千米处深沟河上。海拔约 2000 米，从两座峭立的山崖间泻落，呈两级瀑布，总落差 100 余米，宽约 6 米，第一级落差 80 余米，第二级落差 10 余米，河水经小江注入金沙江
	瑞丽扎朵瀑布景观	位于瑞丽市东北 15 千米莫里峡谷内的瑞丽江支流扎朵河上。又称莫里瀑布，分为三级，第三级最为壮观，落差 40 余米，宽约 10 米。瀑布下又有温泉涌出，景观十分奇特
	双柏恐龙河瀑布景观	位于双柏县鄂嘉镇鄂嘉景区内恐龙河上。海拔 1220 米，恐龙河发源于哀牢山，自小坝至鱼庄河，上游平缓，下游湍急，河流在陡峭的河谷中穿行，多瀑布与险滩，最大一级落差 60 余米，宽 30 余米，从高空的悬崖坠入深潭，水花飞溅，水雾迷蒙，甚为壮观
	陆良大叠水景观	位于陆良县中枢镇西南 20 千米处南盘江峡谷中。又称大跌水，江水从河床构造裂点上，飞流直下，形成总落差 40 余米，宽 60 余米。离大叠水瀑布约 1 千米处还有一个"千人洞"，气势宏伟，单洞口即可容纳千人，洞内怪石嶙峋，钟乳接地。大跌水两边的山以石质为主，间有黏土；山势不甚陡峭
	玉溪白云瀑布景观	位于玉溪市红塔区州城镇东北 16.6 千米处的罗木箐河上游支流上。瀑布海拔 1863 米，由两级瀑布组成。上级高 55 米，宽 7 米，下级落差 20 米，宽 6 米。连续飞跌，宛如白帘飘折，水花四溅，声震数里。西与相距 1 千米的马溶洞连为一体，各具特色
	景洪曼典瀑布景观	位于景洪市西南方向 27 千米处。曼典河由勐海县勐宋乡蚌冈流入，在阿拉山形成气势雄伟的多级瀑布。曼典瀑布为该河上落差最大的一处跌水，跌水落差高达 25 米。瀑水跌落时，分为左、中、右三道水帘，三道水帘中，左侧水帘最宽，中帘居次，右帘最窄。每年 5~10 月雨季丰水季节，三道水帘会连成一片，使左侧水帘显得汹涌而气势磅礴

资料来源：①《云南省志·卷一·地理志》；②笔者实地调研及公开资料。

三、云南旅游地质景观特点

由于云南特殊的地理位置及气候条件形成了其独特的旅游地质景观，主要具有以下几个方面的特点：

（1）景观类型齐全，丰富多样。在景观类型上云南除了没有与沙漠、海洋相关的地质景观，其他类型的旅游地质景观在云南都有分布。

（2）景观地域性突出、特色鲜明。特殊的地质构造形成了板块接壤构造带，喜马拉雅期构造带、新构造运动等旅游地质景观；地球生命起源、恐龙世界，古生物、古人类遗迹；典型岩溶地质景观；丰富的地热储量等都成为云南垄断性且等级极高、可列入世界级的特色旅游地质景观。

（3）高品位地质景观集中分布、规模大。云南的三江并流、滇中古生物、古人类、滇东石林等有特色、禀赋极高的地质景观呈块状展布，规模宏大、结构极佳，旅游价值极高，有利于旅游开发保护，是云南享誉世界的特色地质景观。

（4）旅游地质景观丰度、组合性好。地质景观常以特定的地质构造、环境条件和成景作用，形成相关联的旅游地质景观系列，并在地域上高密度出现。其景观结构优美，有利于旅游地质景观单元的多层次、多功能、多效应综合开发。云南得天独厚的地质景观与浓郁的少数民族风情，形成了七彩云南的独特魅力，成为云南旅游业发展的重要基础和核心竞争力。

第三节　云南地质资源旅游开发示例

依托丰富多样的旅游地质资源，并根据区域整合和资源互补的特点，云南已开发出数量和种类较多、品级从高到低均覆盖的各种旅游景区（点）。这些景区（点）包括国家级和省级风景名胜区、各级旅游景区、世界地质公园、国家地质公园、国家公园等。截至2013年底，云南省共有2万余户旅游基本单位，其中已建成投入运营的旅游景区（点）（包括度假区）616个。[①]云南重点景区景点及以地质资源为主体建设的旅游景区点如表3-3所示。

表3-3　云南省重点旅游景区(点)一览表

名称	等级	全省数量（家）	以地质资源为主体景区（点）（家）	所占比重（%）
风级名胜区[①]	国家级	12	11	91.67
	省级	54	37	65.52
旅游景区[②]	5A	6	3	50
	4A	58	27	46.55

---

① 云南省旅游发展委员会。

续表

名称	等级	全省数量（家）	以地质资源为主体景区（点）（家）	所占比重（%）
旅游景区②	3A	47	21	44.68
	2A	81	31	38.37
	1A	10	1	10
地质公园③	国家级	9	9	100
	世界级	1	1	100
国家公园④	国家级	8	3	37
自然遗产⑤	世界级	3	3	100
矿山公园⑥	国家级	1	1	100
度假区⑦	国家级	1	1	100
	省级	9	8	88.89
温泉休闲区⑧		12	12	100
合计		313	170	54.24

资料来源：①住房和城乡建设部. 中国风景名胜区事业发展公报（1982~2012）[R]. 2012: 2. ②国家旅游局网站，http: //www.cnta.gov.cn: 8000/Forms/TravelCatalog/TravelCatalogList.aspx? catalogType=view&resultType=5A。③世界遗产委员会，http: //whc.unesco.org; 中华人民共和国国土资源部，www.mlr.gov.cn。④8 个国家公园的总体规划。⑤联合国教科文组织，http: //whc.unesco.org/en/statesparties/cn。⑥中华人民共和国国土资源部，www.mlr.gov.cn。⑦中华人民共和国国家旅游局，www.cnta.gov.cn。

考虑到城市公园及自然保护区的特殊性，因此在表3-3 中没有单独列出。从世界、国家级、省级的层次来看，云南具有较大影响力的景区（点）有313 家，其中以地质资源为主体的景区（点）有170 家，占54.24%，旅游景区（点）的旅游收入在云南旅游总收入中占较高比例，地质资源在云南旅游业发展中具有重要作用。下面就云南地质资源旅游开发的典型示例进行系统梳理。

一、石林世界地质公园

云南是我国岩溶地貌分布最广泛的省区之一，全省岩溶面积达11.1 万平方千米，遍布全省16 个州市，占云南国土面积的28.9%。由于东、西部岩溶发育的背景环境条件存在较大差异，因此，全省岩溶发育的程度差异较大。岩溶旅游地质景观以岩溶峡谷和高寒岩溶泉华为主；而滇东为岩溶山地与盆（谷）地组合形态，碳酸盐岩以生物碎屑灰岩为主。在滇中和滇东，形成地表、地下岩溶景观异常发育，地表以峰丛/峰林（含石林）为主的岩溶旅游资源分布广泛，其中最典型的是路南石林、广南八宝。

（一）石林地质概况

昆明石林位于云南省昆明市石林彝族自治县境内，海拔 1500~1900 米，属亚热带低纬度高原山地季风气候，年平均温度约 16 度，距离省会昆明市 78 公里，占地面积 400 平方公里。

该区居扬子准地台西南隅，中生代以前普遍具有升降运动为主的特征，燕山褶皱幕使盖层普遍褶皱，奠定了地质构造的基本轮廓。区域居于轴向 N15·E~S195·W 的哑巴山背斜（石林鼻状构造）西翼，岩层平缓。北西方向的二组裂隙直线延伸远，尤以 N31·W 延伸最好，均匀地将岩体切割，裂隙壁面光滑，有时见近水平的擦痕，具典型的剪切裂隙特征。北东及东西向两组裂隙多切割北西方向的裂隙，壁面粗糙，断续地延伸。所有裂隙的倾角均陡立，垂直并贯穿层面。

区域早二叠世碳酸盐岩系，为从台地边缘向台地及盆地沉积环境过渡的各种类型碳酸盐岩，碳酸盐岩沉积旋回的上部，因早二叠世末的沉积间断，遭到剥蚀而不完整，该间断时期是中国南部一次普遍发育的古岩溶时期。

碳酸盐岩上覆的玄武岩，仅有数十米的残留厚度，零星出露约计 60 余处。

晚二叠世后期至新生代初期的沉积物在石林区域未见分布。晚始新世至早渐新世路南群直接覆于二叠纪碳酸盐岩及玄武岩上面，底部为厚度不等的砾岩，局部缺失，属河流冲积或洪积产物。上部为细碎屑岩、泥灰岩为主的湖相沉积，厚达数百米。

中晚渐新世以后，区域一直以剥蚀为主。上新世温暖湿润气候条件的河湖、沼泽环境成煤时期沉积，仅在路南盆地东西侧的陆良及宜良盆地中发育。是一套半胶结的松散砂层、砂质黏土岩、黏土岩及褐煤夹砾石层和菱铁矿等所组成的沉积。

第四系零星分布，河流上形成了钙华堤坝。在石林风景区西南的铺子附近和西北的天生桥巴江河床均可见到。铺子附近的钙华中含有植物、腹足类等化石。路南县城及其北部东大河一带分布的钙华，厚 8.3 米，具蜂窝状及海绵状孔洞。大村公路北泉的泉华与此类似，具有植物叶片印痕。

（二）主要旅游地质景观

石林以喀斯特景观为主，以"雄、奇、险、秀、幽、奥、旷"著称，具有世界上最奇特的喀斯特地貌（岩溶地貌）景观，历史久远、类型齐全、规模宏大、发育完整，被誉为"天下第一奇观"、"造型地貌天然博物馆"，在世界地学界享有盛誉。石林涵盖了地球上众多的喀斯特地貌类型，有马来西亚的石林、美洲的石林、非洲的石林；形态类型主要有剑状、塔状、蘑菇状及不规则柱状等。它在相差不到500米的高差上有着最丰富的类型：石牙、峰丛、溶丘、溶洞、溶蚀湖、瀑布、地下河，错落有致，洋洋洒洒，是典型的高原喀斯特生态系统和最丰富的立体全景图。昆明石林世界地质公园由乃古石林景区、大石林景—李子箐石林景区、清水塘—石厢石林景区、长湖景区、大叠水景区、月湖景区、襄衣山石林景区组成。现已开发石林景区、乃古石林景区、大叠水景区、长湖四个片区。石林世界地质公园主要景区及旅游地质景观如表3-4所示。

表3-4 石林世界地质公园主要景区及旅游地质景观一览表

景区	景观描述及典型代表
乃古石林景区	大多呈城堡状、塔状、蘑菇状，除了与石林景区相似的刃脊状与剑状石柱外，还有很多的尖顶状石柱。在上端它彼此分离，根基部却都连在一起，组成石墙、石城和石阵。其石峰呈黑色，与石林景区的石头的青灰色相比，给人截然不同的感觉，且比石林景区广阔，独具荒凉、粗犷、古拙之美，更给人以回归自然的心旷神怡之感。乃古石林景区主要景点有石林景观、白云湖、白云洞、石峰山、幽谷仙瀑等景点。已命名的景点有96处。东区的主要景点有：梁祝相会、众志成城、峰上望、古战场、石破天惊、天鹅恋、猪八戒背媳妇、独石成林、佛手屏、千仞峰、孔雀开屏、承露盆、双狮恋等；西区的主要景点有：相依为命、八仙亭、古佛一灯、龙腾虎跃、老君壶、南天栈道、古塔洞天、南—华表、垂帘听政等19处
大石林—李子箐石林景区	是整个旅游区的核心景区，主要由石林湖、大石林、小石林和李子园几个部分组成，有双鸟渡食、孔雀梳翅、凤凰灵仪、象踞石台、犀牛望月、唐僧石、悟空石、八戒石、沙僧石、观音石、将军石、士兵俑、诗人行吟、阿诗玛、"钟石"等景点，栩栩如生，惟妙惟肖，令人叹为观止。石林—李子箐景区中包含了开发较早的芝云洞景区，包括芝云洞、小芝云洞（叠云岩）、祭白龙洞、猪耳朵洞、大干洞等溶洞群。目前建设开放了芝云洞、小芝云洞（叠云岩）和祭白龙洞三处景点。其中芝云洞建设开发时间最早，已有近400年的历史，是明万历年间路南州知州发现并立碑题记，该题碑仍完整保留于芝云洞右侧小洞，是最早记载石林风景名胜的文献，有较高的研究价值。洞内多石钟乳、石笋、石柱等溶洞景观。形态多样，异彩纷呈。明以后称"仙迹胜景"，以"石硐仙踪"之名号独居石林八景之首。共20多个主要景点，分别是：灵芝仙草、玉象撑天、倒挂金鸡、葡萄满园、云中坐佛、礼貌洞、钻山骆驼、双狮恋、悟空取宝、东西龙宫、蛟龙升腾、千年玉树、太白金星、神牛寻母、水帘洞、龙虎斗、寿星摘桃、水漫金山寺等。祭白龙洞内除常见的石笋、石柱、石钟乳外，还有石花、卷曲石、方解石晶体、鹅卵石、石井等，形态奇美。祭白龙洞共有宫灯迎客、银河叠水、龙宫宝殿、巨龙护宝等30个命名景点。小芝云洞又名叠云岩，石钟乳、石笋密集，洞内曲折陡峭，已命名它们红缨仙境、青蛙王子、莲花公主、大青权、火把山、叠云峰、斩巨龙、蚌壳花、山崩地裂、倒挂莲花、血染红岩、龙宫水母、黑山峡谷、吊死鬼、相思泪泉等23处景点

续表

景区	景观描述及典型代表
长湖景区	长湖景区的景点主要有独石山、大尖山、二尖山、三尖山、磨盘山、蓬莱岛、圆湖等。长湖是熔岩湖，湖水由地下水供给，周长5千米，宽300米，平均深度24米，水质清澈，无污染。长湖四面青山环抱，植物覆盖率达95%以上。空气清新洁净，透明度好。湖中有小岛，湖岸是以云南松为主的森林，地势平缓，分由众多小湖，环境清净幽美
大叠水景区	大叠水景区主要景观有"珠江第一瀑"之称的大叠水瀑布。长湖景区主要景点有独石山、大尖山、二尖山、三尖山、磨盘山、蓬莱岛、圆湖等

（三）石林地质资源旅游产业化

从1950年开始，依托独特的地质景观，石林地质资源从早期作为事业接待的景区到作为旅游经济的过渡，再到支柱产业建设及转型升级的过程，实现了地质资源的旅游产业化发展（见表3-5）。

表3-5 石林景区旅游发展历程

起止时间	阶段	标志性事件	旅游经济效益
1950~1977	旅游价值初显阶段	作为云南省的重要外事接待地	免费游览，旅游经济效益微乎其微
1978~2001	旅游经济价值发掘阶段	1978年4月1日卖出第一张门票；石林县旅游管理局和石林风景名胜区管理局成立；1996年提出将石林旅游作为重要支柱产业来建设；1998年将旅游业作为第一大支柱产业来建设	旅游经济在县域经济中开始占有一席之地
2002年至今	旅游产业发展与资源保护相结合阶段	2002年景区旅游收入突破1亿元；2007年6月申遗成功；建设成为首批国家5A级景区	2012年旅游业收入占GDP的48.76%，由单一自然观光型的"门票经济"模式向"综合经济"模式转型

资料来源：根据《石林统计年鉴》、《石林县统计公报》整理。

1. 地质资源旅游资源化及旅游价值初显阶段

石林以其极具特色的科学和美学价值，2000多年前就被伟大诗人屈原指天而问："焉有石林"，1000多年后，"唐宋八大家"之一的唐代著名文学家柳宗元试作天对："石胡不林，往视西极"，到了明代，石林渐渐成为旅游胜景。

近代以来，我国历代政府都重视对石林的建设与管理。1936年成立了石林名胜区管理处；1942年，成立石林公园建设委员会；1946年，成立石林公园管理所；1963年管理所划归省交际处，成立石林招待所；1964年又划给省文化局，成立云南石林管理处；1978 年 3 月管理处划归省旅游局；1980 年 8 月，省政府决定将石林风景区管理权交路南县管理，从园林科单独分出成立路南县石林管理处；1987 年 7 月，石林管理处划归石林镇人民政府管理；1992 年 6 月，石林风景名胜区管理局与石林镇人民政府分设，单独成立了专门从事风景区事业管理和旅游行政管理的"石林风景名胜区管理局、旅游局"。2005 年，石林风景名胜区管理局、旅游局按其职责不同共设置了 20 个机构，即局办公室、人事处、宣传处、研究中心、园林绿化处、规划建设处、环保监察处、企业管理处、旅游监察中队、安全生产监督管理办公室、旅游服务处、信息中心、大叠水管理处、艺术团、贯标办公室、综治办公室，还有其他群众部门和党务部门。

石林从接待目的地到旅游目的地的转型，是石林旅游业全面发展的标志。新中国成立以后，石林地方政府、昆明市政府以及云南省政府不断推进石林的建设工作，利用石林独特的地质资源发展旅游业，并不断提升石林旅游景区层次。1982 年 11 月 8 日，路南石林风景名胜区获批为我国首批国家级风景名胜区，2001 年获批为国家 AAAA 级旅游景区和首批国家地质公园，2004 年获批为首批世界地质公园（联合国教科文组织），2007 升级为国家 AAAAA 级旅游景区，并通过第 31 届世界遗产大会表决成为世界自然遗产。

2. 石林旅游地质资源市场化及经济价值发掘

从石林本身的资源性质来看，它属于典型的旅游地质资源，石林正是依托这一类资源，使得其观光旅游得以快速发展。然而，石林地区还是彝族等少数民族集聚地，石林充分发挥地方民族文化的特色，不断丰富旅游产品系列，从最初单纯的观光旅游到节庆旅游、体验旅游，石林旅游产品的质量和数量都得到很大的提高。2005 年，中国石林国际火把节被国际节庆协会评为"IFEA 中国最具发展潜力的十大节庆活动"；2006 年，彝族撒尼语口传叙事长诗《阿诗玛》被国务院批准为"首批国家非物质文化遗产名录"；2007 年，被中国民间文化遗产旅游示范区评审委员会评定为"中国民间文化遗产旅游示范区"；2007 年，在云南省旅游局和云南报业集团共同举办的"2006 盘点云南旅游"活动中，石林火把节荣获"年度最具影响力的节庆活动"；同年被国家建设部授予"最佳资源保护中国十大风景名胜区"；2009 年，被住房与城乡建设部、国家旅游局授予"全国文明风景旅游区"称号。

石林景区的市场化进程，突出表现之一就是价格机制的不断形成和完善。自 2004 年以来，石林景区的门票随着经济社会的发展以及石林景区自身的影响力，经过多次调整，现维持在 175 元/人次的水平上（见图 3-3）。同时，针对旅游的淡旺季以及特定人群，景区还实行差异化定价策略。例如，针对学生、教师推出一系列优惠票，鼓励在校学生了解石林并运用寒暑假期旅游弥补景区该季节的资源闲置问题，此外，还推出了年卡系列，吸引本地游客。

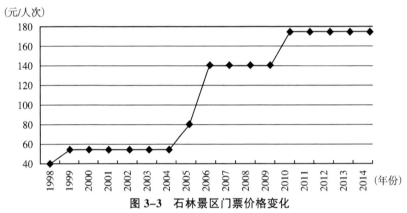

图 3-3　石林景区门票价格变化

资料来源：笔者根据公开资料整理。

石林旅游发展的过程中，一直都重视对景区的宣传和推广。利用报刊、电台、电视台、广告公司等多种媒体，多形式、多渠道、全方位地宣传石林，使石林取得了较好的宣传效果。此外，石林注重在旅游节、火把节、交易会等重要节日、会议上的公关营销。通过景区内部建设及外部宣传，石林品牌影响力不断提升（见表 3-6）。

表 3-6　石林获得的荣誉一览表

年份	获奖名称
1992	获"全国风景名胜区系统先进单位"称号
1992	获"全国旅游行业先进单位"称号
1992	获"云南省先进旅游观光点"称号
1993	获"全国旅游行业先进单位"称号

年份	获奖名称
1999	获"全国文明风景旅游区示范点"称号
1999	获"云南优秀旅游景区"称号
2002	获"中国旅游知名品牌"称号
2005	获"中国最值得外国人去的 50 个地方"金奖
2006	获"云南十大名片"之一
2007	获"年度海内外游客最向往的景区"
2007	获"中国民间文化遗产旅游示范区"称号
2007	获"最佳资源保护中国十大风景名胜区"称号
2009	获"全国文明风景旅游区"称号

资料来源：笔者根据公开资料整理。

3. 旅游产业发展与资源保护相结合阶段

改革开放以来，随着从接待事业型向旅游经济性的转变，旅游经济收入不断增长，截至 2013 年，石林景区创造的旅游直接收入达 5.7 亿元，石林县综合旅游收入达 29.1 亿元，旅游综合收入占 GDP 的比重达 43.00%，旅游业已成为石林县的支柱产业（见表 3–7）。

表 3–7　石林景区、石林县旅游收入及旅游收入占 GDP 的比重

年份	石林景区旅游收入（亿元）	石林县旅游业收入（亿元）	旅游业占 GDP 的比重（%）
1998	—	1.8	23.06
2000	0.83	2.8	27.98
2001	0.93	3	27.36
2002	1.16	3.3	28.10
2003	1.2	3.7	28.94
2004	1.67	4.5	30.25
2005	1.6	5	29.58
2006	2.6	6.5	34.20
2007	3	10	44.98
2008	2.97	12	43.86
2009	3.65	14	45.16
2010	4.2	20	54.35
2011	5.1	23.31	52.21
2012	5.2	27.7	48.76
2013	5.7	29.1	43.00

资料来源：根据 2000~2013 年《石林统计年鉴》及《2014 年石林县政府公报》整理。

在石林旅游发展的带动下，到 2008 年底，石林县共有旅游定点宾馆、饭店
33 家，星级以上宾馆 8 家；旅行社 2 家，导游人员 300 多人；旅游商店 100 多
家；旅游工艺纪念品生产厂家（作坊）100 多家；旅游交通公司 1 家；每年举办
中国石林国际火把节等旅游节庆活动，旅游发展在一定程度上带动了当地餐饮
业、酒店业等相关产业的发展，还提供了大量的就业岗位，目前，当地旅游从业
人员达 6500 人。除扩大就业外，旅游业发展还大大提高了当地居民收入，截至
2013 年底，城镇居民人均可支配收入 27002 元，比上年增长 12%；城镇居民人
均消费性支出 16061.82 元。农民人均纯收入 10031 元，比上年增长 18.5%；农村
居民人均消费性支出 9988.75 元。①

随着石林旅游经济的发展，对石林地质资源旅游产业化发展的思路也在不断
改善，石林地质资源旅游产业化从经济开发阶段发展到可持续开发阶段。1987
年国务院批准的《石林风景名胜区总体规划》划定了大石林、小石林、乃古石林、
月湖、奇风洞、长湖、大叠水七个景区，2003 年在石林国家重点风景名胜区总
体规划修编的基础上，编制了《石林世界地质公园总体规划》（2003~2030），2004
年完成石林风景名胜区（地质公园）总体规划修编。规划尤其注重对石林地质公
园的资源保护，确定了资源特级、一级、二级和三级保护区的范围（见图 3-3）
和地质遗迹（址）保护点，将包括乃古石林、望城山—清水塘石林、文笔山—蓑
衣山石林在内的面积 45.02 平方千米的区域设为特级保护区。2007 年，石林被列
入世界自然遗产名录，在联合国教科文组织的指导和监督之下，景区的开发和保
护被纳入全球地质遗迹的保护网络中，石林地质资源的保护力度进一步得到加强。

4. 石林地质资源旅游产业化发展中存在的问题

石林作为全球岩溶景观的典型代表，通过旅游开发，使其成为地质资源旅游
产业化发展的典型代表。然而，由于地质资源旅游产业化发展缺乏理论支持，石
林旅游地质资源产业化发展依然存在诸多问题。

第一，景区旅游收入渠道单一。景区门票收入占景区旅游总收入的比重很

---

① 数据来源：《2013 年石林彝族自治县国民经济和社会发展统计公报》。

高，例如，2013 年，石林景区旅游直接收入 5.7 亿元，接待国内外游客 367.4 万人次，人均旅游消费 155.14 元，而同期门票价格为 175 元/张，相比而言，其他旅游收入（诸如旅游购物品）比重偏低。

第二，景区整体开发水平较低。与同时作为南方喀斯特被列为世界自然遗产的重庆武隆和贵州荔波相比，石林在游客接待量和旅游综合收入上均远不及其他两地。以 2012 年为例，石林县接待游客 335 万人，仅为武隆县的 20.81% 和荔波县的 42.41%；旅游综合收入 27.2 亿元，仅为武隆县的 34.19% 和荔波县的 26.38%（见表 3-8）。

表 3-8　2012 年石林县与武隆县和荔波县旅游经济指标

	景区面积 （平方千米）	主要景点	游客接待量 （万人次）	旅游综合收入 （亿元）
云南石林县	400	大小石林、乃古石林、长湖、大叠水瀑布等	335	27.7
重庆武隆县	100（仙女山）	芙蓉江、天生三桥、龙水峡地缝、芙蓉洞、仙女山、黄柏渡漂流等	1610	81.01
贵州荔波县	29.5	水春河峡谷、樟江田园风光、大七孔、小七孔等	790	105

资料来源：根据各县《2013 年政府公报》整理。

第三，经营管理水平有待进一步提升。同为世界地质公园，但是石林与九寨沟相比，经营管理水平仍处于较低层次。石林采取的是事业化经营方式，而九寨沟采取的是公司企业化运作模式，由四川商旅旅行社有限公司经营，采取这种经营模式有效地调动了经营者的积极性，促进了景区的开发与保护。从产品定价来看，石林采取的是固定票价，而九寨沟实施的是淡旺季市场性定价，旺季门票价格为 220 元/人，淡季门票价格仅为 80 元/人。[①]在旅游市场化进程不断加快的条件下，尊重市场规律，找寻旅游业发展的市场规律是旅游产业发展不可回避的问题。

二、云南腾冲国家地质公园

云南腾冲火山地热国家地质公园位于滇西腾冲县，地理坐标为：E98°23′~

---

① 资料来源：九寨沟旅游网，http：//www.sichuan-jzg.cn/。

98°39′，N24°53′~25°27′，由胆扎、瑞滇、龙潭、曲石、马站、腾冲县城、澡潭河—热水塘、北海湿地、芒棒、大呼山—照壁山和欧家山—大勐场火山群11个片区组成，面积830平方千米，主要地质遗迹分布面积为730平方千米，是一个以保护具有重大科学研究意义和世界影响数量众多、类型齐全、景观奇特的火山、地热资源为主体，集地质地貌、民族文化及生物多样性特征于一体，可开展科考科普、观光游览、休闲疗养、生态旅游和文化旅游的综合型特大型地质公园。2001年12月10日由中华人民共和国国土资源部批准建立，2002年2月28日授牌，2002年9月30日正式揭牌开园。

（一）地质地貌

腾冲火山地热国家公园处于艾尔贝斯—喜马拉雅这一全球性特提斯构造带东段的腾冲变质地体内，有碎屑岩和碳酸盐沉积；龙川江、两河等盆地是新生界上第三系火山—碎屑沉积盆地，在冲积扇、河流、胡泊环境碎屑沉积中夹有大量粗碎屑沉积和火山堆积。由于燕山运动期间地壳隆起，逐渐演化为当今地貌骨架。地势总体呈北高南低，东北高西南低，东西两侧山体高大，中部较低且多火山岩溶地貌构成的宽谷盆地。地貌十分复杂，有山地、火山、山原、高山、深谷、江河等。

（二）地质遗迹及其特征

1. 腾冲国家地质公园地质遗迹类型

根据《中国国家地质公园建设技术要求和工作指南（试行）》中的分类标准，结合腾冲特殊地质条件和地质作用基础，以有效保护地质遗迹为前提，正确认识地质遗迹和合理开发利用为目的，将腾冲国家地质公园遗迹划分为以下类型（见表3-9）。

表3-9 云南腾冲火山国家地质公园主要地质遗迹类型一览表

类	亚类	景观描述及典型代表
火山	火山锥景观	火山锥是由火山碎屑物和岩溶堆积起来的锥体。火山锥类型齐全，有截顶圆锥体火山锥、穹隆状火山锥（也称臼状火山锥）、金字塔形火山锥、盾状火山锥和复合形火山锥
	熔岩台地景观	熔岩台地是大规模的熔岩溢流活动造成的平坦高地。公园内有数级熔岩台地，具有面积大、坡度平缓的特征，有环火山口熔岩台地、环火山锥熔岩台地、裂隙溢出的熔岩台地三种类型

续表

类	亚类	景观描述及典型代表
火山	火山熔岩构造	在区内普遍发育的成平行条索状、绳状、舌状、堤垄状、波纹状、螺旋状熔岩流和熔岩流动丘景观；有景福洞、蝙蝠洞、大棚洞等熔岩空洞构造景观；有因熔岩冷却时不均匀缩陷而成，也有少部分是熔岩暗道在重力作用下塌陷所致的熔岩塌陷景观；原生节理构造景观区内以玄武柱状节理为主，多发育于厚层玄武岩、安山玄武岩中，常见于河谷陡壁上，因不同期的熔岩的节解产状不同，有的水平、有的垂直、有的倾斜、有的弯曲，自然地组合于壁上，像一幅具有木刻风韵的天然壁画。在曲石、芒棒、叠水河一带，发育典型
	火山碎屑岩	区内的火山喷发出了大量的火山碎屑物质，主要有火山弹、火山角砾、火山灰、浮石、火山渣。其中火山弹形状各异，主要有纺锤状、面包状、麻花状。目前发现最大的达88×70×40立方厘米。在火山口周围广布滔石，色褚赤而质轻，状如蜂房，其比重一般为0.6~0.9吨/立方米，置于水中而滔之，故得名
	火山附生景观	火山熔岩堰塞湖：著名的有北海湿地，分为北海沼泽地和青海火山湖两部分。火山熔岩堰塞瀑布和熔岩台地峡谷：公园内有熔岩堰塞河道形成的瀑布—熔岩堰塞瀑布。瀑布最高达29米，景象壮观。河流后期侵蚀熔岩台地形成峡谷，区内累计长约20公里，景致优美。火山熔岩台地泉水：熔岩台地上裂隙孔洞十分发育，连通性好，极易接受大气降雨和地表水渗入补给，加之断裂发育，导水性能好，含有丰富地下水资源，往往在台地边缘或沟谷地带形成流量大的泉水出露带，构成泉水景观
地热景观	喷气孔、冒气地面景观	冒气地面景观往往与喷气孔相伴，蒸汽温度大都在90℃以上。腾冲冒气地面，喷气孔景观以热海热田最为典型，广布黄瓜箐、澡堂河、硫磺塘等地段，仅澡堂河的冒气地面近12500平方米，喷气孔繁生，蒸汽流从地表砂砾石孔隙中喷溢而出，终日蒸汽缭绕，砂砾石上有硫华、盐华沉淀，似一簇簇色彩斑斓的花朵，成片分布
	热沸泉景观	是区内分布最广、数量最多的地热景观，据不完全统计，全区共有热沸泉80余个，70℃以上的热泉占1/3，50℃以上占2/3。温度较高往往形成较好景观，如怀葫井、眼镜泉、大小滚锅、珍珠泉等，其中硫磺塘大滚锅温泉为直径3米热水池，有三个喷水孔，喷水高出水面约0.3米，喷孔处温度达96.6℃，人临其旁，为水势蒸汽所逼，温水翻起银白色的浪花，蒸汽直冲天空，高达数十米，数里处都能看见
	喷泉景观	地下热水和蒸汽在较大的压力下沿裂隙出露地表喷射而出，形成喷泉景观。主要集中分布于热海热田的澡塘河，如蛤蟆嘴、狮子头。通过人工开发所形成的喷井也是一种很好的旅游资源
	毒气孔景观	目前区内发现两处，曲石扯雀塘和热海热田的醉鸟井。毒气孔喷出气体气味刺鼻，有酸辣感，人久闻则头晕，身体发软。醉鸟井壁多自然硫，有强烈H_2S味，周围有冒气地面，飞鸟落旁，如痴如醉，东倒西歪。气体中并无剧毒物质，飞鸟却立刻死亡或麻醉，原因还有待进一步研究，这使景观罩上神秘色彩
	热水泉华景观	在高温或低温热泉区均可见到色彩鲜艳、千姿百态的泉华堆积成泉华台地、泉华堤、泉华锥、泉华冢、泉华陡壁、泉华扇、泉华蘑菇、泉华豆、泉华葡萄、泉华洞以及洞内泉华钟乳、泉华鹅管等，其内容之丰富，色彩之艳丽，国内少见

续表

类	亚类	景观描述及典型代表
地热景观	水热爆炸景观	水热爆炸最早被称为水热喷发和泥火山喷发，它是处于高温水热系统顶部的浅层热储流体，温度达到气化的临界点，蒸汽扩容产生巨大压力，从而形成的爆炸。爆炸时通常发出巨大声响，汽水混合物掀开地面，冲上天空。爆炸后，地表长留下漏斗状爆炸穴。热海地区近期水热爆炸活动始于1993年，至今已发生较大规模的爆炸喷发活动20余次。1999年6月7日在西坡下发生了一次巨大的脉冲式间隙喷发，喷发间隙时间为3~60秒不等，高温泥水喷柱高5米多，粗约1.5米，最长连续喷发时间超过5分钟，整个喷发活动持续约6小时。1999年9月20日澡塘河南岸坡顶泉点附近发生大爆炸，爆炸穴直径约5.5米，直接导致约4000立方米的山体滑坡。2003年元旦凌晨，该爆炸穴中再次发生较大爆炸，形成了最新的水爆泉点
其他地学遗迹景观	矿泉景观	主要有叠水河、下表院、硝塘、和顺酸水沟、扯雀塘等处的碳酸泉景观；以墨鱼河和坝派巨泉为主的84个硅酸泉景观。矿泉种类之多，质量之优，数量之大在国内少见，是建立疗养地的理想之所
	花岗岩侵蚀地貌景观	花岗岩广布，在构造和流水的作用下形成一些山脊平缓圆滑、山坡陡峻的景观，如云峰山，相对高差700米，峰如刀尖，四面仅陡壁，具有华山险峻之势。在东部的高黎贡山一带峰峦四起，流水的切割下形成高山峡谷景观，飞瀑流云常现，其间动植物景观繁多

2. 腾冲火山地热国家地质公园地质遗迹的空间展布

（1）火山成群分布。根据腾冲地质公园火山喷发类型、岩性、时代、地域等特点由北至南可分为7个火山群。乌鸦山—大黑山火山群、马站火山群、打鹰山—马鞍山火山群、大六冲火山群、来凤山—三益村火山群、大呼山—照壁山火山群及欧家山—大勐场火山群（见图3-4）。

（2）地热成群分布。腾冲国家地质公园有热海热田、瑞滇热田、攀枝花热田、邦纳掌热田、龙窝寨热田及勐蚌热田等地热群。最为著名的是热海热田，分布在腾冲县城西南12千米处，主要包括两个片区：硫磺塘热显示区，显示类型有沸泉、热水池、喷气泉、蒸汽地面等；热水塘热显示区，主要是钙华大面积分布和少量硫华，热泉10个，沸泉2个（见图3-5）。

3. 腾冲火山地热国家地质公园地质遗迹特征

（1）火山地质遗迹保存较完整，规模和分布的密度居全国首位。经过对比研究，腾冲火山景观的规模和分布密度居全国首位，保存也较完整，火山口完好的有23座，熔岩面积约550平方千米，平均每14平方千米上就有一座火山。腾冲熔岩微地貌也十分丰富，独具特色，有国内已知最长的熔岩暗道、罕见的巨形环

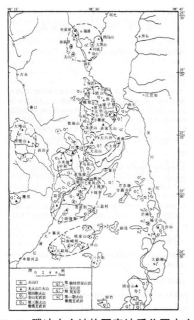

图3-4　腾冲火山地热国家地质公园火山群分布图

资料来源：皇甫岗、姜朝松（2000）。

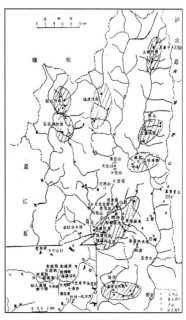

图3-5　腾冲国家地质公园地热遗迹分布图

资料来源：李培英（2006）。

状熔岩流、放射状熔岩流、熔丘流动构造，形态殊异，加上峡谷和堰塞瀑布、堰塞湖、巨泉等景观，类型齐全，特别是与地热景观融为一体，相互映衬，人文古迹点缀其间，是国内大陆其他火山群所不能媲美的。

（2）地热景观类型繁多，具有独特优势。在我国腾冲的地热显示规模仅次于西藏。地质公园内有64个水热活动区，地热显示强烈，分布集中，类型齐全，毒气孔景观在国内独有，在世界上也仅有日本约库县的鸟地狱、意大利的犬洞、美国落基山死谷等地有出现。园内的泉华堆积景观类型非常齐全，成分复杂，色彩各异，形状奇特，其中泉华蘑菇在国内外罕见，泉华水帘洞、泉华冢、泉华钟乳、泉石花在国内也较为少见，喷泉、沸泉、喷气孔、水热蚀变和水热成矿都具有一定的代表性，有较高的观赏性和科研性。

（3）全国唯一的火山、地热共存的地区。我国目前建立的火山地质国家公园，缺乏地热的共同显示，在有地热显示的区域，又缺乏火山景观。腾冲地质公园集火山、地热（温泉）于一处，这在世界其他地方并不多见。

腾冲火山地热国家地质公园是一座火山地热博物馆，是中国大陆唯一的火山——地热区。它还是联合国人与生物圈网络成员、国家级自然保护区——高黎贡山自然保护区的组成部分，云南省历史文化名城——腾冲城也位于其中。因此，该区是一个以著名地质遗迹景观为基础，集地质遗迹保护、生物多样性保护和历史文化景观保护于一体的独特地质公园。

（三）地质公园范围内景观区划

根据地质遗迹分布特点、景点分布现状、环境保护因素、用地现状、交通条件等，将地质公园结构规划为马站火山群景区、热海景区、来凤山马鞍山景区、云峰山景区、北海湿地景区五个片区（见表3-10）。

表3-10　腾冲火山地热国家地质公园旅游片区一览表

片区	范围及面积	旅游地质景观及特征
马站火山群景区	位于腾冲县城北25千米的马站乡，景区面积约80平方千米	包括保存完好、形象生动、气势雄伟、具有观赏特色和科考价值的9座火山为大空山、小空山、黑空山、城子楼山、长坡山、团山、小团山、焦山和大坡头，广布大面积的熔岩流台地景观，顺江大小姊妹湖两个国内罕见的低平火山口湖，龙江峡谷风光、玄武岩柱状节理、黑鱼河大泉，下表院泉华台地等火山地貌景观，以及猕猴等珍稀动植物景观。区内火山为第四纪晚更新世、全新世时期喷发，距今0.8万~36万年，早期多为溢流式喷发，后期多为爆烈式喷发，故形成中空内凹的罕见地貌奇观
热海景区	位于距腾冲县城20千米的清水乡，景区面积19平方千米	包括硫磺塘和热水塘两个地热显示区，热显示类型有沸泉、沸喷泉、喷汽孔、冒汽地面、水热爆炸、水热蚀变及泉华等。地表热水温度在42℃~98℃，部分地点温度超过100℃。水化学类型以$HCO_3 \cdot Cl-Na$和$Cl \cdot HCO_3-Na$型为主
来凤山、马鞍山景区	包括来凤山国家森林公园、国殇墓园、叠水河瀑布和顺古镇及马鞍山、老龟坡等火山锥景观	来凤山海拔1921米，炽热的安山玄武岩岩浆遇水急剧冷却形成柱状节理陡壁，堰塞腾冲湖盆，生成叠水瀑布。马鞍山是晚期火山活动频繁、期次特征明显，极具研究价值的火山之一
云峰山景区	位于腾冲县北部滇滩镇境内	云峰山海拔2445米，为燕山期岩浆侵入岩构成，典型的花岗岩抬升侵蚀地貌。地质作用形成如玉笋般的孤峰和两肩陪峰，远观如笋似茅，直刺苍穹，气势雄伟。断裂破碎时形成的巨大岩块经流水冲蚀后，或孤石危立或凌空飞架或围成石窟，形成陪峰丰富多彩的绝妙景观
北海湿地景区	北海湿地面积0.46平方千米	水面海拔1731米，最大水深13米，为火山堰塞湖。北海湿地是大盈江的源头之一，以其独特的火山地质遗迹景观、水文地质条件及生态功能构成特殊的湿地生态系统，具有生物多样性及生产力极高的特征

（四）地质资源旅游产业化发展——以热海景区为例

腾冲县旅游局成立于 1989 年 2 月，1997 年 3 月之前与接待办合并办公，内设办公室、行管股、综合股、质监股四个股室。腾冲旅游业一开始是在政府"接待型"任务的指引下起步发展起来的。2012 年，以省旅游局为主体、各相关部门参加的云南省旅游发展委员会成立，腾冲县也相应成立旅游发展委员会，有效协调旅游发展过程中出现的各种问题。

在地方政府的推动下，腾冲不断促进地质资源的旅游资源化，形成一系列在国内外具有较强知名度的景区景点。例如，以马站火山群景区和热海景区为主体的腾冲国家地质公园、热海 AAAA 级景区（正在申报 AAAAA 景区），以来凤山马鞍山为核心开发的来凤山国家森林公园，以北海景区开发的北海湿地。在此对热海景区的旅游开发进行分析。

1. 概况

热海景区位于腾冲县城南的清水乡，是国家级重点风景名胜区、国家 AAAA 级景区、国家地质公园、云南省八大省级旅游度假区之一，位于中国旅游圈与东南亚旅游圈和南亚旅游圈的结合部，滇西北旅游区、滇西旅游区、缅北旅游区的中心位置，是滇西边境旅游区重要支撑地之一，是滇西精品旅游线路的重要节点。热海景区由云南腾冲火山热海旅游区开发管理有限公司进行开发管理和经营，该公司成立于 2004 年 1 月 1 日，由云南机场集团有限责任公司和腾冲国有资产经营有限责任公司、云南官房企业集团三方共同出资组成。2007 年 4 月，云南官房企业集团因战略投资转移，将其股权转让云南机场集团和腾冲国有资产经营有限公司。火山热海公司现有注册资本 17840 万元，主要负责国家 AAA 级火山地质公园和国家 AAAA 级热海风景区的开发管理和经营。自成立以来，已投入资金 29556.6 万元，目前，建设完成浴谷改造项目、热海广场和园林餐饮区项目、养生阁项目、旅游商品售卖中心项目、热海景区信息化建设项目、热海玉温泉项目、热海浴谷扩容蒸屋建设项目、景区服务管理用房、飞虎公园至热海景区公路改造项目、美女池酒店提升改造工程项目、火山景区游路项目、火山公园博物馆项目和其他基础设施配套项目，包括景区游道、服务点、休息亭、卫生间、景区绿化亮化等。

经过多年的建设，热海景区荣获多项荣誉，如"最具潜力的中国十大风景名胜区"、"中国十大温泉养生基地"、"中国最佳旅游度假胜地"、"中国温泉朝圣地"、"中国低碳旅游实验区"、"国土资源科普基地"、"2011年全国五一劳动奖状"等荣誉称号。同时，公司经营管理体系于2008年顺利通过了国家质量（ISO9000）、环境（ISO14000）、职业健康安全（OHS18000）管理体系认证；热海温泉水质还通过了云南省温泉特级品质认证，并在云南温泉旅游服务场所、SPA经营场所等级评定中评为皇冠五级温泉、皇冠四级SPA。[①]

2. 发展现状

目前，景区的内部交通已经初具规模，在景区内已经设置了相应的步行道和车行道，并配备了专门的游览车等交通设施。景区共有游览车10辆，负责停车场至美女池、停车场至景区入口、停车场至景区出口、停车场至餐厅等多个方向游客的接送。

随着景区游客增多，景区游览线路不断进行改造。进入景区的旅游线路由原来的珍珠泉、眼镜泉处狭窄往返向的景区线路改造为鼓鸣泉—眼镜泉—珍珠泉—泉华裙的缓行游览路线，增加了游客游玩的安全性；同时，把景区内原有的仙人桥—热瀑区以及三号岗下木桥—蛤蟆嘴平台的热田科考区游览路线改为火山石、鹅卵石路面，桥面改为栗树方筒，大大地增加了景区的观赏性，同时还增加了游览线路的安全性。

热海景区主要由年年有鱼广场、养生阁、浴谷、大滚锅、怀胎泉、鼓鸣泉、眼镜泉、珍珠泉、美女池、澡塘河景观、蛤蟆嘴等片区组成。其中的养生阁、浴谷（见图3-6），借助温泉开发温泉SPA、温泉沐浴产品，备受欢迎。

3. 旅游经济效益

通过旅游产品的开发以及旅游设施的不断完善，火山热海景区创造了可观的

---

① 资料来源：腾冲旅游网，http://www.tengchong.gov.cn/lvyoutengchong/fengjingmingsheng/JINGOUING-DIAN/061157513883308433494。

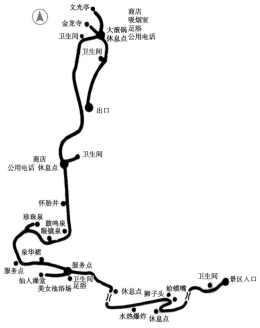

图 3-6　热海景区线路图

经济效益。据统计，2009 年，热海景区接待游客 29 万人次，门票收入 1206 万元；火山景区接待游客 23 万人次，门票收入 620 万元[①]（见图 3-7 和图 3-8）。

4. 环境保护策略

根据腾冲火山地热地质遗迹的分布特点及其重要性，将地质公园内的地质遗迹进行分级保护，规划出特级、一级、二级、三级保护区及环境协调区。

特级保护区。该区是地质遗迹集中分布区，不允许一般的观光游客进入，只允许经过批准的科研、管理人员和专项旅游者进入，主要开展保护和科研活动，其外围应有较好的缓冲条件，在区内不得再搞任何建筑设施，严禁进行一切可能破坏火山锥外部形态的人工建设活动。对游客攀登火山口的活动除现已开辟的大空山登山道外，加以严格限制，未经批准，不得攀登。对火山锥的绿化活动避免人工种植和破伐（砍伐），维护其自然地带性植被的自然演替。

一级保护区。主要加强对区内地质遗迹景观、地形地貌景观的保护，如山

---

① 数据来源：腾冲县旅游发展委员会。

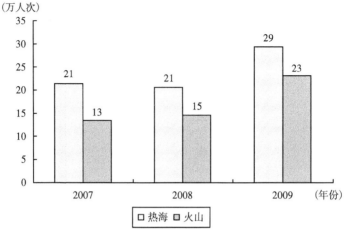

图 3-7　2007~2009 年景区接待人数

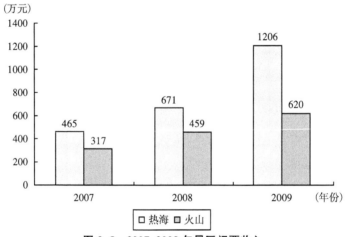

图 3-8　2007~2009 年景区门票收入

体、熔岩台地、地热活动带、泉口等景观形象及保护区内植被；区内可以设置必需的步行游赏道路和旅游厕所，导游品，单个小卖部等相关服务设施，但必须严格注意不得对地形、地貌环境景观造成破坏。严禁建设与风景无关的设施，自然景观的保护区内不得安排住宿床位，旅游机动车辆禁止进入本区域。对在一级保护区的建设项目要报国家地质公园主管部门批准备案。禁止在本区域进行砍伐植被，开采火山石、地热资源及任意改泉水口等活动，加强区内道路沿线及居民点的绿化和环境整治。

二级保护区。禁止砍伐破坏植被、禁止开采火山石等自然资源，区内可以建设与旅游相关的建筑设施，可以安排少量住宿设施，但必须限制与风景游赏无关的建设，景区的建设项目要通过省级风景名胜管理部门的审批备案。景区设施必须与周围景观环境协调，严格审批，避免建设性破坏。对进入本区域的机动交通应严格管制，不得对景区产生干扰，对区内的居民点要控制发展，并协调其与景区环境的关系，减少对景区的破坏。

三级保护区。加强绿化及环境建设，对区内砍伐林木、开山取土要严格加以控制，已存在的采石场要覆土填埋恢复绿化，要严格防止对水体、大气的污染，结合农业可持续发展战略，调整农业种植结构，区内要限制化肥、农药的使用，避免对地下水资源造成破坏。

环境协调区。规划环境协调区是地质公园范围内的主要生产、生活区域，不宜纳入保护，面积为 392.39 平方千米，该区应加强绿化及环境保护建设，使生产、生活与区域旅游开发建设相协调。[①]

（五）存在的问题

总体来看，通过旅游产业化开发方式，挖掘地热、火山景观等地质资源的旅游价值，创造了地质资源的旅游经济价值，同时为腾冲经济社会发展创造了极为有利的条件。然而，这个过程还存在一些问题。

首先，腾冲火山热海地质公园存在局部过度开发的问题。腾冲由于特殊的地质条件，形成了极为稀有的火山地热地质奇观，这些地质现象不仅具有很强的审美价值，更重要的是它们具有极为珍贵的科学价值。从热海当前开发的现状来看，大量新建游道以及接待设施，如美女池酒店、玉温泉 SPA 酒店、养生阁等，可能会影响所在区域的地质环境。此外，景区现有的游客数量可能超过景区的环境承受能力，这些问题都需要予以重视。

其次，旅游开发与保护的互动性。从范围来看，腾冲国家地质公园包括马站火山群景区、热海景区、来凤山马鞍山景区、北海景区、云峰山景区五个区域，

---

① 腾冲县国土资源局. 腾冲火山地热国家地质公园 [EB/OL]. http://www.yndlr.gov.cn/newsview.aspx?depid=1397&artid=42963，2010-01-18.

2008 年被评为国家 AAAA 级旅游区和省级科普基地，并顺利通过 ISO 质量/环境管理体系认证。

3. 古生物化石科考旅游

古生物化石科考旅游是指对人类史前地质历史时期形成并赋存于地层中的生物遗体和活动遗迹的科考旅游，内容包括植物、无脊椎动物、脊椎动物等化石及其遗迹。古生物化石不仅对研究地质时期古地理、古气候、地球演变、生物进化等具有重要价值，同时也是一种重要的旅游地质资源。云南澄江县和罗平县都是开展古生物化石科考旅游活动的重要区域。玉溪市澄江县帽天山发现的澄江动物群化石是目前世界上发现最古老、保存最完整的软体动物化石群，化石中已发现 40 多个门类的 80 多种动物，特别是云南虫化石被证实是地球上最古老的半索动物，从而解决了生物进化论上的一大难题——脊椎动物与无脊椎动物两大类别的演化关系。澄江古生物化石群的发现被国际古生物学界誉为 "20 世纪最惊人的科学发现之一"，澄江被誉为 "世界古生物圣地"，目前已被列为省级自然保护区和科普教育基地，2001 年获批国家地质公园，2012 列入世界自然遗产名录。2007 年 10 月在曲靖市罗平县发现的 "罗平生物群"，距今约 2.38 亿~2.39 亿年，生物群门类多样，保存了比较完整的海生爬行类、棘皮类、甲壳类、双壳类、腹足类以及植物化石，生物门类的多样性、化石保存的完整性、埋藏的独特性举世罕见，堪称我国珍稀的三叠世海洋生物化石库，具有重要的古生物学和地质学意义，2011 年 11 月获批国家地质公园。

4. 古人类化石科考旅游

古人类化石科考旅游是指依托古人类遗体或遗迹化石的科考旅游，具有极高的专业性，通过对古人类化石的发现与研究，探寻人类起源、进化以及对环境的适应性。云南省元谋县（小河、竹棚、雷老）、开远市（小龙潭）、禄丰县（石灰坝）、保山市（羊邑）都已发现古猿化石。旧石器时代考古最重要的发现是元谋人化石，1965 年地质部地质力学研究所在元谋县发现的两颗猿人牙齿化石距今170 万年，是迄今我国发现的最早的人类化石。元谋猿人的发现，说明云南高原是人类早期活动的地区之一。目前，大部分古人类化石科学考察仍然局限于专业性科学考察，部分古猿人化石开始作为旅游产品逐步推进开发，如元谋古人类文化旅游项目。

5. 泥石流科考旅游

泥石流科考旅游指对泥石流形成条件、地貌特征、发生规律等进行专业性科学考察，包括泥石流奇观摄影、泥石流地貌考察、泥石流观测等形式。云南山地自然环境复杂，泥石流分布广泛，2000多条泥石流沟遍及全省各州市。①以东川蒋家沟为代表的泥石流奇观科考旅游，暴发频繁、规模巨大、类型齐全，冲击扇面保存完整，是闻名遐迩的泥石流天然博物馆。②以中国科学院东川泥石流观测研究站为代表的泥石流观测科考旅游，位于东川区绿茂乡蒋家沟，为泥石流暴发频繁区，是泥石流野外观测、试验和研究的重要基地。③以金沙江流域、澜沧江流域为代表的泥石流地貌科考旅游，具有山高沟深、地形陡峻、沟床纵降比大等特点，且地质构造复杂、断裂褶皱发育、新构造活动强烈，具有吸引游客的奇特地貌景观。云南泥石流科考旅游已形成以国家泥石流观测研究站、泥石流奇观景区、泥石流奇特地貌等为代表的泥石流科考旅游区。

6. 石林喀斯特地质博物馆科普旅游

2010年，围绕石林景区，新建了中国石林喀斯特地质博物馆①。由石林石得利地质科技有限公司投资、建设和运营，于2010年9月动工，规划用地面积46666平方米，总建筑面积18927平方米，收藏与展示的藏品、展品达近万件，计划投资10亿元。截止到2013年2月，博物馆已获得"全国科普教育基地"、"昆明市科普精品基地"、"县级文明单位"、"昆明市巾帼文明示范岗"等荣誉称号。中国石林喀斯特地质博物馆整体布局以原始性、科学性、知识性、观赏性和趣味性为指导思想，以保护地球、爱护资源、普及地学知识为宗旨，以认识地球、了解地球的演化发展历程、知晓地球资源、自然环境与人类生存的密切关系为主线，以科普教育、科学研究、学术交流为媒介，以提高民众保护资源、爱护环境意识为己任。全馆共分为"七区一园一院一街一会所"十一个部分，分两期

---

① 资料来源：石林旅游网，http://www.chinastoneforest.com/index.php?act=article&article_id=458。

完成。"七主题展区"指喀斯特演化及洞穴石专题展区、地球生物发展史专题展区、地壳物质组成及资源专题展区、宝玉石彩石专题展区、地质作用现象专题展区、观赏石文化专题展区、名木乌木专题展区；一园指能充分体现云南亚热带植物特色、云南"植物王国"本色的植物园；一院指采用先进的数字信息技术，让游客亲眼见证和亲身体验地球的演变和环境变迁，尤其是感受石林喀斯特地貌演变过程和石林民族风情的世界顶级 6D 影院；一街指汇集国内外天然珍稀动植物化石、宝玉石、矿石等旅游纪念品的淘宝街；一会所指以科普教育、科学研究、学术交流、生态休闲等为主要功能的科研休闲会所。一期工程包括三大展馆、七大主题展区的建设和布展工作，面积约 10000 平方米，现已对外开放；已启动的二期工程有直观展示石林喀斯特地貌演变过程及石林民族风情的世界顶级 6D 影院、超七星级科研论坛会所、淘宝街及植物园等。博物馆整体建成后，将成为西南乃至全国最大的集收藏展览、学术交流、旅游观光于一体的地质文化科普基地。

（二）探险旅游产品

探险旅游产品是指以寻求一种新的体验为目的的旅游产品。探险旅游通常以奇特的自然环境为背景，旅游者到人迹罕至或险象环生的特殊环境进行的充满神秘性、危险性和刺激性的旅行考察活动，且伴随着一定可预知的或可控制的危险。按风险程度分为硬探险和软探险两种：硬探险指旅游者自愿到偏僻的自然环境挑战内在的危险，参与者身体条件要求极高，参与者面临高危险性，包括登极高山、高空速降、洞穴探秘、跳伞、潜水等；软探险指旅游者寻求一种被设计好的新奇环境，相对而言参与者是初学者，这种活动能给参与者带来兴奋感和感情宣泄，包括丛林穿行、徒步旅行、骑马、皮艇漂流等。按探险目的分为体验风险乐趣和追求世界纪录两种：体验风险乐趣指旅游者追求的并不是风险本身，而是体验隐藏在风险后面的刺激感和不确定性；追求世界纪录，指旅游者以追求世界纪录为目的的冒险旅行，如乘气球环球旅行、驾滑行器飞渡海峡、驾小船周游世界、乘独木舟横渡大洋等。

云南地质构造复杂，几乎包括了全国各种地貌类型；全省海拔高差大，形成世界罕见的立体气候景观；全省区域地理特征差异大，东南部岩溶地貌，西北部雪山冰川，南部热带雨林。这些为云南省开展探险旅游提供了优异的资源基础和环境条件。云南省有组织的探险旅游始于 1989 年，以昆明登山探险协会成立为标志。现已有近 20 家探险旅行社，主要活动有登山探险、峡谷探险、原始丛林探险、山地自行车越野、房车探险、江河漂流等形式。

1. 轿子雪山探险

轿子雪山探险是指轿子雪山西南线，属难度较低的徒步探险旅游线路。是从花溪出发，经过一线天、天池、死亡林、木般海、神仙田、高山草甸、轿子山顶峰、精怪塘、月亮岩、大冰瀑，再回到花溪的环形线路，探险线路约 5 千米。探险亮点为"一天历四季"的景观变化。轿子雪山海拔 2500~4000 米地段，分布着高山瀑布和杜鹃花海，杜鹃花依气候和海拔变化而呈不同花期，低山暖热地带 2~3 月开放，中山温凉地带 4~6 月开放，高山冷凉地带 7~8 月开放。在海拔 3800~4100 米地段，分布有多个冰蚀湖泊。冬季，低海拔瀑布变为冰瀑，3500 米以上成冰雪的世界。轿子雪山荟萃了云南最著名的景观，沿线可欣赏杜鹃花海、冷杉雾凇、冰瀑竹林、静谧冰湖、高山雪原等景观，是云南高原自然景观的缩影。

2. 大理苍山探险

大理苍山探险依托于大理境内的苍山，探险线路较为丰富。根据探险难度分为四类：第一类是难度最高的高山生态地质游线路，主要包括三条线路：①由大理古城出发，经三月街、中和寺、大黑顶，到达洗马潭后原路返回，单边行程 7.3 千米。②由大理古城出发，经无为寺、银桥大理石矿、黑龙潭、双龙潭，到达苍山西坡服务站，行程 16.4 千米。③由大理古城出发，经转运站、杉飏亭、烟雨亭、苍山电视差转台（可住宿）、洗马潭、大黑顶，之后经中和寺、三月街，返回大理古城，行程 17.1 千米。第二类是难度次之的石门关线路，由下关出发直达玉皇阁，行程 15.8 千米，或是由下关出发，经福国寺，到达石门关，行程 17 千米。第三类是难度较低的苍山花甸坝线路，由喜洲出发，经大花甸（在农场场部住宿），到达小花甸坝，单边行程 14.6 千米。第四类是难度最低的游览型探险线路，以玉带云游路为代表，玉带云游路是沿苍山东坡海拔 2600 米高度左右由南向北，专为步行者设计的游路，由感通寺出发，经清碧溪、七龙女池、龙眼洞、中和寺、三月街，返回大理古城，行程 13.55 千米。除徒步探险之外，苍山还可举行各种各样的山体探险旅游项目，可从感通寺乘坐缆车上升到海拔 2700 米的玉带路后进行速降，可在位于苍山马龙峰与圣应峰之间苍山大峡谷进行攀岩，还可以进行越野跑、丛林穿越、镖靶、拼图、结绳等户外探险项目。

3. 怒江峡谷探险

怒江峡谷探险，徒步穿越丙中洛，主要包括三条线路：①由丙中洛翻山去看怒江第一湾，路程约 8 千米，需穿过陡峭多荆棘路段。②由丙中洛徒步去普化寺，路程约 6 千米。③由丙中洛到桃花岛，经过重丁村、五里村、四季桶，到达秋那桶，路程 15 千米，为徒步探险的经典线路，需当地向导带路。怒江峡谷探险的亮点是体验高山峡谷的"立体垂直气候带谱"。地处"三江并流"世界自然遗产腹地的怒江峡谷，从江面 2000 米海拔，到两岸雪山 5000~6000 米海拔，高差达 3000~4000 米，动植物分布和景观变化呈亚热带、暖温带、温带、寒温带、寒带、冰原等立体垂直的特征。峡谷两岸山体雄浑，峡谷底部江流湍急，陡峭的山峦人烟稀少，探险路线异常幽深和神秘，为云南省最神秘的探险旅游线路。

4. 梅里雪山探险

体验宗教神山的硬探险旅游产品。梅里雪山位于迪庆州德钦县，是云南省的最高山峰，也是藏区的神山之一。神山周围建有 13 座喇嘛寺庙，是藏传佛教的朝觐之地，每年有数万计朝拜者到梅里雪山转山。转山又分为内转和外转，内转路线：德钦县城—白转经塔—飞来寺—澜沧江—雍宗村—西当温泉—南宗垭口—雨崩村—神瀑，全程徒步行程大约 4~5 天；另外一条线路是德钦县城—白转经塔—曲子水—巨达普—尼农—下南宗垭口—雨崩村—神瀑—西当温泉—雍宗村—明永冰川—古柏林庙—飞来寺，全程徒步行程大约 5~7 天。外转山线路：围绕整个梅里雪山转一周，由云南进入西藏，再由西藏回到云南，外转山需要 13 天，路程较长而艰苦，需要住在无人区，要配备帐篷、火炉等装备。梅里雪山探险旅游的最大亮点是集雪域高原的自然美景与宗教神山的虔诚转山于一体，既可欣赏河流、瀑布、森林、冰川、雪峰等壮丽景色，又可体验藏传佛教深邃、凝重、虔诚的心灵洗礼。

（三）典型地貌旅游产品

东川红土地是云南典型的地貌类旅游产品。东川红土地主要分布在东川区新田乡花石头村，主要景点海拔位于 1800~2600 米，被专家评价为是全世界最有气势的红土地。东川因高温多雨的气候条件形成了较为集中、典型并具有特色的红色土壤，加之常年部分红土歇耕，部分红土栽种，形成红绿色块对比的东川红土地景观，在小麦夏收季节，除去红绿颜色之外，还添上黄色的麦浪，视觉更为丰富。东川红土地主要景点有七彩坡、锦绣园、落霞沟、螺丝湾、乐普凹、锅底塘等。在七彩坡与锦绣园可以观赏到大片的红土地，打马坎村是观赏日出的最佳地点，观赏晚霞和日落的最佳地点是瓦梁房子。红土地最适合摄影的季节是 5~6 月和 9~12 月，不同的季节可以看到不同的景色。其中摄影最好的季节是 9~12 月，这个季节油菜、土豆、荞麦已经收获，冬小麦发芽拔节，加上路旁的杨树和漆树，色彩最为丰富；其次是 1~2 月，小麦生长正旺，月亮田里放满了水；最后是 5~6 月，油菜花开，麦子成熟，整个景观以黄色为主。

（四）漂流运动

漂流运动是指利用橡皮艇或者竹筏，在时而湍急时而平缓的水流中顺流而下的一种户外运动方式。影响漂流的因素有四点：①斜度，河床顺流而下的斜度。②平整度，受石块、边缘形状以及砾石形状影响的河床表观。③构造，河床的宽窄度。④体积，顺流而下的水量，通常以立方英尺/秒（CFS）计算。漂流按难度划分为六级：第一级，水流平缓的区域；第二级，大部分水域水流平缓，伴随轻微波浪，浪高 1 米；第三级，频繁的波浪，但对较有经验的人来说仍易把握方向，浪高 1.5~2 米；第四级，对有经验的人来说也较困难，有大的障碍物需要避过，浪高 3 米；第五级，只适于有丰富经验的人，漂流者的生命会受到很难逾越的障碍物威胁，浪高超过 3 米；第六级，（现阶段）不可实现。按照类型，划分为两类：一是操控漂流，由操控漂流艇的船工对漂流的过程进行有效控制，参与漂流的漂流者在船工操控之下漂完全程；二是自然漂流，一般在水流比较浅且平缓的河道中进行，自然漂流就是让每个游客自由自在地参与漂流活动，由游客自行漂流整个过程。

云南省拥有得天独厚的漂流资源，境内有金沙江、澜沧江、怒江、红河、珠江五大知名河流，且从澜沧江、怒江、红河都能顺流而下直接进入周边国家。云南省拥有13个漂流景区，长江第一湾漂流（玉龙县）、澜沧江漂流（景洪市）、虎跳峡漂流（香格里拉县）、南溪河漂流（河口县）、南腊河漂流（勐腊县）、九龙瀑布漂流（罗平县）、多依河漂流（罗平县）、三腊瀑布漂流（广南县）、金沙江第一漂（巧家县）、柴石滩漂流（宜良县）、南汀河漂流（耿马县）、漾濞江漂流（漾濞县）、红河谷漂流（新平县），占全国的2.13%。目前，云南省已经形成宜良南盘江漂流、河口南溪河漂流、西双版纳澜沧江—湄公河漂流、丽江石鼓金沙江漂流、罗平多依河漂流、怒江州怒江漂流六大著名漂流地。

1. 金沙江漂流

金沙江在云南境内有多个漂流河段，最著名的是虎跳峡专业漂流河段和巧家大众漂流河段。虎跳峡位于玉龙雪山和哈巴雪山之间，金沙江至此急转北流，峡长17千米，江面从海拔1800米下降至1600米，落差达200米。整个江段连续下跌7个陡坎，有的地段形成8米跌水瀑布，有20多个险滩。江面宽处60米，最窄处30米，流速最高达15米/秒。独特的地理位置使虎跳峡因漂流难度高而吸引着世界各地的漂流爱好者。1985年，中国长江科学考察漂流探险队首次征服虎跳峡。巧家漂流河段位于金沙江畔的亚热带风光地带，此段江面开阔，险滩少，风浪小，亚热带气候和两岸群山叠峦，适合开展大众漂流。漂流河段始于蒙姑乡小河口，终于县城红路上岸，长40千米，包括三个四级滩、四个五级滩、六个六级滩，整个漂流地段均为开阔河谷，停靠方便，江中无碰撞性礁石。全程漂流为技术六级，无危险，巧家漂流项目2003年运营，巧家县每年11月举行金沙江国际漂流节。

2. 澜沧江漂流

澜沧江发源于青海高原唐古拉山，经西双版纳流出境外称湄公河。澜沧江—湄公河漂流途经橄榄坝至中、老、缅3国交界处，江面渐宽，两岸植被丰富，风光秀丽。澜沧江虎跳石至景洪段，暗礁密布，险滩相连，漂流难度较大，属于专业级漂流。澜沧江漂流景洪至橄榄坝段，自然风光优美，人文景物丰富，傣家竹楼星布，属于风光游览型漂流。2009 年，中国探险协会组织澜沧江漂流探险队，从海拔高度 5200 米的澜沧江源头开漂，经过青海、西藏、云南，出境经过缅甸、泰国、老挝、柬埔寨、越南，抵达南中国海。

3. 怒江漂流

位于怒江州境内的怒江长 650 千米，在国内大江大河中怒江以水流量大、落差大而闻名，其流量最高每秒 1 万立方米，落差每千米达 3 米多。正因如此，怒江具有得天独厚的漂流优势。国际上将漂流资源分为 6 个级别，怒江包含了所有级别漂流难度的河段。在不同季节，怒江可以提供各种漂流水段。怒江漂流始于 1998 年中美联合怒江（云南段）漂流。由于怒江独特的地理水文特点，安全保障难度大，是专业漂流的首选之地。2003 年中国国家皮划艇队在怒江水域进行集训；在 2010 年傈僳族"阔时节"期间，怒江州举办首届中国怒江皮划艇野水国际公开赛，公开赛以邀请赛方式邀请了世界著名皮划艇队参加，使怒江作为野水漂流地开始进入国际视野。

4. 红河漂流

红河是发源于云南境内的国际河流。红河漂流段地处新平县哀牢山自然保护区，该段漂流具有沙漠以外的一切地表形态，以哀牢山、磨盘山两大山脉的"两山夹一谷"特殊地貌，形成该江段曲折蜿蜒、峡谷盆地、急流静湾的景观。新平漂流河段全程无暗流漩涡，常年无冬季，"红河水暖冬漂流"最具特色。第一段漂流，始于新平腰街镇河口至漠沙镇大沐浴傣雅村，全程 25 千米，漂流时间为 1.5~2 小时，漂流行程为河口起漂—河口滩—南碱滩—腊东两湾三滩—禀朗三湾九滩—荒岛银滩—土林城堡湾—铁石滩—六库滩—黄金洞—大沐浴村。第二段漂流，从大沐浴村至漠沙农场大桥头、元江东峨，全程 6~30 千米，时间 40 分钟至 3 小时左右，漂流行程为大沐浴起漂—傣王宫遗址—粉牛滩—曼勒城湾—曼妹滩—漠沙农场大桥结束。

5. 南盘江漂流

南盘江为珠江正源，发源于曲靖市沾益县，在云南境内长 677 千米，平均流量为每秒 521 立方米。南盘江上有多个漂流段：一是宜良柴石滩风景区，漂流终点为新街古桥，有"竹筏逍遥漂"和"皮筏勇士漂"两种漂流方式供选择，全长 10 千米，途中八曲十六弯，大小险滩 7 处，需时 2 小时，途经大龙兑村、大干沟村、小干沟村、大过砚村等地。漂流河道平均宽度 50 米，平均水深 1.5 米，平均水流量 57.6 立方米每秒。二是弥勒段，该段滩级丰富，一年四季皆可漂流，从 1998 年开展南盘江漂流项目以来，国内外漂流爱好者相继到此处漂流。三是宜良苗王谷旅游风景区，拥有 5 千米长的南盘江漂流，其起点码头建在南盘江大桥，终点为苗王谷，漂流区水温常年保持在 19℃~20℃，一年四季适宜开展漂流活动。

6. 南汀河漂流

南汀河发源于临沧市临翔区博尚镇，全长 311 千米，流经临翔区、云县、永德县、镇康县、耿马县，在耿马县清水河出境进入缅甸。南汀河漂流河段位于耿马县境内，由"四片一线"组成，即孟定片区、景戈片区、福音山片区、清水河片区，孟省—清水河旅游线。中缅公河沿岸拥有丰富的亚热带雨林，游客可以体会孟定傣家民俗民风。孟定南汀河跨国漂流是 2002 年耿马人潮旅游公司开发的旅游项目，接待站设在孟定至清水河公路沿线 15 千米处大湾江大桥桥头，起点码头在大湾江大桥，终点码头在中缅边境 145 号界桩（清水河中缅大桥）。漂流全程 19 千米，其中 4.6 千米属中缅公河，漂完全程约需 1 小时 50 分钟。

7. 南溪河漂流

南溪河是红河的一条支流，在河口汇入红河流入越南，最大流量在 8 月，可以达到每秒 800 多立方米，最小在 3 月，有每秒 30 立方米。南溪漂流的起漂点在南溪镇北面的昆河公路旁，终点在河口中越大桥，全程 32 千米，其中坝吉至河口一段 8 千米为中越界河。南溪河漂流可分为上、中、下三段。上段 6 千米，水急滩险，集中了 6 个险滩和 40 多个急滩，此段漂流较为惊险刺激。中段波平水缓，全长 17 千米。下段 9 千米，是中越边界河。漂流工具为可乘坐 12 人的特制橡皮汽艇，安全舒适。漂流时间 3 小时。漂流开始后，橡皮汽艇将依次经过"牛郎滩"、"军舰石滩"和最惊险刺激的"石门关"，而后进入平缓的河面，沿岸可以欣赏迷人的中越两国风光。两岸苍翠的丛林中，不时可以看到穿梭而过的汽车和火车，穿过中越大桥就到漂流的终点。

（五）登山运动

登山运动是指在特定要求下，人们徒手或使用专门装备，从低海拔地形向高海拔山峰进行攀登的一项体育活动。登山运动可分为登山探险（也称高山探险）、竞技攀登（包括攀岩、攀冰等）和健身性登山。登山旅游是一种以观赏、游览、领略自然风光为目的的户外运动。

云南是典型的以山地地貌为主的省份，山地面积占国土总面积的 84%，登山资源极为丰富。云南海拔在 3000~4000 米的高山，由西向东依次为高黎贡山、怒山、云岭，这些山体海拔高，山势陡峭，相对高差可达 3000 米左右。海拔 4000 米以上山峰有 51 座，顶部常年为冰雪覆盖，是中国南部低纬度地区海洋冰川的主要分布区。海拔 5000 米以上的雪峰，除玉龙雪山外全部集中在迪庆州境内，仅德钦县境内就有 24 座 5000 米级的未踏峰。云南的登山活动始于 20 世纪 80 年代。1988 年，昆明成立中国大陆第一个民间户外运动组织——昆明登山探险协会，并在 1989 年率先登上滇中第一峰轿子雪山，随后又挑战玉龙雪山、哈巴雪山，先后登上了 4 座海拔 4000 米以上的山峰。此后，云南省登山运动蓬勃发展，吸引了世界各地的登山爱好者。

1. 轿子雪山攀登

轿子雪山位于昆明市东川区与禄劝县分界处，北依金沙江，南望昆明，最高点海拔 4223 米，是滇中第一高峰。轿子雪山由拱王山、东英山、观音山组成，为典型的山岳型冰川地貌，相对高差达 3400 米以上，形成寒、温、热立体气候的奇异景观。轿子雪山因其"滇中第一高峰"及独特的自然景观，吸引着众多登山旅游爱好者。轿子雪山攀登线路包括东川区法者乡的东北线，禄劝县乌蒙乡的西北线。西北线是专业登山者喜爱的线路：乌蒙到雪山乡 38 公里路段可领略滇中大峡谷的气势，从山脚普渡河到轿顶，形成 3400 余米的巨大落差，千山万壑，群山如海。具体线路为：拖木泥村—狐狸山—食鸡梁子—雪沼谷—苦命坡—望海岭— 一线天顶端黑风林—大海—死亡林—木邦海—神仙田—高山草甸—小珠峰—主峰轿顶。轿子雪山建有两座登山大本营，分别是西南线海拔 3150 米的花溪大本营基地和西北线大黑箐大本营基地，基地还为登山提供导游服务，轿子雪山从 1989 年开始受昆明户外人士追捧，西南线已成为最成熟的旅游性登山线路，是初级登山者的首选。

2. 大理苍山攀登

苍山又名点苍山，位于大理州境内，由 19 座山峰由北而南组成，其峰自北而南排列，山峰海拔一般在 3500 米以上，有 7 座山峰海拔高达 4000 米以上，最高的马龙峰海拔 4122 米。苍山独特的地质结构，造就了丰富的自然山地景观，拥有丰富的山地户外资源。每年的 4 月、5 月、10 月、11 月是攀登苍山的最佳季节。苍山占地面积大，山峰众多，拥有丰富的登山线路：线路一，由大理古城包车到海拔 3200 米的高山休息点开始登山，由杉飔亭、烟雨亭至海拔 4092 米终点苍山电视塔。线路二，从古城三月街坐缆车至海拔 2800 米中和寺，攀登 7 小时可到海拔 3800 米的洗马塘营地，此路坡度大，路程长，沿途无水源。路线三，苍山纵走路线，从洗马潭或电视台纵走苍山五峰（4097 米玉局峰、4088 米龙泉峰、4092 米中和峰、4070 米观音峰、4011 米应乐峰），到黄龙潭、双龙潭和黑龙潭，此线将苍山最经典的山峰连在一起，耗时 3 天。由于苍山大部分登山区域属于大理苍山国家地质公园范围，地质公园内 2009 年建设苍山大索道，索道下部站位于海拔 2242 米的天龙八部影视城，中部站位于海拔 2814 米的七龙女池景区，上部站位于海拔 3920 米的玉局峰，覆盖了一部分登山线路，所以，在苍山的登山途中，可以选择徒步与缆车相结合的方式。

3. 玉龙雪山攀登

玉龙雪山位于丽江市玉龙县北部 15 千米处，东西宽 25 千米，南北长 35 千米，雪山面积 960 平方公里，高山雪域区位于海拔 4000 米以上，最高峰卜松毛卦峰（又称扇子陡）海拔 5596 米。玉龙雪山有 13 座高峰，山势由北向南，终年积雪，玉龙雪山是北半球纬度最低、海拔最高的雪山。玉龙雪山属攀登难度较大的雪山：一是在持续的风蚀、水蚀作用下，岩石极为疏松，岩石山体支离破碎；二是山体陡峭，地形复杂，石块甚至整座岩壁都有可能塌落；三是终年积雪，气候复杂，剧烈的空气对流，造成登山危险。玉龙雪山以其迷人的风光和险峻地势吸引着无数登山者，历史上先后有 5 支国外登山队从 3 条路线（西南侧、南壁、东山脊）攀登，国内登山队 8 次从东南侧南山脊攀登，都未登顶成功。玉龙雪山主峰北侧海拔 3050 米处建有登山大本营，南侧从 2700 米玉湖村出发至无名峰垭口海拔 4400 米是初级登山者练习攀登的极好线路。已有专业登山运动员对玉龙东北峰（5231 米）和玉龙二峰（5501 米）进行了试登。尽管具备初步的登山基础设施，但是由于恶劣的气候和险峻的地势，玉龙雪山仍然是专业级别的登山对象，不适合普通旅游性登山。

4. 梅里雪山攀登

梅里雪山又称太子雪山，位于迪庆州德钦县东北 10 千米横断山脉中段怒江与澜沧江之间。平均海拔在 6000 米以上，有 13 座山峰，被称为"太子十三峰"，主峰卡瓦格博峰海拔高达 6740 米，是云南第一高峰。攀登梅里雪山的理想季节是 10 月至来年 5 月的冬春季，最佳时间是 10 月底后。梅里雪山属于高难度攀登的雪山：一是攀登距离长，需要从海拔 2300 米的澜沧江边，攀登到 6740 米的卡瓦格博峰，攀登高差 4440 米；二是气候独特，孟加拉湾暖湿气流与青藏高原强冷空气在此交汇，天气神秘莫测，瞬息万变；三是地形复杂，面积巨大，高差较大，森林茂密，极易迷路；四是地质复杂，坡度较大，山上冰川及冰爆区、冰裂缝鳞次栉比，增加了攀登难度。卡瓦格博峰以其高耸挺拔之美及在藏传佛教中的神圣地位，吸引了无数中外登山者，历史上有 9 次攀登卡瓦格博峰活动，中日联合攀登 4 次，日本单独攀登 1 次，美国攀登 4 次，均以失败告终，梅里雪山至今仍是"处女峰"。特别是在 1991 年中日联合攀登中，17 名登山队员全部身亡，至今无人登顶。1996 年后，国家禁止攀登梅里雪山。

（六）赛事活动

赛事活动指所有参赛方都遵守相同的规则，有组织地进行的体育比赛活动。体育赛事一般是比较有规模、有级别的正规比赛，如全球规模和影响力大的体育赛事有足球世界杯、奥运会、一级方程式赛车、斯诺克比赛、乒乓球赛等。体育赛事旅游是以体育比赛为核心，旅游者从异地进入赛事举办地而进行的旅游活动。

云南省复杂的地理环境和多样的地质地貌，具有举办各种体育赛事的优良条件。既有群众性的登山、游泳、漂流、自行车等比赛，也有专业性的攀岩、探险、滑翔、汽车越野等比赛。具有知名度的赛事活动有"中国东川汽车越野赛"、"中国西双版纳澜沧江（湄公河）亚洲公开水域游泳挑战赛"、"中国怒江皮划艇野水国际公开赛"等品牌赛事。

1. 东川泥石流汽车拉力赛

东川位于昆明市北部，距昆明市区 140 千米。东川由于特殊的地质结构，泥石流频发，经过长期冲刷造就了独特的自然景观。东川区政府依托其独特的自然资源，推出了泥石流汽车越野赛。越野赛总赛程超过 950 千米，特殊赛段超过 700 千米，赛事分 6 个赛段完成。赛道拥有河滩、湿地、涝塘、流沙、戈壁等，具有天然唯一性、多样性和不可重复性，其惊险性和驾驶难度极大地考验车手的技艺与能力。首届泥石流汽车拉力赛于 2004 年举办，2005 年东川被中国汽车联合会授予"中国泥石流汽车越野赛道"称号，2007 年赛事从地方级晋升为全国四驱拉力锦标赛的一站。汽车越野赛为东川带来了大量的观众和旅游者。

2. 丽江山地穿越挑战赛

丽江老君山是"三江并流"世界自然遗产的腹地，拥有珍稀的自然生态景观，是开展登山、徒步、定向运动、山地自行车、户外露营等山地户外体育活动的理想场所。2009 年，丽江老君山举行山地穿越挑战赛，为云南首次举办的户外运动赛事，主题是"生态老君山、魅力老君山、挑战老君山"。比赛区域涉及丽江市石鼓镇、石头乡、黎明乡、兰坪县通甸乡，赛期 3 天，总里程为 97 千米。竞赛项目有山地自行车、定点穿越、越野跑、射弩、GPS 模拟救护、智力拼图，参赛队伍达 20 余支。

第四章 云南地质资源旅游资源化

自然旅游资源是旅游业发展的重要基础条件，即便是人文旅游资源也是形成于特定地质条件所构成的地貌基础之上，因此，严格地来说，特定地质条件决定区域的人文旅游资源形成与分布。然而,地质资源如何转变成为旅游资源的重要组成部分并没有得到重视及关注。目前对旅游资源的研究是一种既定的研究，即将已有的地质资源看成是旅游资源，在此基础上来进行旅游资源的评价和开发，缺少了对地质资源旅游资源化这一重要过程的研究。事实上，离开地质资源旅游资源化的过程来研究旅游资源是不够科学和客观的，这无异于无本之木、无源之水。

地质资源旅游资源化是指发现具有旅游价值的地质体并将其转变为旅游地质资源的过程，它包括实践和认识两个方面的变化。实践中，对地质资源的旅游价值是一个不断发现提升的过程，是在旅游业以及经济社会发展过程中，为满足旅游者需求以及旅游经济发展的需要，对地质资源旅游价值不断发掘的过程。认识上，转变地质资源就是矿物资源的认识，逐渐认识到地质资源不仅包括矿产资源，也包括地质运动及其构成的地质环境、地质形态以及空间结构等，即地质体在地质条件和成景作用下成为具有美学价值和科学价值的旅游地质资源，而这些旅游地质资源能为旅游者带来旅游效用。

第一节 地质资源旅游资源化的必要性和条件

地质资源的旅游资源化，是旅游业和社会经济发展到一定阶段的必然要求，而对地质资源旅游价值认识的深化以及技术进步，为地质资源的旅游资源化创造了现实条件。

一、地质资源旅游资源化的必要性

（一）旅游需求的变换

从传统观光旅游活动向生态旅游、休闲度假旅游活动的转变，旅游业发展需要提供更多的旅游产品。随着我国经济的快速发展，居民收入不断提高，在当前调整经济结构、刺激内需的政策背景下，旅游业已成为拉动我国经济健康发展、提高全民幸福感的重要力量，国家为此提出了"把旅游业培育成国民经济的战略性支柱产业和人民群众更加满意的现代服务业"的发展战略。改革开放以来，我国居民旅游潜力不断被发掘，从最初的观光旅游，到如今不断兴起的生态旅游、休闲度假旅游，旅游逐渐成为我国居民重要的生活内容。然而，从我国现有的旅游需求和旅游资源的供给情况来看，旅游的供给与需求并不平衡，一方面，传统的观光旅游产品供给过剩，造成一部分旅游资源的浪费和闲置；另一方面，由于资源的约束以及开发条件的限制，使得生态旅游产品、休闲度假旅游产品、专项旅游产品等新兴旅游产品供给不足。

地质资源是我们生产生活中最重要的基础资源，但对地质资源的认识，传统上主要局限在矿产资源。然而，从旅游业的发展历史来看，地质资源是旅游业发展的基础，也是所有旅游产品的重要构成部分，尤其是其中的地质地貌景观、重要古人类遗址及自然灾害遗迹等可能由于其重要性、奇特性、美观性及教育意义而成为重要的旅游资源（范晓，2003）。改变对地质资源的认识，开发地质资源，将其作为旅游资源的重要组成部分（Yiping Fang 等，2007），丰富我国旅游资源，并在此基础上开发满足现代旅游活动需求的旅游产品，是适应现阶段我国旅游者需求变化以及旅游业发展的必然要求。

（二）经济发展对资源利用方式转变的要求

传统的地质资源开发主要是工业开发，通过勘探、采掘、冶炼、加工等方式，成为国民经济的重要组成部分，这是人类第二阶段文明（工业文明）的必要过程。但是，随着工业化的不断发展，地质资源中不可再生资源不断枯竭，需要寻求这类资源新的利用形式。旅游业的发展为地质资源的利用提供了新的方式，通过矿产资源的深加工，转变为旅游商品，提高了资源的附加价值；通过矿山公园、地质公园的保护性开发，实现地质资源的可持续利用。例如，终止矿区粗放式开发并转型发展成为具有观赏性和科学性的矿山公园，转变勘探和采掘地质体的开发方式，代之以开发地质形态和地质结构的美感、科学性为特征的旅游开发方式。《中华人民共和国国民经济和社会发展第十二个五年规划纲要》中明确提出"绿色发展，建设资源节约型、环境友好型社会"，并分别对"积极应对全球气候变化"、"加强资源节约和管理"、"大力发展循环经济"、"加大环境保护力度"、"促进生态保护和修复"等要求，这无疑对地质资源的工业化开发方式提出了挑战，客观上要求转变对地质资源的传统利用和开发方式，而地质资源的旅游开发则是现阶段实现我国经济结构调整、建设资源节约型和环境友好型社会的必然选择。

此外，随着矿产资源的不断枯竭，传统地质资源丰富的地区开始寻求经济发展转型，探索地质资源新的开发利用方式，也有力地促进了地质资源的旅游资源化。例如，河南焦作市云台山景区2004年2月被联合国教科文组织确定为首批世界地质公园，当年五一黄金周门票收入即超过了北京故宫，2007年实现旅游收入1.8亿元，较2004年翻了一番，并带动了焦作市旅游业和第三产业的发展。短短3年间，焦作市由一个资源枯竭型城市成功转型为全国知名旅游城市。德国的鲁尔工业区等一些资源枯竭型城市，都在探索地质资源旅游资源化方面取得了成功的经验。通过旅游开发的方式，将地质资源在工业领域的应用转变到第三产业，既提高了资源的附加价值，也适应了当前我国经济结构调整升级及转型的要求。

（三）环境保护、可持续发展的要求

在建设环境友好型社会的背景下，可持续发展理念深入人心，必须转变传统方式对地质资源的破坏性利用以及对周边环境的影响。传统的地质资源利用方式，一定程度上是以牺牲环境和当代发展为代价的，未能对环境进行很好的保护以及考虑到长期可持续发展的要求。旅游业又被称为"绿色产业"，能很好地平衡经济效益和环境保护的矛盾。转变地质资源的开发方式，将其与旅游业相融合，探索地质资源转变为旅游地质资源的开发方式，是符合现阶段我们建设"环境友好型社会"的需求。

基于旅游需求的增加和升级、资源利用效率的提升以及可持续发展的要求，地质资源的开发方式需要调整，需要符合当代经济社会发展的趋势，这为地质资源旅游化提供了可能性。

二、地质资源旅游资源化的条件

地质资源的开发已有数百年历史，甚至可以追溯到数万年前人类早期对劳动工具（石器）的利用，这类开发方式存续时间较长，也成为地质资源开发的主流方式。要转变现有开发方式，实现地质资源旅游资源化。

（一）地质资源价值重构创造了内在条件

从我们对地质资源的认识来看，在人类活动的早期，我们的祖先使用石制生产工具，这也是人类区别于其他动物的根本标志。随着人类文明的不断发展，石制生产工具发展为"木制"、"铜制"、"铁制"等生产工具，人类对地质资源的开发利用达到更高的一个阶段，这个阶段就是人类的"农业文明"。进而随着"蒸汽机"、"内燃机"等机械的使用，人类迎来了"工业文明"时代，这一阶段人类对地质资源的利用达到前所未有的广度和深度，各类地质资源，尤其是矿物资源得到了大规模开发，这也是当前我们对地质资源的主流开发方式。从早期文明到农业文明再到工业文明这一发展进程来看，人类对地质资源的开发利用不断进步，地质资源的价值也得到不断地深化和泛化。

但是，当前全球所面临的"环境污染"、"生态退化"、"资源短缺"等问题不断恶化，这也引起了我们对"工业化发展方式"的疑问——现有的开发方式是否是最有效的？我们从人类文明和地质资源开发的历程来看，每一个阶段都是对上一阶段的辩证式替代，都是对前一阶段的"有效替代"①。从当前全球经济发展结构及发展阶段来看，旅游业已成为发达国家和地区经济系统中的重要构成部分，旅游业发展的重要依托——地质资源，其新的利用价值被发现并得到认可。地质资源不仅能为工业、农业所用，也可为旅游业所用，这也是在人类物质条件得到一定程度的满足之后转变需求的客观要求。同时，通过对地质资源价值的重构，也为地质资源转变为旅游地质资源奠定了认识基础。

（二）世界各国地质资源旅游开发实践提供了经验和启示

地质资源可以用于发展旅游业并转变为旅游地质资源，有很强的现实基础。从全球旅游业发展的历程来看，1845 年世界上第一家旅行社——托马斯·库克旅行社的建立标志着全球旅游业的兴起。从旅游活动的发展历程来看，无一不是依赖当地地质运动和历史所形成的自然遗迹或历史文化遗迹，在一部分探险家和贵族的带动下逐步发展起来的。随着工业文明的发展，人类的物质财富创造能力得到极大的提升，在满足物质消费的基础上，人类的精神消费也快速发展，而旅游所能带来的休闲、观赏、审美等方面的效用使其越来越受欢迎。

从世界旅游业发展经验来看，美国的国家公园管理体系、欧洲的地质公园建设，都是地质资源发展旅游业的重要典范。从我国旅游业管理和发展情况来看，根据我国 2003 年颁布的《旅游资源分类、调查与评价标准》，将旅游资源分为 8 个主类、31 个亚类和 155 个基本类型，其中地文景观、水域风光、遗迹遗址、旅游商品四个大类都是以地质资源为基础的类型，改革开放后，我国不断推进旅游产品的开发和完善，形成了包括风景名胜区、地质公园、世界遗产地、矿山公园及工业遗迹、温泉等多种类型的旅游产品，这些旅游产品基本上都是依托地质资源

---

① 有效替代指优于上一阶段的替代。

而发展起来的。从当前的发展情况来看，一方面，地质资源的旅游价值和经济价值得以发挥；另一方面，地质资源也得到了一定的保护。地质资源全球范围的旅游开发活动为地质资源旅游资源化提供了很好的经验借鉴。

（三）技术进步提供了现实可能

新的开发方式需要相应的技术支撑，地质资源的传统开发方式需要地质勘探、采掘、冶炼、加工等方面的技术，而地质资源的旅游开发方式对技术提出了新的要求，包括遥感技术的运用、规划与设计技术、新的展示与保护技术等。随着全球旅游业的发展以及可持续发展理念的不断深入，地质资源的开发与保护技术、旅游景区（点）的设计与规划理念得到很大程度的提升，为地质资源旅游资源化提供了强大的技术支撑。

近代以来，全球范围内的地质资源旅游开发较快，各国及相关组织都制定了一系列管理规范和技术要求，为地质资源的旅游开发和保护奠定了良好的基础。从国际组织的发展情况来看，联合国教科文组织下设的世界遗产委员会，1972年第17届会议在巴黎通过了《保护世界文化和自然遗产公约》，为世界自然和文化遗产的开发和保护做出了全球性的规范和要求；1996年联合国教科文组织地学部建议在全球范围内建立世界地质公园，以便有效地保护地质遗迹，于1999年正式提出地质公园（Geopark）这一名称，并发布了《寻求联合国教科文组织帮助申请加入世界地质公园网络的国家地质公园工作指南》，对地质公园的申请和建设提出了明确的规范和要求；国际自然保护联盟（IUCN）也对具有国家意义的公众自然遗产公园和国家公园的保护和建设提出了明确的建议和政策。我国为加强对以地质资源为主体的自然旅游资源的开发与保护，制定了一系列的规范和标准，例如，《风景名胜区管理条例》、《旅游景区质量等级的划分与评定》、《旅游景区质量等级管理办法》，这些规范和标准为地质资源旅游资源化提供了操作规范和技术标准。

第二节　地质资源旅游资源化的动力

地质资源以其重要性、奇特性、观赏性及教育意义成为发展旅游业的重要组成部分，也因现实需求及技术进步需要向发展旅游业的方向转变。但是，地质资源作为人类实践活动的客体，是不可能自动转变为旅游地质资源的，需要相关主体的推动，这就是地质资源旅游资源化的主体和动力。

一、地质资源旅游资源化的动力机制

地质资源作为一种客观的自然资源，具备自然资源的价值属性。大自然在地球演化过程中的内力作用及各种矿化、硅化、泉华、风蚀、溶蚀、钙华作用不断将原本普通的地貌塑造成形态各异的造型地貌，地球内外引力的作用产生了地热、褶皱、断层、火山、湖、泉、瀑等景观，这些地质景观所具有的美学观赏价值、娱乐康体休闲价值、环境教育价值、遗产价值等都是其旅游价值的突出表现。然而，价值是人与物以及人与社会关系的一种特征，离不开特定的社会背景，在旅游业不断发展的背景下，地质资源的旅游价值被发现、利用和延伸，也实现了地质资源的旅游资源化。

动力即推动地质资源旅游资源化，转变为旅游地质资源的力量和主体，一般来说，包括企业、旅游者、政府、社区民众及研究机构和学者五类主体，这五类主体共同作用，促进地质资源旅游资源化，为地质资源转变为旅游地质资源提供了市场需求、技术及理论指导、政策支持、实现形式以及社区支持。各主体的共同作用和互动为地质资源旅游价值的认识、实现提供了可能。地质资源旅游资源化动力作用机制如图4-1所示。

如图4-1所示，包括旅游企业和地质资源企业在内的企业主体，在获利动机下，会共同推动地质资源的旅游开发，提供相关的旅游产品与服务；随着收入水

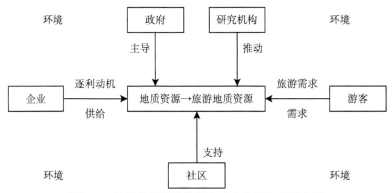

图 4-1 地质资源旅游资源化动力作用机制示意图

平的不断提升，游客需求的不断变化和提升，需要新的旅游产品来满足旅游者多元化和多层次的旅游需求，地质资源具备开发为类型多样的旅游地质资源产品的潜力，因而可以转变为旅游地质资源；政府从发展经济、促进就业的角度出发，会尽可能鼓励企业发现和利用商业机会，对地质资源的旅游开发利用就是其所主导和鼓励的领域；研究机构和学者会从地质资源的属性以及旅游业发展的条件来进行研究，提出地质资源旅游资源化的可能性和科学规划，为政府制定相关政策和企业决策提供依据；社区民众会从改善社区环境和发展社区经济着想，支持地质资源的旅游开发。

二、地质资源旅游资源化的主体

(一) 旅游企业

企业家，又称为"创业者"（Entrepreneur），是最具创新精神的，也是市场开拓的领导者。在地质资源的开发利用过程中，企业总能发现其中存在的机会和潜力，将地质资源的价值不断深化和扩展，一方面，通过深加工、延伸产业链等方式增加地质资源开发的附加值；另一方面，改变地质资源的工业利用方式，将地质资源开发与其他产业融合，拓展地质资源的开发方式。地质资源的旅游开发方式，是旅游企业和地质资源开发利用企业之间因合作而形成的新型模式，是寻求最佳利益和长期合作博弈的结果。

将旅游规划与设计企业、旅游开发企业、旅游经营企业统称为旅游企业，将地质资源勘探、采掘、冶炼企业等统称为地质资源企业，旅游企业和地质资源企业都追求自身长期收益的最大化，且双方都有合作与不合作（独立开发）的选择自主性，双方的博弈矩阵如图4-2所示。

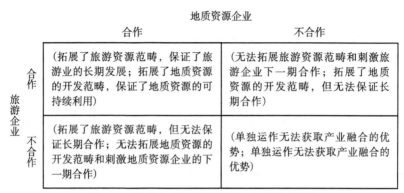

地质资源企业

	合作	不合作
合作 旅游企业	（拓展了旅游资源范畴，保证了旅游业的长期发展；拓展了地质资源的开发范畴，保证了地质资源的可持续利用）	（无法拓展旅游资源范畴和刺激旅游企业下一期合作；拓展了地质资源的开发范畴，但无法保证长期合作）
不合作	（拓展了旅游资源范畴，但无法保证长期合作；无法拓展地质资源的开发范畴和刺激地质资源企业的下一期合作）	（单独运作无法获取产业融合的优势；单独运作无法获取产业融合的优势）

图4-2　旅游企业和地质资源企业的博弈矩阵

从上述博弈矩阵可以看出，对于旅游企业和地质资源企业来说，最好的选择是双方合作。双方合作的结果拓展了旅游资源的范畴，保证了旅游业的持续发展和升级，拓展了地质资源的开发范畴，也保证了地质资源的长期可持续利用，合作是一种双赢选择。[①] 因此，地质资源旅游资源化的第一动力是旅游企业和地质资源企业，追逐利益最大化，尤其是长期利益最大化，是保证地质资源旅游资源化的经济利益的动力来源。

（二）旅游者

"二战"以后，全球经济政治和经济环境稳定，经济增长达到前所未有的高度，旅游业在此环境下得以快速发展。在旅游需求持续旺盛的背景下，游客对旅游产品和服务的需求呈现出多元化和多层次化的特征。一方面，传统的观光旅游已不能满足旅游者的需求，对生态旅游、休闲度假旅游、科考旅游等新兴旅游方式的需求量越来越大；另一方面，不同国家、地区由于收入水平和经济发展水平的差异，全球旅游者旅游需求表现出层次化的特征，发达国家旅游者已经跨越了

---

① 作者注：这是要基于两类企业的选择是基于知晓对方选择的基础上，因此，从这个角度来看，促进不同类型企业之间的沟通和合作是保证两者共同发展的重要条件。

传统的旅游产品开始向新兴旅游方式过渡。地质资源既是传统旅游产品的载体，也是新兴旅游产品的潜力来源。在此背景下，地质资源旅游资源化也成为必然和趋势。

（三）政府

中国地质学家早在 1985 年就提出在地质意义重要、地质景观优美的地区建立地质公园，以加强保护和开展科学研究、科学考察。原地质矿产部先后发布《关于建立地质自然保护区规定（试行）的通知》和《地质遗迹保护管理规定》，以法规的形式对地质遗迹进行强制性保护。1999 年 12 月，国土资源部提出了围绕"在保护中开发，在开发中保护"的思想建立国家地质公园的设想，此后又编制了《国家地质公园总体规划指南》以指导国家地质公园规范工作，成立了"国家地质遗迹（地质公园）评审委员会"，建立了国家地质遗迹（地质公园）评审机构，制定组织办法，明确了申请国家地质公园的条件、程序和材料。2010 年 6 月，国土资源部又公布了《国家地质公园规划编制技术要求》。这些要求和标准，对地质遗迹的保护与旅游开发做出了系统而完善的规定，为地质遗迹旅游资源化提供了政策支持和法律保障。尽管政府不对地质公园的建设直接进行投入，但对其内部的地质遗迹保护仍有经费支持，解决了地质遗迹保护和地质公园建设资金的来源问题。

政府热衷于开发地质资源并发挥其旅游功用主要基于经济增长、资源和环境保护以及综合协调方面的目的。开发地质资源的旅游功用，可以发挥旅游产业的带动效应。旅游产业关联性、外部性较强，因此在发展过程中需要政府的直接干预。这个过程就是旅游创意和旅游资源发现和利用的过程。从 $Y = C + I + G + (X - M)$ 其中的内在关系可知，旅游业发展所带来的消费增量、投资增量、政府转移支付、税收、国外游客和区域外游客所带来的旅游收入等，都是刺激政府热衷于发展旅游业以及不断拓展旅游资源范畴的经济动力。

此外，由于地质资源的不可再生性，地质资源和旅游业具有较强的外部性，以及在我国当前自然资源的国有产权框架内，政府必须扮演监督者和管理者的双重角色。一方面，通过监督和管理，保障对地质资源通过旅游开发这种"非破坏性"的方式开发；另一方面，综合协调旅游企业和地质资源企业内部以及相互之间的利益，使得开发企业能够在国有产权框架内发挥最高的效率。出于对资源和环境保护、综合协调以及监督管理等方面的目的，政府有动力推动地质资源与旅游资源的整合，推动地质资源的旅游资源化。

（四）社区及当地民众

资源的开发、保护与社区及当地民众是密不可分的，社区民众一方面希望资源开发不要干扰其日常生活，另一方面也希望能够分享资源开发所带来的溢价。地质资源的传统开发，是对地质资源的直接利用，一方面，因为噪声、粉尘、重金属、污水排放等对周边生态造成了环境污染和生态破坏；另一方面，也为周边民众提供了就业岗位，带来了经济收入，对于急需增加收入以改变生活方式的落后地区民众来说，这种艰难的选择也是在现实压力下的无奈选择。

然而，随着技术进步以及外部需求的变化，地质资源的传统利用方式出现了新的开发途径，可以采取不破坏环境和生态的开发方式，同样也为周边居民提供了就业机会并带来经济收入，这种利用方式就是地质资源的旅游资源化。新的开发方式摒弃了传统方式对地质资源的"破坏性开发"，转为"观赏性、体验性、科考性、科普性、商品性开发"，地质地貌得到了较好的保护，生态环境的破坏也得到了一定程度的抑制。同时，旅游开发方式的强关联效应保证了就业，旅游开发租上涨，与旅游业关联产业快速发展。投资、消费以及政府转移支付所带来的收入乘数，增加了社区和周边民众的收入，正如 $K = \Delta Y/\Delta I + \Delta Y/\Delta C + \Delta Y/\Delta G$ 所反映的。因此，社区及周边民众的生活和收入改善是其支持并主动参与地质资源旅游资源的重要动力。

（五）科研人员及学者

地质工作者、研究人员、经济领域学者、旅游产业规划、设计研究人员等，根据地质资源的特征以及旅游业发展的条件，论证地质资源旅游资源化的可能性和可行性，对地质资源旅游资源化提出科学的规划和建议。这为政府制定相关决策提供了依据，同时对企业的投资经营决策也具有重要指导意义。

第三节 地质资源的旅游价值

在企业、旅游者、政府、社区民众以及研究人员的推动下，地质资源的价值被重新定义，并在旅游经济以及产业经济发展的范畴内不断延伸和渗透，实现了地质资源的旅游资源化。从本质上看，地质资源旅游资源化的途径是对地质资源旅游价值的认可、延伸及重构，即旅游价值发现及利用的过程。然而，对于地质资源来说，其具有的旅游价值以及价值的大小是开发旅游地质资源产品以及旅游地质资源资产化的依据，因此，本节主要对地质旅游资源的价值予以分析和评价。

一、旅游资源价值分类与评价概述

对旅游资源价值的分类与评价，国内通用的是国家标准——《旅游资源分类、调查与评价》（GB/T18972-2003）（见图 4-3），这一标准适用于各类型旅游区（点）的旅游资源开发与保护、旅游规划与项目建设、旅游行业管理与旅游法规建设、旅游资源信息管理与开发利用等方面。在该标准中，旅游资源的价值可以由 4 类评价项目和 8 种评价因子来评价，并将每一评价因子分为 4 个档次。

然而，这一分类系统是针对所有旅游资源评价所制定的一个通用标准，对于地质资源的旅游价值评价缺乏针对性，此外，该评价标准对于资源的环境条件没有进行评价，这与旅游地质资源这类严重依赖于环境条件的资源属性不一致。为解决这一问题，杨世瑜等（2006）提出旅游地质资源定量评价模型，将旅游地质资源价值按照资源价值、景点规模与组合、环境状况和旅游条件四个方面进行评价（见图 4-4）。这一评价方法较好地将旅游地质资源特色融入旅游资源评价方法中，但出于旅游开发的目的，该模型将外部旅游条件列入资源价值评价之中，影响了其对地质资源旅游价值的客观评价。

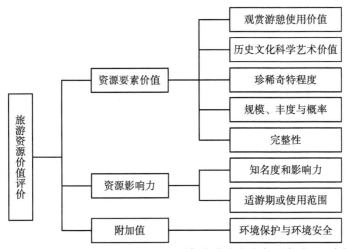

图 4-3 《旅游资源分类、调查与评价》旅游价值分类系统（2003 年）

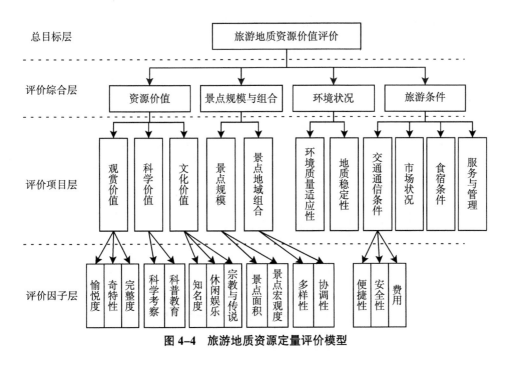

图 4-4 旅游地质资源定量评价模型

为保证评价体系可以对地质资源旅游价值进行客观、科学的评价，本书结合《旅游资源分类、调查与评价》和"旅游地质资源定量评价模型树"方法，对云南地质资源旅游价值予以分类与评价。

二、地质资源旅游价值分类与评价

(一) 地质资源旅游价值分类

地质资源的旅游价值可以分为三类：资源要素价值、资源影响力以及资源环境条件。资源要素的价值是资源本身的价值，地质资源的旅游价值在观赏游憩价值和科学文化价值方面占有显著的优势，而资源的珍稀奇特程度、规模与丰度、完整性是形成地质资源旅游价值的重要构成要素；地质资源的旅游价值还反映在其影响力上，影响力越大其价值越高，影响力包括资源的知名度、影响力以及适游期或使用范围；地质资源的旅游价值与其所在的环境有紧密联系，周边旅游资源的互补性和协调性、所在区域地质环境的稳定性以及生态环境的舒适度等都会影响地质资源的旅游价值。因此，可将地质资源的旅游价值分成三大类，并进一步分解成为十个评价因子（见图 4-5）。

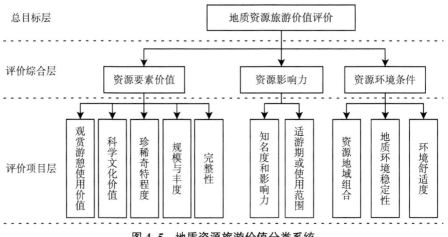

图 4-5　地质资源旅游价值分类系统

(二) 地质资源旅游价值评价方法

根据地质资源旅游价值的分类，地质资源旅游价值包括资源要素价值、资源影响力价值和资源环境条件价值，而每一类价值又由具体的价值构成要素组成。因此，可采用层次分析法综合地质资源旅游价值、各类价值以及价值构成要素。层次分析法（the Analytic Hierarchy Process，AHP）是 20 世纪 70 年代中期由美国运筹学家托马斯·塞蒂（T.L.Saaty）提出的一种定性和定量相结合、系统化、层次化的分析方法。由于它在处理复杂决策问题上的实用性和有效性，很快在世界范围内得到重视。它的应用已遍及经济计划和管理、能源政策和分配、行为科学、军事指挥、运输、农业、教育、人才、医疗和环境等领域。

对地质资源旅游价值的评价需要解决两个问题：第一，价值体系内每一种价值构成在总价值中的权重如何确定；第二，每一种价值构成如何确定一个相对科学的数值。这两个问题都需要主观赋值，以最终得到一个可以对地质资源旅游价值进行评价的结果，现代决策技术中经常使用德尔菲法来解决这类赋权和赋值的问题。德尔菲法，也称专家调查法，是在20世纪40年代由赫尔默（Helmer）和戈登（Gordon）首创，1946年，美国兰德公司首次用这种方法进行定性预测，后来该方法被迅速广泛采用。德尔菲法最初产生于科技领域，后来逐渐被应用于各个领域的预测，如军事预测、人口预测、医疗保健预测、经营和需求预测、教育预测等。此外，还用来进行评价、决策、管理沟通和规划工作。是采用通信方式分别将所需解决的问题单独发送到各个专家手中，征询意见，然后回收汇总全部专家的意见，并整理出综合意见。随后将该综合意见和预测问题再分别反馈给专家，再次征询意见，各专家依据综合意见修改自己原有的意见，然后再汇总。这样多次反复，逐步取得比较一致的预测结果的决策方法。

根据层次分析法和德尔菲法对旅游地质资源价值进行层次分类、权重选择以及价值评价，在此基础上构建地质资源旅游价值评价标准（见表4-1），为云南地质资源旅游价值评价提供评价依据。

表4-1　地质资源旅游价值评价标准

		评价因子	权重（%）	评价指标体系	分值（分）
地质旅游资源价值评价	资源要素价值75%	观赏游憩使用价值	30	全部或其中一项具有极高的观赏价值、游憩价值、使用价值	22~30
				全部或其中一项具有很高的观赏价值、游憩价值、使用价值	13~21
				全部或其中一项具有较高的观赏价值、游憩价值、使用价值	6~12
				全部或其中一项具有一般观赏价值、游憩价值、使用价值	1~5
		科学文化价值	25	同时或其中一项具有世界意义的科学价值、文化价值	20~25
				同时或其中一项具有全国意义的科学价值、文化价值	13~19
				同时或其中一项具有省级意义的科学价值、文化价值	6~12

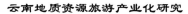

续表

	评价因子	权重（%）	评价指标体系	分值（分）
地质旅游资源价值评价	资源要素价值 75%	科学文化价值	25	科学价值、文化价值具有地区意义	1~5
		珍稀奇特程度	10	景观异常奇特，或此类现象在其他地区罕见	8~10
				景观奇特，或此类现象在其他地区很少见	5~7
				景观突出，或此类现象在其他地区少见	3~4
				景观比较突出，或此类现象在其他地区较多见	1~2
		规模、丰度	5	独立型地质资源单体规模、体量巨大；集合型地质资源单体结构完美、疏密度优良级	4~5
				独立型地质资源单体规模、体量较大；集合型地质资源单体结构很和谐、疏密度良好	3
				独立型地质资源单体规模、体量中等；集合型地质资源单体结构和谐、疏密度较好	2
				独立型地质资源单体规模、体量较小；集合型地质资源单体结构较和谐、疏密度一般	1
		完整性	5	形态与结构保持完整	4~5
				形态与结构有少量变化，但不明显	3
				形态与结构有明显变化	2
				形态与结构有重大变化	1
	资源影响力 10%	知名度和影响力	5	在世界范围内知名，或构成世界承认的名牌	4~5
				在全国范围内知名，或构成全国性的名牌	3
				在本省范围内知名，或构成省内的名牌	2
				在本地区范围内知名，或构成本地区名牌	1
		适游期或使用范围	5	适宜游览的日期每年超过300天，或适宜于所有游客使用和参与	4~5
				适宜游览的日期每年超过250天，或适宜于80%左右游客使用和参与	3
				适宜游览的日期超过150天，或适宜于60%左右游客使用和参与	2
				适宜游览的日期每年超过100天，或适宜于40%左右游客使用和参与	1
	资源环境条件 15%	资源地域组合	5	本地区内3景点以上组合，且景点之间的互补性极好	4~5
				本地区内3景点组合，且景点之间的互补性很好	3
				本地区内2景点组合，且景点之间的互补性良好	2
				本地区内单一景点	1
		地质环境稳定性	5	本地区地质环境稳定	4~5
				本地区地质环境比较稳定	3
				本地区地质环境较不稳定	2
				本地区地质环境不稳定	1
		环境舒适度	5	生态环境质量或环境营造效果极佳	4~5
				生态环境质量或环境营造效果优良	3
				生态环境质量或环境营造效果较好	2
				生态环境质量或环境营造效果一般	1

参考国家旅游资源调查与评价（2003）对旅游地质资源确定如下的计分与等级划分：根据对旅游地质资源单体的评价，得出该单体旅游地质资源共有综合因子评价赋分值。

依据旅游地质资源单体评价总分，将旅游地质资源分为五级，从高级到低级为：

五级旅游地质资源，得分值域≥90分。

四级旅游地质资源，得分值域≥75~89分。

三级旅游地质资源，得分值域≥60~74分。

二级旅游资源，得分值域≥45~59分。

一级旅游地质资源，得分值域≥30~44分。

未获等级旅游地质资源，得分值域≤29分。

其中，五级旅游地质资源称为"特品级旅游地质资源"；五级、四级、三级旅游地质资源被统称为"优良级旅游地质资源"；二级、一级旅游资源被统称为"普通级旅游地质资源"。

（三）云南典型地质资源旅游价值评价

（1）典型旅游地质资源选取及评价专家构成说明。云南特色旅游地质资源共有169个（见表4-2），这些特色旅游地质资源是根据资源的属性类型进行梳理的，但在实践中，考虑到旅游开发的可行性及科学性，单体的旅游地质资源如果规模、体量、类型不足以支撑景区的建设，往往会考虑进行资源的整合，将一定空间内的资源整合进行景区的开发，例如，腾冲火山群景观、柱状节理景观、黑空山景观、打鹰山景观、热海景观、叠水河瀑布都是单体旅游地质景观，但是在旅游开发中是将上述资源作为腾冲国家地质公园中的景点来进行建设。同样，冰川和雪山都具有很高的旅游价值，作为资源可以划分为不同的类型，但是在开发时雪山和冰川是不能分开的，需要整合开发。因此，在对云南典型旅游地质资源价值评价时为了避免重复，也为了保证评价的客观性，凡是在同一空间上，均将同类型的景观进行合并，选取97个典型地质资源，对其旅游价值进行评价，通过评价确定云南典型地质资源的旅游价值特征及旅游地质资源开发的方向。

在评价的专家组成上充分考虑到评价的权威性、客观性及科学性，分别聘请了云南大学、昆明理工大学、云南师范大学、西南林业大学、昆明学院、云南民族大学及云南财经大学旅游管理专业具有高级职称的专家；昆明东陆城乡规划设计研究有限公司、昆明艺嘉旅游规划公司、云南世博旅游控股集团有限公司、大理旅游集团、云南元谋旅游经营有限公司、云南腾冲航空旅游（集团）管理公司等规划公司及管理公司的专家；云南省旅发委、16个地州的旅游局、环保局、住建局以及国土资源局等行业主管政府部门的管理者；主要旅游城市腾冲、石林、大理、丽江、昭通、宁洱、临沧、西双版纳等社区老百姓；主要旅游景区（4A级以上）的旅游者，通过问卷调查和访谈的形式参与云南典型地质资源的旅游价值评价。

根据地质资源旅游价值分类和评价标准，对云南典型地质资源旅游价值进行评价（见表4-2）。

表4-2　云南典型地质资源旅游价值评价

旅游地质资源	资源要素价值（75）					资源影响力（10）		资源环境条件（15）			合计
	观赏游憩使用价值（30）	科学文化价值（25）	珍稀奇特程度（10）	规模丰度（5）	完整性（5）	知名度和影响力（5）	适游期或使用范围（5）	资源地域组合（5）	地质环境稳定性（5）	环境舒适度（5）	
腾冲火山地热景观	28	25	9	5	4	4	5	5	3	5	93
屏边团山火山景观	22	20	5	3	3	2	5	5	3	5	73
剑川石宝山丹霞景观	25	18	6	2	3	3	5	5	4	4	75
丽江黎明老君山丹霞景观	28	25	10	5	4	3	5	5	4	4	93
兰坪罗古箐丹霞景观	25	18	6	2	3	3	5	5	4	4	75
禄丰恐龙化石群景观	25	25	10	4	5	5	5	5	3	5	92
澄江古生物化石群	15	25	10	4	5	5	5	5	3	5	82

续表

旅游地质资源	资源要素价值（75）					资源影响力（10）		资源环境条件（15）			合计
	观赏游憩使用价值（30）	科学文化价值（25）	珍稀奇特程度（10）	规模、丰度（5）	完整性（5）	知名度和影响力（5）	适游期或使用范围（5）	资源地域组合（5）	地质环境稳定性（5）	环境舒适度（5）	
罗平古生物化石群	5	25	10	4	5	5	5	5	3	5	72
东川小江泥石流景观	15	17	8	3	3	3	5	1	1	3	59
元谋土林景观	25	20	6	4	4	3	5	4	1	3	75
陆良彩色沙林景观	22	20	6	3	3	3	5	2	3	3	70
永德土林景观	20	10	4	2	2	1	5	2	3	3	52
元江彩色膏林景观	25	19	10	1	3	2	5	2	2	3	72
会泽地缝景观	20	12	4	4	3	3	5	2	2	5	60
昆明西山景观	25	19	7	5	5	3	5	5	4	5	83
高黎贡山石月亮景观	20	15	7	1	4	2	5	2	2	4	62
梅里雪山景观	28	25	10	5	5	5	3	5	2	4	92
白马雪山景观	20	18	5	3	3	3	3	5	2	4	66
玉龙雪山景观	28	25	10	5	5	4	3	5	2	4	91
哈巴雪山景观	25	22	8	4	4	4	3	5	2	4	81
轿子山景观	24	20	8	3	4	3	5	5	3	4	79
苍山景观	30	24	7	4	4	4	5	5	3	5	91
鸡足山景观	28	25	8	3	3	2	5	5	3	5	92
巍宝山景观	26	19	4	3	3	2	5	5	3	5	75
云峰山景观	18	12	7	4	3	2	5	5	3	5	64
方山景观	18	12	4	3	3	2	5	5	3	5	60

续表

旅游地质资源	资源要素价值（75）					资源影响力（10）		资源环境条件（15）			合计
	观赏游憩使用价值（30）	科学文化价值（25）	珍稀奇特程度（10）	规模、丰度（5）	完整性（5）	知名度和影响力（5）	适游期或使用范围（5）	资源地域组合（5）	地质环境稳定性（5）	环境舒适度（5）	
东川红土地景观	22	12	4	3	3	2	5	5	4	5	65
金沙江虎跳峡景观	26	22	9	4	5	4	5	5	3	5	88
丽江观音峡峡谷	23	20	8	4	4	3	5	5	2	3	77
香格里拉大峡谷景观	24	19	8	4	4	3	5	5	3	5	80
丽江东巴峡谷	20	19	7	4	4	3	5	5	3	5	75
罗平鲁布格峡谷景观	20	13	2	3	4	3	5	5	2	5	62
昆明石林景观	30	25	10	5	5	5	5	5	4	5	99
罗平峰丛景观	29	19	7	4	4	3	5	5	4	5	85
丘北普者黑峰林、峰丛	26	12	6	3	3	2	5	5	4	5	71
广南八宝峰林、峰丛、瀑布景观	25	12	5	4	3	2	5	5	4	5	70
建水燕子洞景观	21	12	7	4	4	2	5	5	4	5	69
泸西阿庐古洞景观	28	22	8	4	4	3	5	5	4	5	88
宜良九乡溶洞景观	30	22	8	5	5	3	5	5	4	5	92
弥勒白龙洞景观	15	12	7	4	4	2	5	5	4	5	62
开远南洞景观	15	12	5	3	3	2	5	5	4	5	59
威信天台山溶洞景观	12	12	4	3	3	2	5	5	4	5	54
鹤庆清源洞景观	12	10	4	3	3	2	5	5	4	5	53

续表

旅游地质资源	资源要素价值（75）					资源影响力（10）		资源环境条件（15）			合计
	观赏游憩使用价值（30）	科学文化价值（25）	珍稀奇特程度（10）	规模、丰度（5）	完整性（5）	知名度和影响力（5）	适游期或使用范围（5）	资源地域组合（5）	地质环境稳定性（5）	环境舒适度（5）	
曲靖花山溶洞景观	20	12	5	3	3	2	5	5	4	5	64
普洱翠云溶洞景观	17	12	4	3	3	2	5	5	4	5	60
富民宝石洞景观	12	18	7	3	3	2	5	5	4	5	64
曲靖天生洞景观	12	10	4	3	3	2	5	5	4	5	53
祥云清华洞景观	12	12	4	3	3	2	5	5	4	5	55
香格里拉白水台景观	25	22	8	4	4	4	5	5	3	5	85
沾益海峰天坑景观	12	18	7	3	4	2	5	5	4	5	65
沧源天坑景观	12	19	8	3	4	2	5	5	4	5	67
金沙江景观	25	23	8	5	4	4	5	5	3	4	86
澜沧江景观	25	23	8	5	4	3	5	5	3	4	85
怒江景观	25	23	8	5	4	3	5	5	3	4	85
元江（红河）景观	22	19	7	4	4	3	5	5	3	4	76
南盘江景观	20	15	5	3	4	2	5	5	3	4	66
瑞丽江景观	24	19	5	3	4	2	5	5	3	5	75
大盈江景观	24	19	5	3	4	2	5	5	3	5	75
硕多岗河景观	23	10	6	3	4	2	5	5	3	5	66
南溪河景观	21	8	5	3	4	4	5	5	3	5	63
多依河景观	18	12	5	3	4	2	5	5	3	5	62
马过河景观	18	12	5	3	4	2	5	5	3	5	62

续表

旅游地质资源	资源要素价值 (75)					资源影响力 (10)		资源环境条件 (15)			合计
	观赏游憩使用价值 (30)	科学文化价值 (25)	珍稀奇特程度 (10)	规模、丰度 (5)	完整性 (5)	知名度和影响力 (5)	适游期或使用范围 (5)	资源地域组合 (5)	地质环境稳定性 (5)	环境舒适度 (5)	
巴江景观	20	12	5	4	4	2	5	5	3	5	65
南汀河景观	18	12	4	3	4	2	5	5	3	5	61
滇池景观	24	20	8	4	4	3	5	5	4	5	82
洱海景观	26	19	8	4	4	3	5	5	4	5	83
抚仙湖景观	26	19	8	4	4	3	5	5	4	5	83
泸沽湖景观	28	19	8	4	4	3	5	5	4	5	85
阳宗海景观	23	19	8	4	4	2	5	5	4	5	79
异龙湖景观	25	19	8	4	4	3	5	5	4	5	82
星云湖景观	20	19	6	3	4	3	5	5	4	5	74
程海景观	22	19	8	4	4	3	5	5	4	5	79
杞麓湖景观	23	19	8	4	4	3	5	5	4	5	80
茈碧湖景观	26	19	8	4	4	3	5	5	4	5	82
千湖山冰蚀湖湿地景观	24	22	8	4	4	3	5	5	4	5	84
大理蝴蝶泉景观	25	18	8	4	4	3	5	5	4	5	81
丽江黑龙潭景观	23	12	7	4	3	2	5	5	4	5	70
鹤庆龙潭景观	23	12	7	4	3	2	5	5	4	5	70
曹溪寺三潮圣水泉景观	20	12	7	4	3	2	5	5	4	5	67
昆明黑龙潭景观	20	12	7	4	2	2	5	5	4	5	66
嵩明白邑黑龙潭景观	18	10	7	3	3	2	5	5	4	5	62
华宁盘溪大龙潭景观	12	10	7	3	3	2	5	5	4	5	56

续表

旅游地质资源	资源要素价值 (75)					资源影响力 (10)		资源环境条件 (15)			合计
	观赏游憩使用价值 (30)	科学文化价值 (25)	珍稀奇特程度 (10)	规模、丰度 (5)	完整性 (5)	知名度和影响力 (5)	适游期或使用范围 (5)	资源地域组合 (5)	地质环境稳定性 (5)	环境舒适度 (5)	
洱源温泉景观	12	12	9	4	4	2	5	5	4	5	62
龙陵邦腊掌温泉景观	12	12	8	4	3	2	5	5	4	5	60
昌宁鸡飞澡堂温泉景观	12	12	8	4	3	2	5	5	4	5	60
弥勒温泉景观	12	12	8	4	3	2	5	5	4	5	61
水富西部大峡谷温泉景观	12	19	8	4	4	3	5	5	4	5	69
安宁温泉景观	12	19	9	5	4	3	5	5	4	5	71
曲靖三宝温泉景观	12	12	8	4	3	2	5	5	4	5	60
芒市遮放温泉景观	12	12	8	4	3	2	5	5	4	5	60
师宗葵山温泉景观	12	12	8	4	3	2	5	5	4	5	60
金平勐拉热水塘温泉景观	12	12	8	4	3	2	5	5	4	5	60
罗平九龙河瀑布景观	23	12	8	4	4	2	5	5	4	5	72
大关黄连河瀑布景观	23	12	8	4	4	2	5	5	4	5	72
大姚双沟瀑布景观	23	12	7	3	3	2	5	5	4	5	69
瑞丽扎朵瀑布景观	20	12	7	3	3	2	5	5	4	5	66
双柏恐龙河瀑布景观	20	12	7	3	3	2	5	5	4	5	66

（2）评价结果分布特征。根据对典型地质资源旅游价值赋分评价的结果，云南典型旅游地质资源≥90 分以上的有 9 处，≥75~89 分的有 32 处，≥60~74 分的有 48 处，≥45~59 分的有 8 处，没有一级和未获等级的旅游地质资源，总体上优良级资源居多。按照评分等级从高级到低级为：

五级旅游地质资源（得分值域≥90 分）共 9 处：昆明石林景观、腾冲火山地热景观、丽江黎明老君山丹霞景观、禄丰恐龙化石群景观、梅里雪山景观、鸡足山景观、宜良九乡溶洞景观、玉龙雪山景观、苍山景观。

四级旅游地质资源（得分值域≥75~89 分）共 32 处：金沙江虎跳峡景观、泸西阿庐古洞景观、金沙江景观、罗平峰丛景观、香格里拉白水台景观、澜沧江景观、怒江景观、泸沽湖景观、千湖山冰蚀湖湿地景观、昆明西山景观、洱海景观、抚仙湖景观、澄江古生物化石群、滇池景观、异龙湖景观、茈碧湖景观、哈巴雪山景观、大理蝴蝶泉景观、香格里拉大峡谷景观、杞麓湖景观、轿子山景观、阳宗海景观、程海景观、丽江观音峡峡谷景观、元江（红河）景观、剑川石宝山丹霞景观、兰坪罗古箐丹霞景观、元谋土林景观、巍宝山景观、丽江东巴峡谷景观、瑞丽江景观、大盈江景观。

三级旅游地质资源（得分值域≥60~74 分）48 处：屏边团山火山景观、罗平古生物化石群景观、元江彩色膏林景观、罗平九龙河瀑布景观、大关黄连河瀑布景观、丘北普者黑峰林（峰丛）景观、安宁温泉景观、陆良彩色沙林景观、广南八宝（峰林、峰丛、瀑布）景观、丽江黑龙潭景观、鹤庆龙潭景观、建水燕子洞景观、水富西部大峡谷温泉景观、大姚双沟瀑布景观、沧源天坑景观、曹溪寺三潮圣水泉景观、白马雪山景观、南盘江景观、硕多岗河景观、昆明黑龙潭景观、瑞丽扎朵瀑布景观、双柏恐龙河瀑布景观、东川红土地景观、沾益海峰天坑景观、巴江景观、云峰山景观、曲靖花山溶洞景观、富民宝石洞景观、南溪河景观、高黎贡山石月亮景观、罗平鲁布格峡谷景观、弥勒白龙洞景观、多依河景观、马过河景观、嵩明白邑黑龙潭景观、洱源温泉景观、南汀河景观、弥勒温泉景观、会泽地缝景观、方山景观、普洱翠云溶洞景观、龙陵邦腊掌温泉景观、昌宁鸡飞澡堂温泉景观、曲靖三宝温泉景观、芒市遮放温泉景观、师宗葵山温泉景观、金平勐拉热水塘温泉景观。

二级旅游地质资源（得分值域≥45~59分）8处：东川小江泥石流景观、开远南洞景观、华宁盘溪大龙潭景观、祥云清华洞景观、威信天台山溶洞景观、鹤庆清源洞景观、曲靖天生洞景观、永德土林景观。

一级旅游地质资源（得分值域≥30~44分）0处，未获等级旅游地质资源（得分≤29分）0处。

（3）云南典型地质资源旅游价值特征。通过上述评价可以看出，云南典型地质资源的旅游价值较高（价值均值为72.18分），尤其是四级、五级旅游地质资源的价值均值达到了83.41分（见表4-3）。

表4-3　云南典型旅游地质资源价值分布特征一览表

评价因子	分值（分）	97处旅游地质资源		41处四级、五级旅游地质资源	
		均值①（分）	比重②（%）	均值①（分）	比重②（%）
观赏游憩使用价值	30	20.72	69.07	25.29	84.31
科学文化价值	25	16.63	66.52	21.05	84.20
珍稀奇特程度	10	6.97	69.69	7.83	78.29
规模、丰度	5	3.63	72.58	4.02	80.49
完整性	5	3.67	73.40	4.12	82.44
知名度和影响力	5	2.66	53.20	3.29	65.85
适游期或使用范围	5	4.92	98.35	4.85	97.07
资源地域组合	5	4.80	96.08	4.98	99.51
地质环境稳定性	5	3.44	68.87	3.34	66.83
环境舒适度	5	4.73	94.64	4.63	92.68
合计	100	72.18	72.18	83.41	83.41

注：①指被评价的典型地质资源在该项指标的均值；②指该指标均值占所赋予权重总值的百分比。

观赏游憩使用价值和科学文化价值是云南地质资源最富有特色的旅游价值，这两项指标的评价均值分别是20.72分和16.63分，这是云南地质资源开发为观赏型、科学科考型以及专项旅游产品和活动的基础。尤其是四级、五级旅游地质资源，观赏游憩使用价值和科学文化价值的均值分别达到25.29分和21.05分，是开发成精品旅游地质资源产品的核心。

云南旅游资源丰富，旅游地质资源的地域组合较好（均分达到4.8分，四、五级资源均分为4.98分），这为旅游地质资源与其他旅游资源的互补开发和综合开发提供了条件，开发出多种类型的旅游产品，也为云南打造"七彩云南"的旅游形象奠定了坚实的基础。

此外，云南优越的自然环境，保证了云南旅游地质资源的适游期较长且使用范围较广、环境舒适度较高（适游期均分 4.92 分，四、五级资源为 4.85 分，环境舒适度均分达到 4.73 分，四、五级资源均分 4.63 分），一方面可以为不同时间出游的游客提供旅游服务，另一方面也满足了不同类型游客的旅游需求，为旅游地质资源的产品化和市场化提供了良好的条件。

第四节　云南地质资源旅游资源化

一、云南地质资源旅游资源化条件

云南独特的地质环境条件塑造了丰富多彩的地质资源，很多地质资源都蕴含极高的旅游价值，其中一些区位开发条件较好、观光特点显著的地质资源在云南旅游业发展初期就已经转化为旅游地质资源，成为享誉中外的知名景区。然而，云南还有很多旅游价值极高的地质资源尚未转化为旅游地质资源，没有为旅游业发展所利用，这是因为地质资源旅游资源化受到一定的条件限制，下面就云南地质资源旅游资源化的条件进行分析。

（一）基础条件

地质条件和成景作用是地质资源旅游资源化的基础条件。云南省位于特提斯—喜马拉雅构造域与滨太平洋构造域的复合部位。受其控制，区域地质背景极为复杂。总体特征是：岩浆活动强烈，各时期、各方式、各岩类有代表性的地质作用广泛，变质类型多样；地层发育齐全（从元古界到第四系均有出露），岩相变化复杂，生物化石丰富，不同生物地理区（系）的生物群交互混生；地质构造遗迹（包括各类典型断裂、褶皱、地层接触关系等）十分发育，深大断裂众多，分为滨太平洋断裂体系（小江断裂以东）和特提斯—喜马拉雅断裂体系；矿产资源及类型丰富，成矿作用典型，矿床规模大；地貌组合多姿多彩。

（二）内在条件

对地质资源旅游价值的认识是地质资源旅游资源化的内在条件。旅游价值包括资源价值和景观规模与组合两个方面。地质资源的资源价值由观赏价值、科学价值、文化价值和经济价值组成，所不同的是地质资源的观赏价值和科学价值较一般旅游资源高，而其文化价值则相对较低。观赏价值体现在旅游地质资源给旅游者带来的愉悦度、奇特性和完整性；科学价值表现在作为科学考察和科普教育场所的价值与作用；文化价值则包括旅游地质资源上附着的带有自然崇拜色彩的宗教意义和与民族发展演变相联系的传说故事，体现现代文化观念的休闲娱乐价值，以及旅游地质资源景观的知名度；经济价值是旅游地质资源转化为旅游地质资源产品可创造的经济收益，包括景区（点）的旅游收入和销售旅游购物地质产品的收入。景观规模和组合则是各种类型的旅游地质资源在空间上的组合、搭配、构造等方面的特征以及所拥有的数量和质量规模的有机联系，一般来说，规模相对较大、组合较为合理的地质资源更有利于转化为旅游地质资源，也更可能开发为高层次的旅游地质资源产品。

云南拥有丰富的地质资源，对地质资源的旅游价值认识经历了一个较长的发展阶段，云南地质资源早期的研究，主要关注地质环境及地质矿物的勘察与利用。早在17世纪30年代，我国古代著名地理学家徐霞客就考察过云南的地貌、岩溶、地热和火山等。1911年及1914年，我国地质学家丁文江两次前往云南进行地质考察。1925年，朱庭祜负责组建云南地质调查所，成立了云南省第一个地质机构，进行过地质及矿产的考察工作。1937~1945年抗日战争期间，北京大学、清华大学和南开大学等名校南迁昆明，改组成西南联合大学，其地质、地理、气象系与当时的资源委员会勘测处、云南省经济委员会地质调查组一起，共同对云南开展了较多的区域地质、构造地质、地层古生物的研究以及矿产资源调查。著名地质学家孟宪民、程裕淇、冯景兰、袁复礼、孙云铸、尹赞勋、许杰、张席禔、卢衍豪、王日伦，董申保等，均对云南地质、矿产做过卓有成效的研究。从 19 世纪中后期到 1947 年间，还有一些外国学者，如法国人勒克莱（M.A.
LocLerc）、戴普拉（J.Deprnt），英国人格里高里（J.W.Grygory），德国人米士（P.
Misch）等曾在云南进行过地质调查。为云南地质研究工作做过一定的贡献。中
华人民共和国成立后，由于社会主义经济建设的需要，地质事业进入一个崭新
的时代，云南地质勘探工作也得到了蓬勃发展。1958 年组建了云南省地质局区
域地质调查队，相继开展了 1∶100 万、1∶20 万区域地质矿产地质工作。到
1985 年底，全省 1∶20 万区域地质调查工作全部完成，提交了系列地质图件及
调查报告。

　　20 世纪初，国内外旅游业的发展促进了对云南地质资源旅游价值的研究，
重点研究其旅游开发利用的可行性。当时业界提出的旅游地学资源是指自然的，
绝大多数都保持了其天然造型和态势的地质资源，是可以作为旅游业发展的地学
景观的物质基础形式，也就是本文研究的一个重要过程地质资源旅游资源化，这
一过程的结果就是地质资源转化为旅游地质资源。1987 年，云南省地矿局耿宏
等，在当时国内外及云南省旅游业发展对旅游景观需求日渐增长的情况下，进行
了云南省旅游地学资源的开发研究。他们对云南省旅游地学资源的成景地质、
地貌条件进行了分析；提出了云南省旅游地学景观区划；对七个旅游地学景观
区的旅游地学资源进行了评价。提供了云南省旅游地学资源的开发研究报告、
1∶100 万云南省旅游地学景观资源分布图、1∶100 万云南省人文景观资源分布
图、1∶10 万腾冲旅游区旅游地学资源分布图、1∶10 万腾冲旅游区成景地质背
景图、1∶10 万路南地区景观资源分布图、1∶10 万路南地区成景地质背景图等，
基本上对云南省的旅游地学资源进行了全面梳理，这也是云南省较早对旅游地学
资源进行全面深入研究的一项重要课题。1989 年云南省环境监测站完成的"云
南省旅游地学资源开发研究"，1995 年完成的"云南省国土资源遥感综合调查"
中专门进行过旅游资源调查，将云南旅游资源分为两大类 9 个亚类 52 个基本类
型，并且进行了旅游资源区划，分析了旅游环境及旅游资源开发的潜力，对旅游
地学资源进行了系统调查。紧接着，杨世瑜正式提出了旅游地质资源的概念，并
且以地质资源旅游资源化的观点，将旅游学与地质学结合，研究了丽江—中甸地区

旅游地质资源的开发，三江并流带旅游地质资源开发与环境保护。这些研究为地质资源旅游开发过程中的保护以及云南旅游业早期的发展发掘出了一批可开发的旅游地质资源，同时也为认识地质资源的旅游价值提供了重要的指导。

随着云南旅游业快速发展，云南省计划发展委员会、云南省国土厅、昆明理工大学等几所高校也先后从不同的角度开始涉足旅游地学、旅游资源的研究与开发，分别从国土资源调查、经济学、地理学、地质学、生态学等不同角度进行研究。在云南省政府 1995 年将旅游业确定为云南经济发展的支持产业着力打造的政策引导下，云南的 16 个地州市也先后完成了旅游发展规划的编制工作，旅游规划的编制标志着对旅游资源调研工作的初步完成，地质资源对旅游业发展的基础作用得到各级政府、部门和研究人员的认可并形成共识。因此，对地质资源旅游价值的认识是地质资源旅游资源化的内在条件，没有这关键的一步，地质资源就不可能为旅游业发展所利用。

（三）外部条件

旅游业的快速发展为地质资源旅游资源化提供了重要契机。云南地质资源的旅游资源化过程与其旅游业的发展历程是一致的。1986 年，云南省政府就提出把旅游业作为云南六大优势产业之一进行培育。1995 年，云南省政府做出把旅游业建成支柱产业的重大战略决策，并成立了省旅游支柱产业领导小组。1996 年 5 月，中共云南省委、省政府做出了包括旅游业在内的《关于加快四大支柱产业建设的决定》，8 月，省政府第 29 次常务会议正式批准实施《云南省旅游业"九五"计划和 2010 年远景目标》，确立"一个中心"、"五大片区"、"三个圈层"和"六条主线"①的旅游规划布局。2006 年，云南省委、省政府审时度势，高瞻远瞩，明确提出了"十一五"期间要全面推进云南旅游"二次创业"，实现从旅

---

① "一个中心"即以昆明为中心。"五大片区"包括：以大理、丽江、迪庆为中心的滇西北旅游区；以景洪、思茅为中心的滇西南旅游区；以罗平、建水为中心的滇东南旅游区；以芒市、保山、临沧为中心的滇西旅游区；以昭通为中心、水富为桥头堡的滇东北旅游区。"三个圈层"指的是沟通省内各大旅游区的省内旅游圈，联结川、渝、黔、桂、藏的大西南旅游圈，辐射东南亚各国和港澳地区的海外旅游圈。"六条主线"指：滇中高原观光、度假、会议线路；滇西北"香格里拉"生态文化线路；滇西南热带雨林及多国旅游线路；滇西中缅边境旅游、宝石购物线路，包括古西南丝绸之路；滇东南喀斯特地貌及中越边境旅游线路；滇东北历史文化与跨省区休闲观光线路。

游大省向旅游经济强省的跨越，把云南建设成为国内外知名的国际旅游胜地的目标。① 云南省的旅游业在经过了 1978~1988 年的"起步阶段"、1988~1995 年的"快速发展阶段"、1995~2006 年的"支柱产业培育阶段"和 2006 年云南旅游的"二次创业"四个阶段，经历了从"接待事务型"到"一般产业型"到"支柱产业型"再到"产业调整与升级"不断发展的过程，旅游业得到了快速发展。②

在旅游业发展过程中从旅游地质资源观光旅游产品的开发到休闲度假旅游地的打造，地质资源经历了华丽的蜕变，找到了新的产业融合发展的途径，地质资源不断地实现了市场化。首先是不断发掘地质资源中所蕴含的旅游价值，大量的景区景点列入了普查、申报、开发建设的日程，不断丰富、完善旅游市场的供给，满足人民群众多样化的旅游需求。其次是地质公园的大规模建设标志着云南地质资源市场化的程度加深，同时与国际旅游发展相接轨。最后是云南旅游业经营方式的转型，景区景点经营权的市场化进程加快，截至 2005 年，云南省已将 33 个旅游区（点）经营权出让给国内外大企业，出让资金达 30 亿元。③ 目前云南的风景名胜区、旅游景区、国家公园都不断地在与市场接轨，逐步转变了管理模式、经营方式、开发利用途径，旅游地质资源产品实现了市场化运作。

从供给的角度来看，云南旅游地质资源类型丰富、种类齐全、品位极高，为提供丰富多彩、类型多样的旅游地质资源产品提供了重要的物质基础。截至 2014 年 4 月，云南省有国家级风景名胜区 12 处，省级风景名胜区 54 个，总面积约 2.82 万平方千米；国家 A 级旅游景区 198 家，（其中国家 5A 级景区 6 家、4A 级景区 58 家、3A 级景区 45 家、2A 级景区 79 家、1A 级景区 10 家）；国家地质公园 10 家（含世界地质公园 2 家）；国家公园 8 家；世界自然遗产 3 处；建有省级以上旅游度假区 10 个；温泉休闲区 12 个；6 大类专项旅游活动；6 大著名

① 资料来源：中华人民共和国财政部行政政法司网站，http://www.mof.gov.cn/pub/xingzhengsifa/zheng-wuxinxi/jingyanjiaoliu/200904/t20090420_134822.html。

② 资料来源：中华人民共和国国家旅游局，http://www.cnta.gov.cn/html/2010-1/2010-1-22-9-45-59851.html，2010-01-29。

③ 资料来源：云南 33 个旅游景区 30 亿元出让［EB/OL］. 新华网，http://www.yn.xinhuanet.com/news-center/2005-03-25/content_3943572.htm，2005-03-25。

漂流地。①

从需求的角度来看，旅游经济严格地来讲是需求导向型的经济，大众旅游的兴起为地质资源旅游产业化发展提供了大量的市场需求，并呈现出不断扩大的趋势。世界旅游组织和世界旅游理事会预测，未来 5 年（到 2020 年），全球国际旅游入境人数将以 4.5%~5%的增长率持续增长，预计到 2020 年将达到 16 亿人次；世界旅游总消费将达到 15 万亿美元，年均增长率 7.2%，远高于世界财富年均 3%的增速；世界旅游经济增加值将以 6.6%的增长率增长，预计 2020 年将达到 11 万亿美元。同时，随着近年来中国实施刺激消费、扩大内需、稳定外需和促进消费升级等政策措施，使我国旅游市场消费需求保持旺盛的发展态势。根据预测，到 2015 年接待国际入境旅游人数将达 2.0 亿人次，其中过夜旅游者人数将到 9000 万人次，旅游外汇收入将达到 800 亿美元；接待国内旅游人数将达 33 亿人次，国内旅游收入将突破 2 万亿元；出境旅游人数将达到 8300 万人次；旅游总收入将达到 2.5 万亿元，旅游增加值占到国民生产总值的比重将达到 4.5%。国内外旅游业的发展为云南地质资源旅游产业化发展提供了巨大的市场发展空间。因此，无论从供给还是需求的角度来看，云南地质资源旅游产业化发展都具有相当的市场前景。

二、云南地质资源旅游资源化的意义

改革开放以来，云南旅游业实现了从小到大、从无到有的发展过程，而这个过程也正是云南地质资源旅游资源化，旅游价值不断发掘并利用，进而形成景区（点）的过程。还有不少的景区（点）是以地质资源与人文旅游资源相结合的复合景观为主体，这说明了地质资源在云南旅游业发展中的重要地位。地质资源的旅游开发，是对原有地质资源工业开发方式的补充，是保证地质资源可持续利用、延伸旅游产业链、促进云南旅游业更好更快发展的有力保障，具有重要的现实意义。

---

① 数据来源：从云南省旅发委、住建厅、国土资源厅等相关主管部门获取。

(一) 保障地质资源的可持续利用

地质资源的不可再生性是所有自然资源的共同特性。地质资源的有限性,首先,基于地球空间的有限性和地质资源形成的复杂性。相对于地质资源形成周期而言,人类生命周期是短暂的。其次,在一定的社会经济和科学技术条件下,人类利用地质资源的能力和范围是有限的。例如,对三江并流带旅游地质景观的利用目前就更多停留在理论上的研究,对一些现存的旅游地质资源缺乏科学的利用及保护手段。

地质资源旅游资源化发展就是如何在保护地质资源不被破坏的前提下发掘地质资源的观赏性、科学性以及商品性,强调保护开发,实现地质资源的长期可持续利用。地质资源的旅游开发与工业开发存在显著的差异,它不对地质资源进行采掘,主要是利用地质力量形成的在美学、科学等方面的价值,在不改变其物理形态的前提下吸引目标受众 (即各类旅游者),以带动相关旅游服务业发展为目的的一种开发方式。此外,对一些濒临枯竭和已遭到破坏的地质资源,可以通过旅游开发的手段,最大限度地保留和恢复,实现变废为宝的目的。云南地质环境条件脆弱,多地震、泥石流滑坡等自然灾害,在有限的地质环境条件下,通过地质资源旅游产业化发展可以有效地改变对地质资源的利用方式,在现有技术水平下最大限度地、可持续地利用好地质资源。云南个旧市、东川区等矿产资源依托型城市的旅游业发展就是典型的地质资源旅游产业化发展的典范。

(二) 延伸地质产业链并促进与其他产业的融合

地质资源旅游产业化发展可以带动相关产业的发展,延伸地质产业链,为区域经济创造新的盈利点,同时还可以与其他产业融合发展,形成新的业态。

从地质资源的开发来看,围绕地质资源开展的"找矿、采矿、选矿、冶炼、加工"是传统地质产业的主要内容,也是工业化的物质基础。然而,在全球经济"软化"和"服务化"的背景下,地质资源的旅游开发,将地质资源与服务业很好地融合,实现了对地质资源产业链的延伸,并形成一些新的产业形态,如旅游地产的发展。旅游地产的核心是"休闲度假型第二居所",对区域生态环境以及养生、度假资源的要求较一般地产的要求要高,山岳资源、海滨资源、温泉资源等地质资源禀赋优越的地区率先成为了旅游地产的宠儿。从 2009 年开始，云南依托得天独厚的旅游温泉地热资源、森林资源、四季如春的气候条件，旅游地产项目的开发得到了快速发展。云南的腾冲、大理、西双版纳都成为了旅游地产发展比较集中的热区，出现了"温泉山谷"、"星河温泉小镇"、"腾冲世纪城"、"奥宸帕纳溪"、"腾冲高黎贡国际旅游城"等旅游地产项目。2010 年云南省的 284 个重大项目，总投资 6161.61 亿元，与旅游地产有关的项目占 80%。2011 年昆明春季房地产交易会上，65 家企业 85 个楼盘参展，旅游地产项目有 20 余个，占参展楼盘数的 24%。[①] 由此可见，通过地质资源旅游产业化发展不断催生出新的业态，促进了地质产业链的延伸，增加了地质产业新的经济增长点。

(三) 促进旅游业发展，推动云南社会经济快速发展

地质资源传统的利用方式主要是找矿、探矿，从传统利用方式到新业态的发展，地质资源旅游产业化走出了一条突破传统开发利用方式的途径，与传统的地质资源利用方式相比，地质资源旅游产业化发展不会对环境和地质体造成破坏，加之产业的服务性、关联性特征，对带动区域就业、形成产业集群、增加外汇收入都有积极的贡献。因此，地质资源旅游资源化是符合一个国家和地区现代旅游经济产业结构现代化、国际化调整的需要，也更符合人类生态化发展的需要，是对地质资源利用方式的一种质的突破。依托云南独有的地质资源优势，通过地质资源旅游资源化，推动云南地质资源的旅游产业化发展，是对云南现有以观光型旅游产品为主的旅游产品结构的重要改善，有利于推动云南旅游产品结构的转型升级，提升云南旅游业发展水平，推动云南省经济社会的可持续发展。

三、云南地质资源旅游资源化的标志

云南地质资源旅游资源化，即地质资源转化为旅游地质资源，是对地质资源旅游实践活动、旅游政策指引与旅游规划相结合的结果。理论上对地质资源旅游

---

① 桥头堡、一体化——云南旅游地产迎来新机遇 [EB/OL]. 新华网云南频道，http://www.yn.xinhuanet.com/house/2011-04/14/content_22520991.htm，2011-04-14.

价值认可，政策上为地质资源旅游开发提供保障，实践中对地质资源进行旅游开发，是地质资源旅游资源化的重要标志。

（一）地质资源旅游资源化理论研究

昆明理工大学国土资源学院作为旅游地质学研究的前沿机构，耿弘等（1989）完成了《云南省旅游地学资源的开发研究》报告，从地学的角度第一次系统地普查了云南的地学资源，并就云南地学资源的旅游开发提出了构想。随后，杨世瑜所带领的团队从 1999 年 8 月起，开始重点对"三江并流带"旅游地质资源的开发进行了深入的研究，其中，在研究中以岩溶地质资源为例，对岩溶地质资源旅游资源化的过程进行了分析，提出岩溶地质资源旅游资源化的过程是实现岩溶资源商品化的过程。岩溶地质资源旅游资源化过程共分为 7 个环节（见图 4-6），即岩溶地质资源的发掘；研究、总结、提升；旅游资源评价；旅游线路的设计（见图 4-7）；产品包装；基础设施建设；广告宣传和企业策划。

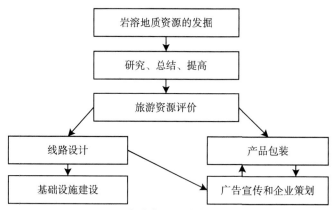

图 4-6 岩溶资源旅游资源化过程

资料来源：杨世瑜、王淑芬等（2003）。

在三江并流带的地质资源旅游资源化的研究中，通过对三江并流带地质资源环境的研究，将三江并流带的旅游地质资源分为三类：①典型观赏性旅游地质资源有雪山—冰川、峡谷、岩溶/泉华、高原湖泊/盆地、高原丹霞、文物性石质文物、奇石滩、横断山三江并流复合地质景观等旅游地质资源。②科考性旅游地质资源主要是地壳演化—地质遗迹景观，例如，显示板块构造遗迹的碧玉岩、蛇绿

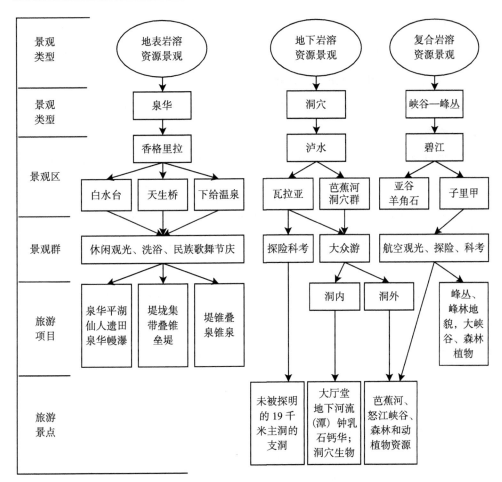

图 4-7 三江并流带岩溶旅游精品路线

资料来源：杨世瑜、王淑芬等（2003）。

混杂岩、独龙江地质坡面；显示构造隆起改变水流的白汉场山体、显示新构造运动滑坡、泥石流的怒江流域地质灾害等。③商品性旅游地质资源主要有矿产及观赏矿石矿物、地质事件岩石系列、观赏石材、彩石、宝玉石、观赏石等。

研究在分类的基础上对三江并流带旅游地质资源进行了评价，提出了开发利用的途径和三江并流带旅游地质资源环境保护策略，拟建了三江并流带旅游地质资源人地关系模式，厘定了三江并流带开发的旅游地质精品，同时还就典型旅游地质资源的深层次开发及环境保护提出了建议。这一研究对梳理三江并流带旅游地质资源、科学开发旅游地质资源提供宝贵的一手资料，是迄今为止三江并流带最全面的、最深入的研究。该研究从理论的高度为地质资源旅游资源化的研究提供了研究方法和研究内容。

（二）地质资源旅游资源化的相关政策

改革开放以来，我国各级政府制定了一系列支持旅游业发展的政策，为云南地质资源旅游资源化提供了政策保障。总体来看，这些政策包括了促进云南省旅游产业发展的相关政策以及对旅游地质资源开发与保护的相关政策。具体有：《国务院关于进一步加快发展旅游业的意见》（2009）、《支持地方政府开展旅游业综合改革试点工作的意见》（2010）、《国务院关于支持云南省加快建设面向西南开放重要桥头堡的意见》（2011）等旅游基本政策；《中共云南省委关于加快发展我省旅游事业的通知》（1979）、《云南省人民政府关于大力发展旅游业的意见》（1993）、《云南省委、省政府关于进一步加快旅游产业发展的若干意见》（2004）、《云南省旅游产业发展和改革规划纲要的实施意见》（2009）、《中共云南省委云南省人民政府关于建设旅游强省的意见》（2013）等旅游产业政策；《云南省旅游业管理条例》（1997 年实施，2005 年废止）、《云南省旅游条例》（2005 年发布，2014 年修订）等旅游产业管理规范。

此外，针对云南省旅游地质资源的开发与保护，云南省根据资源特点及可开发性，也制定了相关规定。例如：为促进风景名胜区的开发与保护，制定了《云南省风景名胜区管理实施细则》（1993 年）、《云南省风景名胜区管理条例》（1996 年发布，2011 年修订），宁蒗彝族自治县泸沽湖风景区（1994）、三江并流国家重点风景名胜区（1999）和石林风景名胜区（2008）保护和管理条例；为促进旅游地质资源的保护，相关政策也发生了变化，从管理和开发为重点转变为以保护和开发为重，例如，对抚仙湖、玉龙雪山、杞麓湖、星云湖等从制定相关管理条例到制定相关保护条例的政策转变[①]，强调了对旅游地质资源的保护；为规范

---

① 1993 年发布《云南省抚仙湖管理条例》，2007 年废止改为《云南省抚仙湖保护条例》；1993 年发布《云南省丽江纳西族自治县玉龙雪山管理条例》，2006 年废止改为《玉龙纳西族自治县玉龙雪山保护管理条例》；1995 年发布《云南省杞麓湖管理条例》，2008 年废止改为《云南省杞麓湖保护条例》；1996 年发布《云南省星云湖管理条例》，2008 年废止改为《云南省星云湖保护条例》。

对旅游地质资源的开发，制定了相关行业标准，如《旅游温泉标识使用规范》（2008 年）、《温泉旅游服务规范》（2008 年）、《温泉旅游服务场所等级划分与评定》、《SPA 经营场所等级划分与评定》、《旅游购物场所等级划分与评定》（2010）等。

（三）地质资源旅游资源化

云南地质资源的旅游开发较早，始于石林地质资源的旅游开发。早在 1936 年，路南县成立石林名胜管理处，标志着云南旅游事业的起步。改革开放后，云南省旅游业步入起步发展阶段，成立旅游管理机构，将旅游资源纳入国家管理体系，标志性事件是成立云南省旅行游览事业局、出现阿庐古洞旅游效应。阿庐古洞自 1987 年 12 月开发以来，景区管理处先后筹资 6500 多万元，修建暗河码头、加宽洞内游路、修建防护栏、改造洞内灯光，兴建阿庐大酒店、阿庐公园、空中缆车、旅游商业区等，改扩建停车场等工程，大大提高了阿庐古洞的可游览性和吸引力，阿庐古洞旅游迅速升温，出现游客井喷现象，直接推动昆明至阿庐古洞旅游专线的形成。大量旅游者的涌入为当地居民增加了收入、带动了当地地方建设和经济发展，形成"开发一个洞，盘活一个县"的现象。阿庐古洞风景区于 1996 年被列入全国 35 个王牌景点和 16 条旅游专线。1999 年被评为云南省 10 个优秀景区之一。阿庐古洞旅游效应在云南省乃至全国产生了巨大的示范作用，阿庐古洞通过开发一个洞、搞活一个县的旅游发展经验，极大地鼓舞了云南省各州市发展旅游业的热情，给许多地方发展旅游业提供了重要的启示。

为规范云南省旅游业的发展，《云南省旅游规划（1981~1985 年）》作为云南省旅游发展第一部总体规划出台，之后《云南旅游业发展十年规划及"八五"计划纲要》、《云南省旅游发展总体规划（2001~2020 年）》、《振兴云南旅游发展计划》、《云南旅游倍增计划》、《云南省"十一五"旅游发展规划》、《云南省旅游产业发展和改革规划纲要》、《云南省旅游产业发展"十二五"规划》等相继实施，为云南旅游业实践提供了理论上的指导。在此基础上，云南省各个旅游片区也制定相应的规划，包括《滇中大昆明国际旅游区发展规划》、《滇西北香格里拉生态旅游区发展规划》、《滇西南澜沧江—湄公河国际旅游区发展规划》、《滇东南喀斯特山水旅游区发展规划》、《滇东北红土高原旅游区发展规划》、《川滇藏香格里拉生态旅游区总体规划》。

2014年云南省累计接待海内外旅游者2.85亿人次，同比增长16.3%，旅游业总收入达到2650亿元，同比增长26%。旅游产业对全省经济社会发展的贡献明显提升。①

---

① 数据来源：云南省旅发委。

第五章 云南旅游地质资源产品化及市场化

在地质资源旅游资源化的基础上，地质资源的旅游价值得以发现，地质资源转变为旅游地质资源，旅游地质资源转变为旅游地质资源产品通过旅游市场进行交换，就是旅游地质资源的产品化和市场化。产品化、市场化的过程就是旅游地质资源产品开发、进入旅游市场实现交易的过程。

第一节 旅游地质资源产品

一、旅游地质资源产品的概念及界定

产品是任何一种能够用来满足市场欲望和需求的东西，包括有形物品、服务、体验、事件、人物、地点、财产、组织、信息和想法等。根据产品所提供的顾客价值等级，可将产品分为核心利益、基本产品、期望产品、附加产品和潜在产品五个层次（见图 5-1）。

旅游地质资源产品是以旅游地质资源为基础为满足旅游者愉悦而设计开发出来的、可供交换的对象和劳务的总和。其具体表现形式是旅游业发展中的各种类型的景区（点）、公园等。

旅游地质资源产品与一般旅游产品在属性上具有差异。一方面，它是依托于

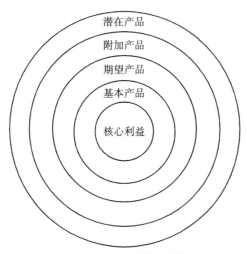

图 5-1　五个产品层次[1]

特定地质资源载体上的一种服务的表现，大多数情况下其价值不能够被储存（地
热资源在一定的技术条件下可以被储存并重新分配，但是地质遗迹、矿山等类型
的地质产品的价值不能够被储存）；另一方面，它是旅游产品的一种类型，可以
满足旅游者心理上的某种需求或者是旅游者的某种旅游动机。事实上，旅游者的
动机是多样的，从约翰·托马斯所列举的旅游动机（见表 5-1）可见一斑。

表 5-1　约翰·托马斯列举的旅游动机

教育和文化方面的动机	（1）观察别的国家人民是怎样生活、工作和娱乐的
	（2）浏览特别的风景名胜
	（3）更多地了解新鲜事物
	（4）参加一些特殊活动
疗养和娱乐方面的动机	（5）摆脱每天的例行公事
	（6）过一下轻松愉快的生活
	（7）体验某种浪漫生活
种族上的动机	（8）访问自己的祖籍出生地
	（9）到家属或朋友曾经去过的地方
其他	（10）气候（如为了避寒）
	（11）健康（需要阳光、干燥的气候，等等）
	（12）体育活动（去游泳、滑冰、钓鱼或航海）
	（13）经济方面（低廉的费用开支）

---

① 资料来源：菲利普·科特勒（2009）。

续表

	（14）冒险活动（到新地方去，接触新朋友，取得新经历）
	（15）取得一种胜人一筹的本事
其他	（16）适应性（不落人后）
	（17）考察历史（古代庙宇遗迹，现代历史）
	（18）了解世界的愿望

资料来源：约翰·A.托马斯所著的《是什么促使人们旅游》。

广义的旅游地质资源产品，还包括旅游地质资源期望产品、附加产品和潜在产品，即提供旅游配套服务，以其他文化产业为补充，并可衍生到"大旅游"的产业形态。但是，由于旅游服务基于不同的地质环境和空间结构，这种产品就表现出非标准化的特点，不同形态旅游服务载体就提供了不同的旅游产品，这也表现出旅游地质产业与传统产业的不同，传统的制造业往往强调标准化、规模化，而旅游业恰恰凸显的是个性化、差异化。

从产品的表现形态来看（或空间布局），就是通过建立旅游地质资源价值展示的载体，包括矿山公园及工业遗迹、世界遗产地、地质公园、国家公园、旅游景区、风景名胜区、旅游地质资源购物商品等，为游客提供相关服务和产品，满足游客获取知识、休闲娱乐、养身体验等方面的需求，旅游地质资源产品的市场交易对象是无形的服务、体验和一些有形的产品（如旅游地质购物品）。

二、旅游地质资源产品的分类

由于旅游地质资源产品非标准化的特点，旅游地质资源产品常见的分类方法有以下几种。

按照开发利用方式分类。杨世瑜（2006）按照"开发利用方式不同而划分为观赏性旅游地质资源（只能供旅游者实地观赏的）、商品性旅游地质资源（可成为旅游纪念品和旅游商品）以及科考性旅游地质资源（以地质旅游为主要目的）三大类旅游地质资源"。基于这种资源的分类法，可以将旅游地质资源产品分为观赏性旅游地质资源产品、商品性旅游地质资源产品和科考性旅游地质资源产品，并将云南省具有典型性的旅游地质资源进行了相应的归类。

按照等级进行分类。可根据资源的稀缺性和品级将其分为世界级、国际级、省市级旅游地质资源产品，例如我国现有景区的 A 级分类（从高到低依次是 AAAAA、AAAA、AAA、AA、A），地质公园有世界地质公园和国家地质公园，风景名胜区有国家级和省级等。

按照产品的可移动性和形态，可分为有形产品（如旅游地质购物品）和无形产品（如各种类型的专项旅游活动）。

根据旅游地质资源本身的特点和开发潜力，可分为矿山公园及工业遗迹、世界遗产地、地质公园、风景名胜区、温泉、观赏石等。

本书综合上述各种产品分类方法，首先，基于旅游地质资源本身的属性，将旅游地质资源分为观赏性旅游地质资源、科考科普类旅游地质资源和商品性旅游地质资源，基于不同类别的旅游地质资源开发成为三大类不同的旅游地质资源产品。其次，在这三大类旅游地质资源产品之下，分为风景名胜区、旅游景区、旅游温泉等观赏性和参与性旅游地质资源产品；世界遗产、国家公园、地质公园、矿山公园等科考科普性旅游地质资源产品；以观赏性、科考性旅游地质资源为基础开发的专项旅游产品及活动，以宝石、石质工艺品为基础的商品型旅游地质资源产品。最后，根据资源本身的等级和相关辅助条件，区分不同旅游地质资源产品的等级（见表 5-2）。

表 5-2　地质资源及旅游地质产品一览表

地质资源旅游资源化		旅游地质资源产品化	
地质资源	旅游地质资源	资源属性	旅游地质资源产品
第四纪—现代地质景观 雪山冰川地质景观 河流湖泊旅游地质景观 文物性旅游地质景观	观赏性旅游地质资源	观赏性	风景名胜区 旅游温泉 旅游景区
地球演化—地质遗迹 环境地质—地质灾害遗迹类 经济地质—人类地质活动遗迹类	科考科普性旅游地质资源	科普、科考性	世界遗产 国家公园 矿山公园 地质公园
观赏石（天然） 彩石—宝玉石 观赏石材 观赏矿石矿物	商品性旅游地质资源	商品性	特色旅游购物地质商品

（专项旅游产品及活动 — 跨越前两行右侧）

三、旅游地质资源产品的供给与需求分析

(一) 旅游地质资源产品的需求

在全球经济迅速发展的今天，旅游活动不断地融入人们的生活，成为一种生活方式，旅游需求持续上升。2012年，国际游客数量首次突破万亿人次，达到10350亿人次，较上年增长4%，其中新兴经济体（4.3%）较发达经济体（3.7%）增长速度较快，尤以亚太地区表现最为强劲；国际旅游收入突破万亿美元，达10750亿美元[①]（见图5-2、图5-3和图5-4）。

图 5-2　1995~2012 年国际游客数量趋势

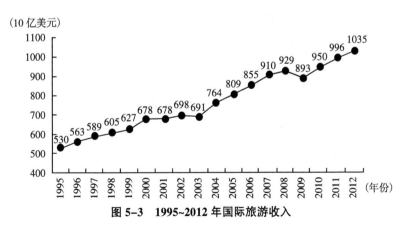

图 5-3　1995~2012 年国际旅游收入

---

① 数据来源：World Tourism Organization Annual Report（2012）.

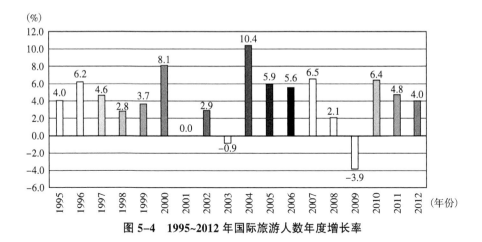

图 5-4　1995~2012 年国际旅游人数年度增长率

旅游地质资源产品的需求是指在一定时间内，旅游者愿意而且能够购买的旅游地质产品的数量。强调两个必要条件：一是旅游者的购买意愿；二是旅游者的购买能力。这是微观经济主体的需求，对微观经济主体需求的影响主要有旅游地质资源的价格、旅游者的收入、替代资源（如人造景观）的价格、旅游者的消费偏好、旅游者对旅游地质资源价格的预期等因素。区域内单个微观经济主体对旅游地质资源需求的加总就是区域社会对旅游地质资源的需求。旅游地质资源的区域社会需求主要受到区域人口数量与结构、技术水平、产业结构等方面影响。

（二）旅游地质资源产品的供给

旅游地质资源产品的供给可以分为自然供给和经济供给。旅游地质资源产品的自然供给是指地质资源天生可供人类旅游利用的部分，是由客观因素决定的，如峡谷、河流、山体、洞穴等；旅游地质资源的经济供给是指可以通过旅游开发用于旅游生产和服务的地质资源，经济供给可通过人类的旅游开发活动进行改变和调节，如风景河段、温泉可以用来开展休闲度假旅游活动，矿山遗址可以改造为矿山公园，对自然供给的进一步延伸和开发也属于经济供给。从旅游地质资源产品的总供给来看，自然供给是基础和核心，也是经济供给的资源基础。

旅游地质资源的自然供给特征主要表现在两个方面：一是自然供给的区域差异大，受到成景作用的影响，表现为地域上的垄断性和独特性，空间分布上的差异性。例如，云南西北部多高山峡谷、雪山冰川，东南部多溶洞、喀斯特景观，西部多温泉、火山，东北多红土地，中部多湖泊，西南部多热带岩溶景观。二是自然供给的时间特性不同，耗竭性的旅游地质资源（如地热水、岩溶景观）形成时间较长，其自然供给短期内不随时间变化而改变。但是再生旅游地质资源的自然供给则具有明显的时间特征（如水景观、冰雪景观）。正是由于自然供给所带来的空间及时间上的不平衡性，为更好地利用地质资源的经济价值，需要通过经济手段来弥补自然供给的不足。地质资源的经济供给主要受到地质资源价格、地质资源旅游资源化生产技术和成本、地质资源自然供给量等因素的影响。

第二节　旅游地质资源产品的价格形成机制

对于特定的可以满足旅游者欲望和需求的旅游地质资源产品，价格是其用来交易的基本准绳，通过价格机制可实现旅游地质资源产品的供需平衡，为旅游地质资源产业化奠定了基础。

一、产品定价机制综述

对于产品的定价机制，经济学不同派系给出了不同的解释。在此结合旅游地质资源产品的特性，对马克思政治经济学和马歇尔为代表的西方经济学定价机制进行对比分析。

（一）劳动价值定价

马克思（1885）从劳动价值理论出发，研究商品流通过程中价格的形成，并最终得出"价值决定价格，价格围绕价值上下波动"的基本观点。依据劳动价值理论和商品理论，价值决定价格，而社会必要劳动时间决定商品的价值，因此，社会必要劳动时间决定了商品价格，这一价格同时受到市场供求关系的影响呈现出波动的趋势。从劳动价值理论的角度来分析旅游地质资源产品，需要明确旅游地质资源产品的价值，但产品的价值评价是一个非常复杂的过程，因为其价值不仅包括经济价值，还包括科学价值。①经济价值取决于开发旅游地质资源产品时所耗费的社会必要劳动时间，但是，旅游地质资源产品由于其自然环境的差异以及开发产品类型的差异，决定了不同产品开发的必要劳动时间不具有可比性，也就不存在平均劳动时间及社会必要劳动时间，依据劳动价值论来判断旅游地质资源产品的价格也就无据可依。②科学价值是地质资源在亿万年的地质活动中形成的不可复制、不可再生的价值，是资源本身对人类文明发展所蕴含的价值，无法用价格来评价其价值，是无价的。从资源本身来看，旅游地质资源本身不是一种商品，它更多的是"自然的赐予"，人类在资源本身形成过程中的作用是有限的，甚至产生副作用，劳动价值理论无法解释这类"有着巨大价值"但"人类投入的劳动极少"的资源价值，即存在价值"悖论"的自然资源，劳动价值理论也一直在寻求对这一悖论的解释。此外，从商品价值理论来看，价值评价更多的是一种理论上的剖析，对解释商品的价格形成具有很强的借鉴意义，但对商品价值评价的定量化很难实现，这也就使得商品价值理论在对特定商品的解释上缺乏科学合理的解释。因此，劳动价值论很难衡量出旅游地质资源产品的价格。

（二）市场竞争定价

西方经济学认为，价格取决于供需双方的均衡，其中购买者依据产品所带来的效用来决定其支付水平，而生产者则依据消费者的购买意愿和市场竞争环境来确定生产的产量，双方所追求的是效用最大化和利润最大化。现实中，由于市场竞争环境的不同，包括经典经济学所假设的完全竞争市场、垄断竞争、寡头垄断、完全垄断四种市场环境，生产者所确定的供给函数也存在较大的差异。在产品可替代、存在竞争的条件下，产品的价格取决于市场上替代品和竞争品的价格水平，价格不受企业控制。这种定价的前提是产品可替代、产品可自由流动，现实中大多数商品或者可替代，或者在不同区域内可流动，这也决定了厂商的定价受制于其他厂商的影响。与竞争性定价相对应的是垄断性企业专属定价，这种定价方式是在产品独占且不存在替代的条件下，产品价格可由企业自身确定。对于自然旅游资源产品来说，产品在空间上不可移动，产品的生产与销售同步性（即提供旅游服务与旅游消费同步进行），功能上难以替代，产品具有垄断性并具有较高的替代难度等特征，因此，旅游地质资源产品的生产企业具有定价上的垄断权，经营者可根据市场需求预测，确定一个保持其利润最大化的定价。对于旅游地质资源产品来说，为追逐企业利润最大化，旅游产品生产企业在权力垄断的前提下可以相对独立地确定产品的价格。当然，旅游地质资源所提供的产品是为了满足旅游者的效用，而这种效用则具有一定的可替代性。旅游地质资源产品生产企业仅仅具有一定的独立性，价格也会受到周边以及其他地区旅游产品价格的影响。本书基于古典经济学理论，分别从垄断性定价和竞争性定价对旅游地质资源产品的价格进行探索。

二、垄断条件下的定价

旅游地质资源产品由于自然环境和空间结构的差异，产品的竞争性和替代性较弱，影响预期总利润的主要约束条件是游客的需求价格弹性及旅游者的收入，外部环境及产品游客容量不影响企业定价。旅游经营者可以根据经营的成本和游客人数估计，设定一个较为合理的预期价格以获取总利润水平的最大化。

（一）基本假设

由于旅游地质资源在地域分布上的独特性，此处假设市场上只有一家开发旅游地质资源产品的企业，对于旅游地质资源产品的经营者来说，其目标是追求利润的最大化，即：

$$\max: \pi = TR - TC = P \cdot Q - (a + b \cdot Q)$$

$$S.T. Q = m - nR (Q \leqslant \overline{Q})$$

其中，Q 表示预期游客数量，$\overline{Q}$ 为资源的环境容纳能力；P 表示游客愿意支付的旅游地质资源产品服务价格；a 表示开发企业的固定成本，可以理解为旅游地质资源产品的初始投资额；b 表示旅游地质资源产品为每一位顾客所提供服务增加的投资（服务支出），即变动成本；m 和 n 决定了游客的需求函数，m 指价格为 0 时的游客数量，n 决定了游客数量对价格的敏感性。

（二）无资源保护约束条件下的产品定价

根据上述假设，在不对旅游产品开发企业进行外在约束的条件下，旅游开发企业将依照利润最大化原则对旅游产品进行定价，即：

$$\max：\pi = TR - TC = P \cdot Q - (a + b \cdot Q) = (P - b) \cdot (m - nP) - a$$

$$\frac{d\pi}{dp} = m - 2nP + 6n = 0$$

$$p = \frac{m}{2n} + \frac{b}{2}，\quad \frac{d^2\pi}{dp^2} = -2n < 0$$

故 $p_0 = \frac{m}{2n} + \frac{b}{2}$ 为 π 的最大值，此时：

$$\pi_{max} = \frac{1}{4n}(m - bn)^2 - a°$$

此外：$\frac{\partial\pi}{\partial a} = -1 < 0$，$\frac{\partial\pi}{\partial a} = -\frac{m - bn}{2} < 0$

$$\varepsilon = -\frac{dQ/dP}{Q/p} = 1/(\frac{m}{nP} - 1)$$

结论 1：初始投资 a 不影响产品的最优定价 P_0，但影响 $P = P_0$ 时的最大利润 π_{max}，且与其呈反向变化关系。由此结论可知：作为旅游地质资源产品所反映出来的旅游景区的初始投资可视为"沉没性支出"，不影响景区产品的价格。进而，景区的初始建设方式，无论是 BT、BOT、BO 等方式，都不影响景区的开发建设以及后续的产品定价。

结论 2：单位顾客的服务成本 b 越高，则最优定价 P_0 越高，且利润水平趋于下降。进一步延伸服务成本 b 的概念，若将 b 看作旅游企业为服务旅游者和保持旅游地质资源可持续经营的投入，称之为"保护性投入"，则可以判断，若运营企业要保持一个更高的利润水平，则有降低"保护性投入"的动机，这也可能引致开发企业对旅游地质资源的保护性投入不足等问题。

结论 3：随着价格 P 的增加，需求价格弹性趋于提高。随着价格 P 的提高，可使得需求价格弹性增大，这也为旅游开发企业保护资源提供了启示：即可以通过提高价格来限制游客数量，进而保证旅游地质资源景区（点）在其环境容量内进行经营活动。此外，也给我们在不同的旅游地质资源产品定价时予以启示：对于环境容量高、可大规模开发的旅游景区，价格可以较低，满足大众较低层次的旅游需求；而对于环境容量较低的旅游景区，价格可以相对较高，通过价格机制一方面实现了对资源的保护，另一方面也有利于满足支付意愿较高的旅游者需求。

（三）最优价格下的资源保护

上述分析是在企业完全垄断且对资源没有保护性要求条件下的最优定价。根据结论2，采取市场化开发旅游地质资源则可能导致过度性开发或者保护性不足的结果，对于旅游地质资源这类不可再生的资源必须考虑保护，需要在机制设计上保证其能够得到有效保护，有两种机制设计可供选择。

机制1：管理机构设定一个最低的保护性支出 b_0，要求旅游开发企业（经营者）按照这个标准在开发时加大投资。但是这一机制，从监管的角度来看，一方面监管方信息不对称，容易导致企业的道德风险问题，另一方面相关的信息不充分，也很难制定一个合乎最优开发和保护水平的"保护性支出 b_0"，要使得这一机制有效运行，需要投入的信息成本很高。因此，应主要从机制的设计上探索一个可以促进管理机构和经营企业共赢的合作机制，促进企业加大对资源的保护。

机制2：设计一种有利于企业实现价值最大化且会加大资源保护投入的激励约束机制，促进企业在开发的同时注意资源的保护。从企业的发展目标来看，短期利益最大化的结果是企业对资源过度开发，而这种开发方式必然会导致对资源的严重破坏。因此，要促进企业对资源予以保护，必须从企业长期利益最大化的角度来设计，如企业拥有资源的永久产权，企业则会思考自身长期利益的最大化。

增加假设：下一期游客数量 Q_{t+1} 将取决于本期保护性支出 b_t，即：

$$Q_{t+1} = f(b_t) = e^{\lambda b_t} \quad (0 < \lambda < 1)$$

由 $f'(b_t) = \dfrac{dQ_{t+1}}{db_t} = \lambda Q_{t+1} > 0$ 知：增加本期保护性支出 b_t，则可保证下一期游客数量 Q_{t+1} 增加，此时的目标函数为：

$$\max: \sum_{t=1}^{N} \pi_t = \sum_{t=1}^{N} \frac{TR_t - TC_t}{(1+r)^{t-1}} = \sum_{t=1}^{N} \frac{P \cdot Q_{t+1} - (a + b_t \cdot Q_{t+1})}{(1+r)^{t-1}} \quad (r \text{ 为折现率});$$

约束条件：S.T.　$Q = m - nP$。

$\max: \sum_{t=1}^{N} \pi_t$ 是各期长期利润考虑货币时间价值后的结果。如若能保证：

$$\max \pi_{t+1} = TR - TC = P \cdot Q_{+1} - (a + b_t \cdot Q_{t+1})$$

则可保证上述目标函数的最大化。

在 $p_0 = \dfrac{m}{2n} + \dfrac{b}{2}$ 保证利润最大化的情况下，$\dfrac{d\pi_{t+1}}{dp_t} = e^{\lambda b_t} \left(-\dfrac{1}{2} + \dfrac{m\lambda}{2n} - \dfrac{\lambda}{2} b_t \right) = 0$

可解得：$\overline{b_t} = \dfrac{m}{2n} - \dfrac{1}{\lambda}$

此时价格 $p_0 = \dfrac{m}{2n} + \dfrac{b}{2} = \dfrac{3m}{4n} - \dfrac{1}{2\lambda}$

结论 4：若 m/n 越大，则需求价格弹性 ε 越小，此时 b_t 越大，由此可判断保护性支出 b_t 与需求价格弹性呈反向变化，这表明对于需求价格弹性较低的景区，保护性投入越高，地质资源旅游开发企业（经营者）越会加大对旅游地质资源的保护性投入。需求价格弹性较低的旅游地质资源产品，类似于普通商品中的必需品，这类产品已经成为旅游业的重要构成，成为一个地区的招牌旅游地，这也就导致这类旅游地质资源产品会接待更多的游客，正如结论 4 所论述的，需要更多的旅游保护性投入，以维持旅游地质资源环境的健康发展。

结论 5：λ 越大，则对应的保护性投入 b_t 越大，则说明 b_t 与调整系数 λ 呈正向变化。λ 越大，则表明在相同的保护性支出时下一期的游客数量较多，因此，对于旅游地质资源景区来说，要想维持一个特定的游客量，要根据调整系数动态调整保护性投入。通过增加保护性投入，有效改善环境，为下一期吸引游客奠定基础，提升景区质量，增加旅游收入。

在垄断条件下，旅游地质资源产品的价格取决于如下三个要素：单位顾客的服务成本、景区可持续发展的保护性支出以及游客的需求价格弹性。而景区的初始投资不影响旅游地质资源产品的定价，因此，对于旅游地质资源产品的开发来说，初始投资和所有权不影响自然旅游资源产品的定价和合理开发；要保证旅游地质资源的持续健康发展，在监管成本过高的条件下，可采取长期激励模式，维护经营者的收益权和再转让权，通过长期收益最大化的激励机制使得旅游地质资源开发企业的长期利润和保护水平达到最大化。

三、竞争条件下的定价

对于区域垄断性极强的旅游地质资源开发形成的旅游地质资源产品，在区域内具有极强的垄断性。然而，随着经济社会的发展以及交通基础设施的改善，景区的通达性得到有效的提升，交通成本在旅游总支出中的比重下降。此时，从更宽广的区域来看，不同的旅游地质资源产品在更大的区域内可以被替代。因此，基于上一节垄断条件下的产品定价机制，在此放宽假设，研究竞争条件下的产品定价。

（一）基本假设

假设市场上存在两家开发旅游地质资源产品的企业 1 与企业 2，这两家企业的市场地位相同，不存在领导者和追随者，企业 1 与企业 2 在利润最大化目标下实施定价策略[①]。此时，假设企业 1 与企业 2 有不同的成本函数，而所面对的需求函数相同，即：

成本函数：$TC_1 = a + b \cdot q_1$，$TC_2 = \alpha + \beta \cdot q_1$；

需求函数：$P = \dfrac{m}{n} - \dfrac{1}{n}(q_1 + q_2)$。

其中，a（α）表示开发企业 1（企业 2）的固定成本；b（β）表示开发企业 1（企业 2）所开发的旅游地质资源产品为每一位顾客所提供服务增加的投资（服务支出），即变动成本（可以进一步延伸为对资源的保护性支出）。

（二）无资源保护约束条件下的产品定价

根据上述假设，在不对旅游产品开发企业进行外在约束的条件下，旅游开发

① 平新乔. 微观经济学十八讲 [M]. 北京：北京大学出版社，2001：166-187.

企业将依照利润最大化原则对旅游产品进行定价，此时有：

$$\begin{cases} \max：\pi_1 = TR_1 - TC_1 = P \times q_1 - (a + bq_1) \\ \max：\pi_2 = TR_2 - TC_2 = P \times q_2 - (\alpha + \beta q_2) \end{cases}$$

由于竞争条件下，两家企业任何一家都无法控制价格，只能根据总需求函数确定企业的最优产出水平 q，根据上述目标函数可求出最优产出水平满足如下条件：

$$\begin{cases} \dfrac{\partial \pi_1}{\partial q_1} = \dfrac{m}{n} - \dfrac{1}{n}(q_1 + q_2) - \dfrac{1}{n}q_1 - b = 0 \\ \dfrac{\partial \pi_2}{\partial q_2} = \dfrac{m}{n} - \dfrac{1}{n}(q_1 + q_2) - \dfrac{1}{n}q_2 - \beta = 0 \end{cases}，可求得：$$

$$\begin{cases} q_1 = \dfrac{1}{3}(m + n\beta - 2nb) \\ q_2 = \dfrac{1}{3}(m + nb - 2n\beta) \end{cases}$$

$p = \dfrac{m}{3n} + \dfrac{1}{3}(b + \beta)$，可进一步求出此时最大化利润为：

$$\pi_1^* = \dfrac{1}{9n}(m + n\beta - 2nb)^2 - a$$

$$\pi_2^* = \dfrac{1}{9n}(m + nb - 2n\beta)^2 - \alpha$$

此时，结论 1、结论 2、结论 3 依然成立：①初始投资不影响产品的最优定价，但影响最优定价时的最大利润，且与其呈反向变化关系；②单位顾客的服务成本越高，则最优定价越高，且利润水平趋于下降；③随着价格 P 的增加，需求价格弹性趋于提高。

结论 6：与垄断条件下不同的是，企业的最优产出、最优价格以及最大利润不仅受到本企业变动成本和固定成本的影响，还受到竞争企业技术及成本的影响。首先，较低变动成本的企业会在竞争中处于优势，并可能成为领导者，而较高成本的企业则可能成为追随者。例如，若 $\beta > b$，假设 $\beta = 2b$ 时：

$q_1 = m/3$，$q_2 = (m - 3nb)/3$

$\pi_1^* = m^2/9n - a$，$\pi_2^* = (m - 3nb)^2/9n - \alpha$，显然：$q_1 > q_2$，且在 $a = \alpha$ 时 $\pi_1^* > \pi_2^*$。其次，由于存在两家企业的竞争，处于追求利润最大化的考虑，企业会调整自身

的行为，以期在竞争中获胜，这就会对企业的变动成本（保护性支出）产生影响，进而影响企业对资源的保护和开发力度。对于企业 1 来说，为获取更高的利润水平，会有降低本企业变动成本 b 并诱使竞争对手提升变动成本 β 的趋向，也有尽可能减少初始建设投资 a 的冲动；对于企业 2 同样如此。但是，由于企业 1 和企业 2 存在竞争，使得企业为了获取自身利润最大化，并不会公布自身的服务信息，从而使竞争双方掩饰自身信息以诱使对方提高保护性支出而本企业则降低保护性支出。因此，两家企业不会"串通"以分享信息，但双方如果都在利润最大化的导向下调整策略，并减少资源的保护性支出，这就会导致对资源过度开发和保护不足的问题。

（三）最优价格下的资源保护

为确保企业会有一个合理的保护性支出，从机制设计上需要确保这一支出水平可以确保长期利润最大化。同样引入限制条件：假设下一期游客数量 Q_{t+1} 将取决于本期保护性支出 b_t，即 $q_{t+1} = f(b_t) = e^{\lambda b_t}(0 < \lambda < 1)$，此时为保证企业长期收益的最大化，此时的目标函数为：

$$\max: \sum_{t=1}^{N} \pi_t = \sum_{t=1}^{N} \frac{TR_t - TC_t}{(1+r)^{t-1}} = \sum_{t=1}^{N} \frac{P \cdot Q_{t+1} - (a + b_t \cdot Q_{t+1})}{(1+r)^{t-1}} \text{（r 为折现率）;}$$

约束条件：S.T.　$Q = m - nP$。

$\max: \sum_{t=1}^{N} \pi_t$ 是各期长期利润考虑货币时间价值后的结果。

如若能保证：

$\max \pi_{t+1} = TR - TC = P \cdot Q_{t+1} - (a + b_t \cdot Q_{t+1})$，则可保证上述目标函数的最大化。

在 $p = \frac{m}{3n} + \frac{1}{3}(b + \beta)$ 这一保证利润最大化的价格条件上，可以将上述目标函数转变为：

$$\begin{cases} \pi_{t+1}^1 = \left[\dfrac{m}{3n} + \dfrac{1}{3}(b_t + \beta_t) \right] \cdot e^{\lambda b_t} - a - b_t \cdot e^{\lambda b_t} \\ \pi_{t+1}^2 = \left[\dfrac{m}{3n} + \dfrac{1}{3}(\beta_t + b_t) \right] \cdot e^{\lambda \beta_t} - a - b_t \cdot e^{\lambda \beta_t} \end{cases}$$

即，$\begin{cases} \dfrac{\partial \pi_{(t+1)}^{1*}}{\partial b_t} = \partial \left\{ \left[\dfrac{m}{3n} + \dfrac{1}{3}(b_t + \beta_t) \right] \cdot e^{\lambda b_t} - a - b_t \cdot e^{\lambda b_t} \right\} / \partial b_t = 0 \\[3mm] \dfrac{\partial \pi_{(t+1)}^{2*}}{\partial \beta_t} = \partial \left\{ \left[\dfrac{m}{3n} + \dfrac{1}{3}(\beta_t + b_t) \right] \cdot e^{\lambda \beta_t} - a - b_t \cdot e^{\lambda \beta_t} \right\} / \partial \beta_t = 0 \end{cases}$ 。

解得：$b_t = \beta_t = \dfrac{m}{n} - \dfrac{2}{\lambda}$，此时可计算出最优价格：$p_{t+1}^* = \dfrac{m}{n} - \dfrac{4}{3\lambda}$，且 $p_{t+1}^* - b_{t+1} =$

$p_{t+1}^* - \beta_{t+1} = \dfrac{2}{3\lambda} > 0$。

竞争情况下，原有结论4、结论5、结论6成立，即：①若 m/n 越大，则需求价格弹性 ε 越小，此时 b_t 和 β_t 越大；②λ 越大，则对应的保护性 b_t 和 β_t 越大。

结论7：$b_t = \beta_t = \dfrac{m}{n} - \dfrac{2}{\lambda} = 2\overline{b_t} = 2\left(\dfrac{m}{2n} - \dfrac{1}{\lambda} \right)$，表明竞争条件下两家企业的保护性支出相同，且竞争会带来保护性支出的提高，两家企业的保护性支出之和是原有一家企业保护性支出的4倍，这也充分说明了竞争有利于资源的保护和可持续利用。

结论8：在垄断条件下增加保护性支出，企业依然可以获得剩余利润 $\dfrac{2q}{3\lambda}$，这是建立在长期收益最大化的前提下。因此，在保证经营企业长期经营权的条件下，经营企业会从企业长期利润最大化的角度出发，设置合理的保护性支出，在实现长期利润最大化的前提下保证对资源的有效保护。

结论9：与垄断条件下相比，存在竞争会导致最优价格变化，即：

$$\Delta p = \left(\dfrac{m}{n} - \dfrac{4}{3\lambda} \right) - \left(\dfrac{3m}{4n} - \dfrac{1}{2\lambda} \right) = \dfrac{m}{4n} - \dfrac{5}{6\lambda}$$

当 $0 < \lambda < 10n/3m$ 时，竞争会带来价格的下降，提高消费者剩余。但是，由于在此对设置的需求函数是一个抽象的函数，价格是否下降则看具体的需求函数。

在竞争条件下，旅游地质资源产品的价格取决于五个要素：本企业单位顾客的服务成本、竞争对手单位顾客的服务成本、本企业的保护性支出、竞争对手的保护性支出以及游客的需求价格弹性。同样地，景区的初始投资不影响旅游地质资源产品的定价，但影响最终的企业利润；在竞争条件下，企业之间会隐藏信息，但在获取更多利润的刺激下企业有可能会减少保护性支出。通过保证经营者长期产权或者经营权及竞争，可以促进经营企业加强保护性支出，且竞争状态下的保护性支出远远高于垄断状态下的支出。

小结：①单位顾客的服务成本、景区可持续发展的保护性支出以及游客的需求价格弹性共同决定了旅游地质资源产品的价格，但对旅游景区（点）的初始投资不影响旅游地质资源产品的定价。②无论是在垄断还是在竞争条件下，旅游开发企业在"利润最大化"目标的指引下，有减少或者避免保护性支出的冲动，而这种冲动会转化为经营行为，并进而导致资源的破坏。③在外部监管成本过高的情况下，需要设计一个促进开发经营者主动保护资源的机制，这个机制就是保证企业（经营者）对旅游地质资源开发的长期（或永久）产权，保证企业（经营者）遵循长期利润最大化来决策，这样企业（经营者）会根据长期总利润最大化来确定保护性支出，这也是符合企业利益最大化的有效激励约束机制。④竞争条件下旅游开发企业对于资源的保护性投入明显高于垄断条件下的保护性投入，因此，促进竞争、减少垄断是促进资源保护的重要手段。

第三节　旅游地质资源产品的营销

旅游地质资源产品，是旅游产品、地质资源产品的一种类型，但又具有区别于一般旅游产品和矿产品的特殊性。旅游地质资源产品需要进入正式的旅游市场交易之后才能实现其自身的价值。

一、需求分析及市场定位

旅游业的发展与旅游者需求的不断变化息息相关，从"行万里路"的观光旅游，到"放松身心"的休闲旅游，再到"融入自然"的生态旅游，以及"探险猎奇"的科考旅游等旅游产品，都是由于人类需求不断变化而开发出来的旅游产品。因此，在对旅游地质资源产品开发之前，需要研究相关市场需求，找到可以满足特定消费者需求的细分市场。

(一) 旅游市场需求分析

旅游市场按照不同的分类标准可以分为不同的市场：①按照旅游者所属的地域分为海外市场、国内市场、区域市场及本地市场等；②按照旅游者的旅游目的可划分为观光旅游市场、休闲度假旅游市场、公务旅游市场、专项旅游市场等；③按照旅游者的特征可以按年龄、消费层次、性别等方面对市场予以划分。此外，根据不同的标准可以选择不同的分类。本研究从旅游者的需求特征以及游客的集中度两个维度将旅游市场分为六类（见图5-5）。

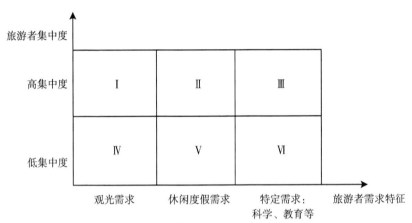

图5-5 旅游市场细分示意图

细分市场Ⅰ：观光需求的高集中度旅游市场，这类市场是观光旅游发展的主要目标市场。

细分市场Ⅱ：休闲度假需求的高集中度市场，这是在大众观光需求被有效满足后，旅游者寻求更高层次的旅游产品而发展起来的休闲度假市场，这类市场是休闲度假旅游的主要目标市场。

细分市场Ⅲ：特定需求的高集中度市场，这是特定旅游者范围内对特定旅游产品的需求市场，例如，学生对科考、科普类旅游产品的需求，探险旅游者对探险旅游产品，环保主义者对生态旅游产品的需求等。

细分市场Ⅳ：观光需求的低集中度旅游市场，这类市场是具有高投资、高风险、高定价特点的旅游市场。

细分市场Ⅴ：休闲度假需求的低集中度市场。

细分市场Ⅵ：特定需求的低集中度市场。

（二）市场定位及目标市场的确定

对于旅游企业来说，高集中度的旅游市场风险较小且投资回收期较短，是理想的目标市场。但是，旅游业相对于其他产业来说，具有很强的"资源禀赋"特征，资源禀赋代表了资源在地壳的自然生成状况，是一个地质的概念而不是经济的概念。特定区域的旅游资源及基础条件①决定了旅游市场的选择和旅游产品的开发。因此，对旅游企业来说，不可能全部选择高集中度的旅游市场，只能根据自身的资源优势和基础条件选择特定的目标市场。旅游地质资源产品市场的选择，同样遵循这一原则。

（1）对于观光资源极为丰富、基础设施较好且环境承载力较好的资源来说，目标市场应定位为细分市场Ⅰ。定位在这一目标市场，有利于快速、稳定地开发旅游地质资源的价值，如观光型旅游景区及风景名胜区的目标市场选择就是这一类市场。

（2）基础设施较好、环境承载力较强、可开发性较强的资源，目标市场应定位为细分市场Ⅱ。定位这一目标市场，有利于依托资源基础，开发可满足大众需求的休闲度假旅游产品，如依托地热资源开发的休闲度假旅游地。

（3）对于基础设施较好、环境承载力较强、可为大众接受的特定资源，目标应定为在细分市场Ⅲ。定位这一目标市场，有利于开发具有大众科普性等专项需求的旅游产品，如地质公园、矿山公园、地质博物馆等。

（4）对于尚未全面开发的较丰富的观光资源，目标市场应定位为细分市场Ⅳ。定位这一目标市场，可通过对少数具有较高支付能力的游客服务，实现资源保护和经济价值的双重目标，如自然保护区开展的生态旅游活动。

---

① 资源条件指旅游资源的丰度、分布以及结构等条件，基础条件指所在区域的基础设施等影响旅游业发展的条件因素。

品整体打包销售，即通票制，也有对旅游地质资源产品的单项销售，即单票制。

根据旅游者需求，在结合旅游地质资源本身特征和条件的基础上，开发出能满足旅游者需求的旅游地质资源产品，在合理定价的前提下，实现旅游者支付，为企业服务提供交易。保证旅游地质资源产品在旅游市场上的有效交易，是旅游地质资源产业化中最重要的环节。

第四节 云南旅游地质资源产品化和市场化

云南地质资源旅游资源化的结果是厘定出可以为旅游业发展所利用的旅游地质资源，旅游地质资源必须开发为产品并在市场上进行交换才能实现其价值，旅游地质资源的产品化和市场化是地质资源旅游产业化的核心。

一、云南旅游地质资源产品开发的条件

基于复杂的地质资源环境条件，云南地质资源旅游资源化转化为类型多样、等级不同的旅游地质资源，这些旅游地质资源形成了云南各种类型、级别的旅游景区（点），支撑了云南旅游业的发展（见表5-3）。然而，旅游地质资源的产品化、市场化，除了资源本身的价值和等级外，其开发条件也是旅游地质资源产品化和市场化的必要条件。

（一）资源开发方式

云南旅游地质资源十分丰富，类型多样，等级较高，具有强烈的地域性和垄断性，旅游地质资源的开发方式从一定程度上决定了资源转化为产品的难易程度。云南旅游地质资源开发主要包括两种方式：一是以山体溶洞类旅游地质资源为代表的利用性开发。山体类旅游地质资源主要是通过修建游览道路、建设游客服务设施、提升景区可达性等措施来实现旅游地质资源的开发利用，如迪庆梅里雪山、丽江老君山、昆明轿子雪山等；而溶洞类旅游地质资源则主要通过景区灯

光美化、提高通达性等手段达到旅游地质资源利用目的，如泸西阿庐古洞、建水燕子洞、昆明西游洞等。二是以江河湖泊类水体旅游地质资源为代表的提升性开发。水体类旅游地质资源开发极为注重游客的亲水体验性，常见方式有通过河道整修、增加安全设施的漂流旅游，利用漂浮工具、动态游览的乘船旅游，利用水质水温水量、增加休闲设施的温泉旅游。旅游地质资源的开发利用现状是地质资源作为旅游资源开发利用的程度，即地质资源的旅游资源化状况。可利用地质景观作为景区开发布局的依据，或利用地质景观作为景点命名、景区导游、景区介绍的基础，以此提高景区的文化氛围及旅游品位。云南省两种主要的资源开发方式都很容易将旅游地质资源转化为旅游地质资源产品，这在一定程度上促进了旅游地质资源的产品化。

（二）地理交通区位

旅游地质资源产品的开发受到旅游地理区位和交通区位的影响，地理区位在很大程度上决定了整体旅游环境；交通区位决定了其可进入和通达条件。

（1）地理区位。云南国土面积 39.4 万平方千米，人口 4596.6239 万人（六普）。全省共有 16 个地级行政区划单位，129 个县级行政区划单位。云南省东与贵州省、广西壮族自治区为邻，东北以金沙江为界与四川省隔江相望，西北紧靠西藏自治区；西与缅甸接壤；南和老挝、越南毗邻，边境线长 4060 公里。其中，中缅边界 1997 公里，中老边界 710 公里，中越边界 1353 公里。全省 8 个边境州市的 25 个边境县市，与 3 个邻国的 6 个省、32 个县市、镇接壤，其中 11 个县市与邻国城镇隔江隔界相望。处在一隅而连四方接三国的特殊区位，使云南成为我国南疆的重要门户，在"西部桥头堡战略"和"一带一路战略"背景下，云南特殊的地缘优势日益凸显于世人面前。

（2）旅游交通条件。旅游交通是为改善旅游目的地旅游通达条件而开展的交通建设活动。通常指旅游目的地为满足旅游者交通需求的要素设施，包括旅游航空设施、旅游公路设施、旅游铁路设施、旅游水运设施、旅游索道等。改善交通条件是云南省旅游发展的基础性工程。云南省较早提出并践行"围绕旅游建交通"的理念，全面加快航空机场、高速公路等基础设施建设，推动形成较为完善的旅游交通运输体系。云南旅游业经过30多年的发展，旅游交通设施形成了以航空为先导、公路为主干、水运和索道为补充的立体旅游交通体系，成为云南旅游客流的重要支撑。"十一五"以来，云南交通设施建设投资逐年递增，五年累计完成交通投资2042亿元。截至2011年，云南民用机场数12个，其中昆明国际机场为区域性枢纽机场，其余11个支线机场均位于主要旅游区，机场数量居于全国第二位。全省共开通国际国内航线236条，省内航空环线6条，国际国内通航城市达到98个，形成了直通东盟及周边国家主要城市、国内重要旅游城市和旅游客源地以及省内航空旅游环线的航空交通网络。全省高速公路总里程达到2630千米；全省高等级公路通车里程达9135千米，基本形成了以昆明为中心，直通（2~4小时内）全省六大旅游区的高速路网格局。同时，随着乡村公路建设取得明显成效，为乡村旅游发展提供了良好的旅游通达条件，也使旅游发展惠及更多的乡村居民。全省铁路运营里程已近2500千米，曲靖、玉溪、大理等城际铁路旅游专线均已开通，大理—丽江旅游铁路已经投入运营，澜沧江—湄公河航运也已正式开通，内河通航里程达到3109千米，各种旅游交通都得到明显改善。

（三）社会经济条件

区域社会经济条件是旅游地质资源开发的社会背景条件，对旅游开发及旅游活动开展产生影响，一定程度上决定了旅游地质资源开发的规模与深度。

（1）经济条件。2013年，云南省生产总值（GDP）达11720.91亿元，比上年增长12.1%，高于全国4.4个百分点。其中，第一产业完成增加值1895.34亿元，增长6.8%；第二产业完成增加值4927.82亿元，增长13.3%，第三产业完成增加值4897.75亿元，增长12.4%。三次产业结构由上年的16.0：42.9：41.1调整为16.2：42.0：41.8。全省人均生产总值（GDP）达25083元（折合4050美元），比上年增长11.4%。[①]随着云南省经济实力的不断增强，为各种类型旅游地质资源的开发保护提供了经济支撑，也为云南省居民积极参与旅游活动奠定了物质基础。

---

① 数据来源：《2013年云南省国民经济和社会发展统计公报》。

（2）旅游条件。截至 2013 年 12 月底，云南省拥有旅行社 745 家，其中出境游旅行社 36 家；星级饭店 894 家，星级经济型酒店 67 家，星级特色民居客栈 177 家；A 级旅游景区 198 家；星级旅游汽车公司 45 家，星级旅游汽车 4115 辆，星级旅游汽车驾驶员 4275 人；旅游温泉企业 227 家，其中三星级温泉企业 4 家；旅游餐馆 223 家，其中金盘级旅游餐馆 13 家，银盘级旅游餐馆 40 家，铜盘级旅游餐馆 170 家；团队餐企业 163 家；持有导游证（IC 卡）的有 24657 人，星级导游员 9057 人。[①]

随着交通、住宿等旅游基础条件的进一步改善，云南旅游接待能力和接待水平得到提升。2013 年，云南省接待海外入境旅客（包括口岸入境一日游）1043.37 万人次，比上年增长 17.7%，实现旅游外汇收入 24.19 亿美元，增长24.2%。全年接待国内游客 2.40 亿人次，增长 22.1%；实现国内旅游收入 1961.55亿元，增长 24.3%；全省实现旅游业总收入 2111.24 亿元，增长 24.0%。[②]

在云南地质资源旅游资源化的基础上，借助云南优越的地理交通区位和良好的经济社会发展基础条件，保证了云南旅游地质资源产品的有序、健康开发。

二、云南旅游地质资源产品开发原则及产品类型

（一）产品开发的原则

在旅游地质资源产品的开发中，要对地质资源环境、市场需求、市场环境、投资风险、宏观政策等诸多因素进行深入分析，选择既符合市场需要又符合旅游目的地特点，且具有竞争力的开发方案。因此，在旅游地质资源产品开发中必须遵循下述开发原则：

（1）市场导向原则。旅游地质资源产品的开发必须以市场为导向，牢固树立市场观念，以旅游市场需求作为旅游地质资源产品开发的出发点。没有旅游市场需求的产品开发，不仅不能形成有吸引力的旅游地质资源产品，而且还会造成对

---

① 数据来源：《中国旅游年鉴（2014）》云南旅游业概况。
② 数据来源：《2013 年云南省国民经济和社会发展统计公报》。

旅游地质资源的不良开发和对生态环境的破坏。

坚持市场导向原则，要根据社会经济发展及对外开放的实际状况，正确进行旅游市场定位，以确定客源市场的主体和重点，明确旅游地质资源产品开发的针对性，提高旅游地质资源产品开发的经济效益。同时还要根据市场定位，调查和分析市场需求和供给，把握目标市场的需求特点、规模、档次、水平及变化规律和趋势，从而开发出适销对路、具有竞争力的旅游地质资源产品，确保旅游地质资源产品的生命力经久不衰。

（2）效益观念原则。旅游业是一项经济产业，因而必须始终把提高经济效益作为旅游地质资源产品开发的主要目标；同时，旅游业又是一项文化产业，要求在讲求经济效益的同时，还必须讲求社会效益和环境效益，也就是从整个旅游地质资源产品开发的总体水平考虑，谋求综合效益的提高。

坚持效益观念原则：一是要求不论是旅游地的开发，还是旅游线路的组合，甚至是旅游项目的投入，都必须进行项目可行性研究，认真进行投资效益分析，不断提高旅游地质资源产品开发的经济效益。二是要讲求社会效益，在旅游地质资源产品开发中充分考虑当地社会经济发展水平；要考虑政治、文化及地方习惯；要考虑人民群众的心理承受能力，形成健康文明的旅游活动，并促进地方精神文明的发展。三是要讲求生态环境效益，按照旅游地质资源产品开发的规律和自然环境的可承载力，以开发促进环境保护，以环境保护提高开发的综合效益，从而形成保护—开发—保护的良性循环，营造和谐的生存环境。

（3）产品形象原则。旅游地质资源产品是一种特殊商品，是以旅游地质资源为基础，按照客源市场需求设计出来的景区（点）、特定旅游线路或者专项旅游活动，包括了整体旅游产品（景区（点）），也包括了单向旅游产品。因此，拥有旅游地质资源并不等于就拥有旅游资源产品，而旅游地质资源要开发成旅游地质资源产品，还必须根据市场需求进行开发、加工和再创造，从而组合成特色鲜明、适销对路的旅游地质资源产品，树立良好的旅游地质资源产品形象。

坚持产品形象原则，要以市场为导向，根据客源市场的需求特点及变化，进行旅游地质资源产品的设计；要以旅游地质资源为基础，把旅游地质资源产品的各个要素有机结合起来进行设计和开发，特别是要注意在旅游地质资源产品设计中注入文化因素，增强旅游地质资源产品的吸引力；要充分考虑旅游地质资源产品的品位、质量及规模，突出旅游地质资源产品的特色，努力开发具有影响力的拳头产品和名牌产品；要随时跟踪分析和预测旅游地质资源产品的市场生命周期，根据不同时期旅游市场的变化和旅游需求，及时推出新的旅游地质资源产品，从而保持旅游业的持续发展。

（二）旅游地质资源产品开发概况

根据云南旅游地质资源的景观价值、结构、开发现状、区位条件及社会经济环境条件，针对云南不同类型的旅游地质资源，需要采取不同的开发方式，以实现对旅游地质资源旅游价值的最优实现。

（1）风景名胜区。云南省风景名胜区，集自然景观与人文景观于一体，具有资源集中、景观奇特、类型多样的特点，拥有喀斯特景观、雪山峡谷、遗产遗址、地热火山、山水风光、江河湖泊、宗教名山等类型，具有较高的观赏、科研、游览价值。从 1982 年开始到 2012 年 10 月 31 日国务院共批准公布了 225 家国家级风景名胜区，云南有 12 处国家级的风景名胜区，其中以地质资源、地质遗迹为主要景观或者组成部分的共有 11 处。此外，云南还有省级风景名胜区 53 个，以地质资源为主的有 37 个，这些风景名胜区成为云南旅游景区的重要组成部分。云南省国家级、省级风景名胜区旅游开发概况如表 5-3 所示。

表 5-3　云南省风景名胜区旅游开发简表

类型	名称	主体旅游地质资源	旅游开发简况
国家级风景名胜区	石林国家级风景名胜区	位于昆明市石林县境内，由大石林、乃古石林、望城山—仙女湖、长湖、月湖、蓑衣山—文笔山、大叠水 7 个片区组成，面积 350 平方千米。主体旅游地质资源有剑状喀斯特景观	1982 年公布为国家级风景名胜区，2001 年批准为国家地质公园，2004 年评为世界地质公园，2007 年评为国家AAAAA 级旅游景区，2008 年云南石林与贵州荔波、重庆武隆以"中国南方喀斯特"被列入世界自然遗产名录
	大理国家级风景名胜区	地跨大理、宾川、剑川、巍山四县市，由苍山洱海景区、宾川县鸡足山景区、剑川县石宝山景区和巍山县巍宝山景区组成，面积为 1012 平方千米。主体旅游地质资源有苍山洱海、鸡足山、石宝山、巍宝山、蝴蝶泉、石钟山石窟	1982 年公布为国家级风景名胜区，2001 年南诏风情岛、宾川鸡足山被评为国家 AAAA 级旅游区苍，2012 年剑川石宝山被评为国家 AAAA 级旅游区

续表

类型	名称	主体旅游地质资源	旅游开发简况
国家级风景名胜区	三江并流国家级风景名胜区	包括怒江、澜沧江、金沙江3大流域以及贡山、月亮山、片马、梅里雪山、聚龙湖、老窝山、红山、哈巴雪山、千湖山、丽江老君山10个景区，总面积为9650.1平方千米。主体旅游地质资源有高山峡谷、雪峰冰川、丹霞地貌、激流险滩	1988年公布为国家级风景名胜区，2003被列入世界自然遗产名目，香格里拉普达措国家公园被评为国家AAAAA级旅游区，梅里雪山景区被评为国家AAAA级旅游区
	昆明滇池国家级风景名胜区	昆明市境内，由滇池外海景区、滇池湖滨景区、西山龙门景区、西山后山景区、西山睡美人景区5个景区组成，总面积355.16平方千米。滇池是云南省面积最大的高原断陷湖泊，西山为滇中名山，由罗汉岩、美女峰、太华山群组成	1988年公布为国家级风景名胜区，西山被评为国家AAAA级旅游区
	玉龙雪山国家级风景名胜区	以丽江玉龙雪山为中心，包括玉龙雪山景区、泸沽湖景区和虎跳峡金沙江旅游线，总面积770平方千米。高山雪峰、冰川泉华、高原湖泊。玉龙雪山有山峰90多座，较大的有13座。泸沽湖是云南九大高原湖泊之一。虎跳峡为今世界上最险峻的峡谷，长17千米，分上虎跳、中虎跳、下虎跳三段，总落差220米，两岸峭壁千仞，重峦叠嶂，相对高差达3700~3900米	1988年公布为国家级风景名胜区，玉龙雪山景区被评为国家AAAAA级旅游区。2005年虎跳峡被《中国国家地理》杂志评为中国最美的十大峡谷之一。2009年玉龙雪山被批准为国家地质公园
	瑞丽江—大盈江国家级风景名胜区	由芒市、瑞丽江、大盈江三个片区组成，总面积659平方千米。主体旅游地质资源有风景河段、峡谷、大瀑布	1994年公布为国家级风景名胜区
	九乡国家级风景名胜区	昆明市宜良县境内，总面积约167.14平方千米，风景区由叠虹桥、三脚洞、大沙坝、阿路龙、马蹄峡、马蹄湾6个景区组成。主体旅游地质资源有地下溶洞景观和地表峡谷、天生桥	1994年公布为国家级风景名胜区。2001年被评为国家AAAA级旅游区，2009年被批准为国家地质公园
	腾冲地热火山国家级风景名胜区	位于保山市腾冲县境内，由马站火山景区、热海景区、和顺景区、云峰山景区4个片区及西线、中线、东线3条线路组成，总面积129.9平方千米。主体旅游地质资源有地热火山景观	1994年公布为国家级风景名胜区。热海景区和和顺景区评为国家AAAA级旅游区
	建水国家级风景名胜区	由历史文化名城建水古城和燕子洞地下喀斯特景区两部分组成，总面积约170平方千米。主体旅游地质资源有地下岩溶景观、摩崖石刻、碑刻	1994年公布为国家级重点风景名胜区，燕子洞景区被评为国家AAAA级旅游区
	普者黑国家级风景名胜区	由摆龙湖、仙人洞、八达哨、落水洞4大片区组成，总面积165平方千米。主体旅游地质资源有：喀斯特峰丛峰林、喀斯特天然湖泊、喀斯特湿地、溶洞群。景区内有峰丛峰林312座，大溶洞83个，天然湖泊54个，河流15条，地下暗河总长达120千米	1993年公布为省级风景名胜区，1996年批准为省级旅游度假区，2004年公布为国家级风景名胜区，2009年被评为国家AAAA级旅游景区
	阿庐国家级风景名胜区	以阿庐古洞、吾者温泉、土掌房、阿拉湖、歹鲁瀑布、九溪山森林公园等为主体的风景名胜区。主体旅游地质资源有溶洞、温泉	2001年被评为国家AAAA级旅游区，2004年批准为国家重点风景名胜区。2011年11月被评为国家地质公园

续表

类型	名称	主体旅游地质资源	旅游开发简况
省级风景名胜区	通海秀山省级风景名胜区	通海县城南部秀山上，面积67.4平方千米。云南省著名文化名山	1988年公布为云南省第一批省级风景名胜区，2005年被评为国家AAAA级旅游景区
	文山老君山省级风景名胜区	包括老君山、薄竹山、西华山3大景区，面积94平方千米。主体旅游地质资源有喀斯特景观、温泉	1988年公布为云南省第一批省级风景名胜区，西华公园2011年被评为国家AA级旅游景区
	广南八宝省级风景名胜区	文山州广南县境内，总面积68.3平方千米。主体旅游地质资源有喀斯特景观	1988年公布为云南省第一批省级风景名胜区，2012年被评为国家AA级旅游景区
	曲靖珠江源省级风景名胜区	曲靖市沾益县境内，总面积50平方千米。主体旅游地质资源有珠江源头、珠江第一瀑	1988年公布为云南省第一批省级风景名胜区，2005年被评为AAAA级旅游景区
	江川抚仙湖—星云湖省级风景名胜区	玉溪市澄江县、江川县境内，风景区由抚仙湖、星云湖两个高原天然湖泊组成。总面积525平方千米。主体旅游地质资源有高原断陷湖泊	1988年公布为云南省第一批省级风景名胜区
	武定狮子山省级风景名胜区	楚雄州武定县境内，总面积166平方千米。以"一山、一湖、一箐"自然景观为主体	已开发34个景点，1988年公布为云南省第一批省级风景名胜区，2009年被评为国家AAAA旅游区
	威信省级风景名胜区	昭通市威信县境内，总面积110平方千米。主体旅游地质资源有溶洞奇观、恐龙化石以及其他古生物化石	1988年公布为云南省第一批省级风景名胜区
	罗平多依河—鲁布革省级风景名胜区	曲靖市罗平县境内，风景区包括九龙河瀑布群、多依河景区和鲁布革景区3个景区，面积42.92平方千米。主体旅游地质资源有喀斯特瀑布群	1993年公布为云南省第二批省级风景名胜区。九龙河瀑布群景区2004年被评为国家AAAA级旅游区，多依河景区2003年被评为国家AAA级旅游区
	砚山浴仙湖省级风景名胜区	砚山县城西42千米323国道南侧，风景区由浴仙湖主景区和听湖、阿舍、阿猛、龙所5个片区组成，面积109平方千米。主体旅游地质资源有溶洞、孤峰群、湖泊	1993年公布为云南省第二批省级风景名胜区
	楚雄紫溪山省级风景名胜区	位于楚雄市西南部，由紫溪山主景区、鹿城片区、苍岭片区3个片区组成。总面积850平方千米。文化名山	1993年公布为云南省第二批省级风景名胜区，2010年被评为国家AAA级旅游景区
	元谋省级风景名胜区	位于位于元谋县境内，由老城片区、新华—班果—物茂片区、金沙江峡谷片区4个片区组成，总面积295.66平方千米。主体旅游地质资源有土林、古人类遗址、独特的地层剖面	2010年被评为国家AAAA级旅游景区
	禄丰五台山省级风景名胜区	位于禄丰县境内，由恐龙山、石灰坝腊玛古猿化石遗址、五台山3个片区组成，总面积50平方千米。主体旅游地质资源有恐龙化石和古猿化石的遗址	1993年公布为云南省第二批省级风景名胜区

类型	名称	主体旅游地质资源	旅游开发简况
省级风景名胜区	永仁方山省级风景名胜区	位于永仁县境内，风景区总面积34平方千米。文化名山，主要地质景观有望江岭、珍珠滴水岩、犀牛塘、乌龟碑、仙人洞、立象峰、活佛寺、下棋岩、武侯石壁等	1993年公布为云南省第二批省级风景名胜区，2001年被评为国家AA级旅游区
	弥勒白龙洞省级风景名胜区	位于弥勒县西南虹溪镇，风景区总面积30平方千米。溶洞景观，分上下两层，全长2500米，有南宫、北宫、瑶池仙境、海底世界四大景区、40多个厅堂，100多个景点。洞中有四绝："龙壁浮雕"、"湾笋奇石"、"灵芝斜塔"、"海底世界"	1993年公布为云南省第二批省级风景名胜区，2005年被评为国家AA级旅游区
	屏边大围山省级风景名胜区	位于屏边县境内，风景区总面积50平方千米。山地风景型，有著名的落差80余米的火山熔岩陡崖—滴水层瀑布	1993年公布为云南省第二批省级风景名胜区
	漾濞石门关省级风景名胜区	位于漾濞县境内苍山西坡，总面积115平方千米。峡谷景观，南侧为翠屏山，北侧为清凉山，发源于苍山玉局峰的金盏河，从隘谷中间奔驰而下，有16平方米的大型崖画	1993年公布为云南省第二批省级风景名胜区，2001年被评为国家AA级景区
	临沧大雪山省级风景名胜区	位于临翔县境内，属怒山余脉，面积约160平方千米。由雪山洞、主峰石、杜鹃林、杪椤群、黄草坝等18个景点组成。山地风光，主景区最高海拔3129.6米，山顶冬季白雪皑皑，山间瀑布溪流终年不断	1993年公布为云南省第二批省级风景名胜区
	禄劝轿子雪山省级风景名胜区	位于昆明市北部，总面积253平方千米。由轿子山、棋王山、东英山、观音山等山峰组成。山地风光，主要景观有悬崖峭壁、原始森林、冰蚀湖群、高山草甸、杜鹃花海、冰川遗迹等	1993年公布为云南省第二批省级风景名胜区。2014年完成4A级旅游景区申报
	陆良彩色沙林省级风景名胜区	位于陆良县境内，总面积25平方千米。由彩色沙林片区、终南山片区、五峰山片区组成	1993年公布为云南省第二批省级风景名胜区，2003年被评为国家AAAA级旅游景区
	景谷威远江省级风景名胜区	位于景谷县境内，总面积200平方千米。由勐卧双塔佛寺片区、仙人洞帕庄河片区、景谷河大石寺片区、威远江森林片区4个片区组成。山地风光，主要地质景观喀斯特造型地貌	1996年公布为云南省第三批省级风景名胜区
	沧源佤山省级风景名胜区	位于沧源县境内，总面积147.34平方千米。由勐来、南滚河、勐董、拉勐河、班列5个片区，勐省—茫卡南游览线组成，景点199个。自然风景，主要旅游地质景观有驼峰山、雄狮镇关峡谷、公答山、老人峰、驼峰山、荫翠谷、藏龙谷、南董河宽谷、城南邻山洞、藏龙洞、落水洞、夫妻蛇洞、藏经洞、拉勐河、南滚河、挡帕河峡谷、永壤泉、沧源崖画等	2007年沧源司岗里崖画谷被评为国家AAA级旅游区
	云县大朝山—干海子省级风景名胜区	位于云县境内，总面积190.8平方千米。由温湾—温竹河、大朝山—大雪山、爱华镇、亮山天池4个片区及温湾—大朝山水陆游览线组成，景点129个。山水风光，主要地质景观有大雪山、三叠瀑布、高峡平湖等	1996年公布为云南省第三批省级风景名胜区

续表

类型	名称	主体旅游地质资源	旅游开发简况
省级风景名胜区	永德大雪山省级风景名胜区	位于永德县境内，总面积174平方千米。风景区由大雪山片区、土林片区、棠梨山—观音洞山片区、南汀河游览线，共三片一线组成，90个景点。山地风景，主要地质景观有雪山河、黑尖山、仙人洞、黄草坝、主峰石、杜鹃林、鼓墩山、瀑布、搭险石、土林等	1996年公布为云南省第三批省级风景名胜区
	剑川剑湖省级风景名胜区	位于剑川县城东南，水域面积7.5平方千米。山水风光，剑湖为断陷湖泊、金华山海拔2580米，有石雕、石佛	1996年公布为云南省第三批省级风景名胜区，2012年剑川千狮山（满贤林）景区被评为国家AAA级旅游区
	洱源西湖省级风景名胜区	位于洱源县右所镇西部的佛钟山麓，总面积80平方千米。风景区由西湖、江尾、罗平山3个片区和螺蛳江游览线组成。山水风光，西湖为断陷湖泊，平均水深1.8米，最深3.3米，方圆约5平方千米，是洱海的重要水源之一。湖中有六村七岛	1996年公布为云南省第三批省级风景名胜区，2011年西湖景区评为国家AAA级旅游区
	兰坪罗古箐省级风景名胜区	位于兰坪县通甸乡，总面积100平方千米。风景区由罗古箐、金顶翠屏山、富和山3个片区组成。地文景观，罗古箐丹霞石林景区含91溪、18岭、360峰，分布有大量丹霞地貌景观	1996年公布为云南省第三批省级风景名胜区
	盐津豆沙关省级风景名胜区	位于盐津县境内，总面积70平方千米。风景区由豆沙关、三股水、莲花洞、大黎山4个片区，60个景点组成。主要景观有豆沙关、老黎山岭风光、圆丘乳峰、三股水瀑布等	1996年公布为云南省第三批省级风景名胜区
	大姚县昙华山省级风景名胜区	位于大姚县境内，总面积110平方千米。风景区由昙华山、百草岭、妙峰山、三潭瀑4个片区和白塔公园组成。百草岭主峰海拔3657米，为楚雄州最高峰，三潭瀑布位于金沙江支流蜻蛉河谷上，河水跌落在三个断层面上，形成3个深潭，瀑布总落差220.28米	1996年公布为云南省第三批省级风景名胜区
	会泽以礼河省级风景名胜区	位于会泽县境内，总面积50平方千米。风景区由以礼河片区、金钟山片区、长海子、大桥黑颈鹤自然保护区4个片区111个景点组成。山水风光，以礼河发源于待补镇的野马川，沿途汇集鹧鸡河、咩则河和待补河，全长122千米，流域面积2558平方千米	1996年公布为云南省第三批省级风景名胜区
	河口南溪河省级风景名胜区	位于河口境内，总面积100平方千米。风景区由南溪河、桥头、沙坝、瑶山、大尖山、县城中越边贸口岸6个片区组成。自然风光，主要地质景点南溪河石灰岩热带沟谷雨林景观、花鱼洞巨泉景观	1996年公布为云南省第三批省级风景名胜区
	大关黄连河省级风景名胜区	位于大关县东南侧，总面积107平方千米。风景区由黄连河瀑布群片区、青龙洞峡谷溶洞片区、罗汉坝原始森林片区、三江口自然保护片区和云台山古驿道游览线四片一线组成。山水风光，风景区以密集的瀑布群为主，被誉为"中国瀑布之乡"。青龙洞峡谷溶洞片区，主要景点是青龙洞，为水洞与旱洞相连	1994年公布为云南省省级风景名胜区，2001年黄连河瀑布群景区被评为国家AA级旅游区

续表

类型	名称	主体旅游地质资源	旅游开发简况
省级风景名胜区	鹤庆县黄龙潭省级风景名胜区	位于鹤庆县城西南，总面积237平方千米。风景区由红军长征纪念碑、西龙潭景区、新华白族村、温水龙潭组成。黄龙潭分为上、中、下三潭相串，西枕螺峰，怀抱碧玉，堤岸垂柳梳风，花间蜂唱蝶舞，山水一色，一派西湖风韵	1998年被列为云南省省级风景名胜区
	富宁驮娘江省级风景名胜区	位于富宁县境内。风景区由驮娘江、归朝、鸟王山3个片区组成，共有景点35个，总面积120平方千米。驮娘峡谷全长2.5千米。风景河段，两侧怪石嶙峋，峡谷水深流急。鸟王山是万鸟相聚和候鸟迁徙的驿站	2001年富宁驮娘江景区被评为国家AA级旅游区，2002年被列为云南省省级风景名胜区
	师宗南丹山省级风景名胜区	位于师宗县五龙乡北部，总面积60平方千米。风景区由南丹山、菌子山、丁累大箐3个片区和南盘江线组成，共有景点46个。山地风光，风景区以独具特色的喀斯特峰丛、巨型洞穴、暗河及滇中喀斯特地区原生态景观为主体	2002年被列为云南省省级风景名胜区
	马龙马过河省级风景名胜区	位于马龙县境内，总面积28平方千米。景区由马过河、万亩草场、香炉山3个片区组成，共有37个景点。山水风光，以溪流平湖、陡壁峭岩、瀑布跌水为特色	2002年被列为云南省省级风景名胜区
	彝良小草坝省级风景名胜区	位于彝良县境内，总面积163平方千米。山地风光型，风景区小地形山体多变，山体景观丰富，景观多达600余处，其中大小瀑布30余处，散布在23条大小河流之上，隐藏于密林之中。景观有渴驼饮泉、银河飞瀑、天门鸽树、刀梁险道、燕岩石峰、懒汉澡塘、贵妃浴池、白鹃戏狮、万佛奇洞等	2003年被列为云南省省级风景名胜区
	昆明阳宗海省级风景名胜区	位于昆明市东部，总面积31.9平方千米。山水风光，阳宗海为高原断陷湖泊，湖面面积31.9平方千米，湖岸平直，湖底凹凸不平，有岩洞暗礁，水色碧绿，透明度高	2010年被列为云南省省级风景名胜区

（2）旅游温泉。旅游温泉是利用天然温泉和地热水开发的旅游产品，是旅游产品中一个重要的组成部分，尤其是在旅游业转型升级的过程中，发挥着不可忽视的重要作用。天然温泉是自然出露地表的、稀有的地质资源，云南安宁的天下第一汤、腾冲火山热海、洱源地热国、龙陵邦腊掌等都属于这一类型的温泉产品。而通过人工打钻深入地层所获取的地热水也是为了弥补天然温泉不足而采取的一种重要补充方式，如昆明市周边的滇池春天会馆、心景花园酒店等，玉溪的汇龙生态园、映月潭温泉等。

云南是我国地热活动最强烈、地热资源最丰富的地区之一，全省有1240处天然露泉，约占全国温泉总数的 1/3，温泉流量大，仅次于西藏，居全国第二位。从种类分，云南温泉以重碳酸泉为主，其次为碳酸泉、硫磺泉；按水温分，有低温泉（25℃~40℃）、中温泉（40℃~60℃）、高温泉（60℃~80℃）、过热泉（96℃以上）四种；从分布看，高温泉区集中分布于滇西地区，中低温泉主要于滇中、滇东地区。云南省温泉休闲旅游产品开发形成了六种主要类型：以柏联温泉、地热国温泉等为代表的滨湖型温泉休闲区；以安宁温泉、腾冲温泉等为代表的山谷型温泉休闲区；以汇龙温泉、鸡飞温泉等为代表的田园型温泉休闲区；以玉溪映月潭温泉为代表的修禅型温泉休闲区；以弥勒湖泉半山温泉为代表的山林型温泉休闲区；以水富大峡谷温泉为代表的峡谷型温泉休闲区（见表 5-5）。2008 年 4 月 5 日，云南省成立了云南省旅游业协会 SPA 与温泉分会，建立云南省温泉协会，编制了全国首套 DB53/T256-2008《旅游温泉标识使用规范》、DB53/T257-2008《温泉旅游服务规范》、DB53/T258-2008《温泉旅游服务场所等级划分与评定》和 DB53/T259-2008《SPA 经营场所等级划分与评定》四项系列地方标准；编制了《云南精品温泉画册》。云南省还成立了全国首个温评机构——云南省 SPA 与温泉等级评定委员会；建设了云南省温泉协会官方网站——云南温泉 SPA 网。2010 年 3 月，云南省 SPA 与温泉等级评定委员会评出的五级皇冠温泉有四家，分别是腾冲火山热海旅游区开发管理有限公司、昆明滇池春天温泉会馆、昆明温泉心景花园酒店、昆明君豪会所，授予了五级皇冠温泉证书和五级皇冠温泉标识牌。

　　云南著名的洱源地热国、西部大峡谷温泉是由四川宜宾万泰集团投资经营，通过市场化运作模式，将地热资源的资源优势转化为经济优势，取得了良好的经济效益。2012 年西部大峡谷温泉的二期开发正式启动，总投资达 37 亿元，日接待旅客量达 75100 人次，客房 7165 间，10986 个床位，年营业收入达 18 亿元，员工达到 5000 人以上，给当地移民和下岗职工带来了更多的就业机会和致富创收的机会，带动当地经济更好更快地发展，达到社会效益和经济效益双赢的目的。[①]

---

① 资料来源：http://yn.yunnan.cn/html/2012-02/24/content_2062024.htm。

2002 年，四川万泰集团投资 2.9 亿元开发洱源温泉城，以温泉资源为优势，占地 1000 余亩，可同时容纳 1 万多人泡温泉，有亚洲最大的露天温泉之称。截至 2012 年，万泰集团已投入资金 3.47 亿元，日最大接待能力达 30000~50000 人次，年收入达 1 亿元，利润 3000 余万元，实现各种税收 800 余万元。云南五级皇冠温泉旅游企业及温泉休闲区的旅游开发如表 5-4 和表 5-5 所示。

表 5-4　云南五级皇冠温泉企业一览表

企业名称	地理位置	面积	泉水类型	投资人	景区描述
腾冲火山热海旅游区开发管理有限公司	云南省腾冲县清水乡热海景区	9 平方公里	重碳酸钙钠泉	云南机场集团、腾冲县国有资产有限公司	热海景区位于腾冲县城南 12 公里处的清水乡，是国家 AAAA 级风景名胜区、国家地质公园、云南省八大省级旅游度假区之一，景区青山环抱，景点错落分布，以丰富的地热景观，独特的地质特征，早在明清时期就享有"一弘热海"之盛誉，是腾越十二景之一，素有"天然地热博物馆"的美称，其显著特征为喷气孔、冒气孔、冒气地面、热沸泉、热喷泉、热水泉、热水喷爆等地热景观，有极高的观赏价值和科考价值，同时还有疗养治病的神奇功效。景点主要有沸水翻滚、汽浪蒸腾的"大滚锅"，有喷珠吐玉的"珍珠泉"，有神奇妙方美称的"怀胎井"，有栩栩如生的"蛤蟆吐水"、"热龙戏珠"、"雄狮尽职"等二十多个世界少见、国内仅有的奇珍异景。热海不仅风景独特迷人，而且热能源开发方面也有非常广阔的前景。今天的热海，已成为一个集旅游观光、休闲度假、康体理疗于一体的综合性景区，享誉海内外
昆明滇池春天温泉会馆	昆明市滇池路	占地面积 50 亩		云南承龙投资集团有限公司投资	昆明滇池春天温泉会馆位于滇池国家旅游度假区。周边有世界著名高原体育训练基地海埂、红塔体训基地，云南民族村，中国十佳高尔夫球会滇池高尔夫，万达高尔夫球会等配套设施。五种不同风格的温泉豪华套房 96 间，各类设施完善，是一个集"温泉养生，休闲度假，保健治疗，会议接待，商务培训"为一体的现代休闲时尚温泉度假型酒店
昆明温泉心景花园酒店	昆明市安宁路	占地面积 100 亩	碳酸氢盐泉	云南大朝房地产开发经营有限公司独家投资	温泉新景花园酒店位于有"天下第一汤"美誉的温泉旅游度假区。景区山环水复，洞奇林深，古刹幽邃，是昆明滇池国家风景名胜区的重要景区之一。除天下第一汤外，国内现存不多的禅宗名刹曹溪寺；镌刻着明、清、民国时期高人韵士、名家学者盛赞温泉的长歌短句 130 余幅的环云崖摩崖石刻群；酒店拥有别具一格的休闲度假套房 247 套，包括标准间、三人套房、复式套房、豪华行政套房、总统别墅。并建有国内顶级的 SPA 水疗中心及功能齐备的会议厅、优雅舒适的多功能餐厅

续表

企业名称	地理位置	面积	泉水类型	投资人	景区描述
昆明君豪国际会所	昆明世纪金源大饭店	占地2万多平方米	碳酸偏硅酸泉		昆明君豪国际会所紧邻世纪金源大饭店，是东南亚园林式露天温泉泡池。1楼私人豪华休息厅可容纳200人休息，2楼普通包房14间，豪华包房10间，室外双层豪华别墅5间，单层别墅5间，连体别墅6间。内设游泳池、健身房、保健按摩、香薰、美疗、卡拉OK露天温泉计30余种功能泡池

资料来源：根据 http://www.hstcn.com/china.php? cla=22 及相关资料整理。

表 5-5 云南温泉休闲区旅游开发一览表

类型	名称	范围及面积	主体旅游地质资源	旅游开发简况
滨湖型温泉休闲区	昆明阳宗海柏联温泉	位于昆明阳宗海湖畔，昆明至石林高等级公路35千米处，地处宜良县、呈贡县、澄江三县之间。占地面积约15000平方米	温泉	分为四个功能区，即水上木屋、湖景理疗房、室内火山理疗馆、户外温泉池，设置有20幢带有私人游泳池、庭园的独栋别墅，配置有度假酒店。柏联温泉与阳宗海、春城湖畔高尔夫构成阳宗海度假区的核心景区。阳宗海柏联SPA以其优质环境、高档设施、细致服务而成为云南省温泉旅游区的典范，并被评选为全球经典小型豪华酒店
	寻甸星河温泉	位于昆明市寻甸县塘子镇，县城东南15千米处	温泉	星河温泉具有水温高（76℃）、流量大（300余立方/小时）的特点，历史上塘子温泉与双龙潭、白龙潭、清水海并称寻甸四绝。现已建设成为集温泉康体、娱乐健身、度假别墅、民族风情等特色温泉旅游小镇。温泉小镇依托"一泉"（"南谷温泉"）、"一河"（牛栏江）依山傍水的资源优势，开发有温泉文化主题酒店、"汤天下"温泉泡池、温泉别墅、温泉休闲街、牛栏江风光等景区景点，尤其以地中海风情岛、情侣岛、阳光沙滩岛、桂花岛等100余个风格迥异的泡池最具特色，并提供全方位一年365天、24小时英式管家服务
	大理地热国温泉	位于洱源县茈碧湖畔，占地1000亩	富含钾、钙、镁、铁等多种对人体有益的微量元素	国家AAA级旅游区，地热国温泉水温70℃~90℃。开发有风情温泉泡池区、白族民居住宿区、歌舞广场游乐区、康体运动养生区，配套有游客中心、民居别墅、桑拿按摩、餐饮休闲、会议中心、游憩长廊等设施。尤其以不同药理性能的露天温泉和浓郁的白族风格民居建筑最具特色。园区最大接待能力可达3万人，客房每晚可入住1000人，已成为滇西北地区著名的温泉度假旅游区

续表

类型	名称	范围及面积	主体旅游地质资源	旅游开发简况
山谷型温泉休闲区	昆明安宁温泉	位于安宁市城北7千米处	碳酸钙镁泉	安宁温泉以"天下第一汤"闻名天下，历史上就是云南省的著名温泉疗养胜地，属地质断裂构造深循环型温泉，天然出水的泉眼有9处，泉水温度常年在43℃~45℃，水中含有适量的氯、重量碳酸、钾、钠、镁、硅等微量元素。目前已建设成为集休闲、养生、治疗为一体的大型温泉休闲区。温泉休闲区配置了温泉宾馆、干部疗养院、部队疗养院、日式森林温泉、产权式温泉公寓、大型购物商场等设施。周边有"冰壶灌玉"、"龙窟乘凉"、"春圃桃霞"、"晴江晚棹"、"烟堤听莺"、"山楼看雨"、"云岩御风"、"溪亭醉月"的温泉八景。徐霞客称赞安宁温泉"此水实为第一，不可不浴"。明代著名学者杨慎称"安宁之碧玉泉"为温汤之冠，并题写"天下第一汤"，刻石留存到今天
	华宁象鼻温泉	位于华宁县县城南部10千米处，毗邻304省道，占地面积2.3平方千米	重碳酸泉	开发建设有高、中、低档三种客房113间，设置有理疗室、餐厅、会议厅、舞厅、游泳馆、保龄球馆等设施，为中残联指定的训练基地。象鼻温泉早在东汉时期被发现利用，温泉自象鼻岭下石壁间涌出。每年农历"土黄天"，到象鼻温泉沐浴已成当地群众的习俗。周边有象鼻山、金锁桥、翠屏山等景区景点。华宁象鼻温泉度假村2001年被评为国家AA级旅游景区
	腾冲热海温泉	位于腾冲县城西南20千米处	境内有沸泉、气泉、喷泉等88处，其中10个温泉的水温达90℃以上	是腾冲县地热区的高温中心，热泉遍地，自古就有"一泓热海"的美称。区内有喷气孔、冒气孔、冒气地面、热沸泉、热喷泉、热水泉、热水喷爆等地热景观，其中尤以大滚锅、热龙抱珠、鸣泉、珍珠泉等最为著名。热海浴谷依山势地形而建，建筑规模为8360平方米，高峰时段可同时接待游客540人次。浴谷共有16个露天、半露天原汤水质的泡池，拥有香柏池、咖啡池、芦荟池、酒池、茶池等特色泡池，配置有富含负氧离子的温泉氧吧。已成为旅游观光、度假疗养、科学考察的著名景区
	龙陵邦腊掌温泉	位于龙陵县城西北方向12千米的香柏河沿岸，与大瑞铁路、保龙高速相邻，占地面积1056亩	温泉	在南北长1000米、宽200米的香柏河峡谷中，分布着600多个泉眼，水色、水温各异，而疗效也不尽相同，被誉为"温泉博物馆"。温泉分为森林生态休闲区、温泉康复理疗区、神汤奇水养生区、主题酒店度假区、河谷温泉体验区、行政后勤管理区六大功能区。目前正按照"国内一流、国际知名"的水平，打造集"休闲、娱乐、康体、疗养"为一体的高端温泉度假区
田园型温泉休闲区	玉溪汇龙生态园温泉	位于红塔区西南部大营街，占地面积20万平方米	温泉	生态园拥有大小温泉泡池16个，来自2000多米深的地下热水，具有独特的生化效应及医疗保健作用。园区建有可供600人住宿、2000人就餐的汇龙会议中心，以水为主题的水上运动场及室内温泉，配有大型游乐设备的儿童乐园，占地6700平方米的滑草场等设施。园区还有洞经音乐乐队和花灯歌舞队。目前园区已通过ISO9001质量管理体系和ISO14001环境保护体系管理认证，并被评为国家AAAA级旅游景区、国家三星级旅游饭店等殊荣

续表

类型	名称	范围及面积	主体旅游地质资源	旅游开发简况
田园型温泉休闲区	昌宁鸡飞温泉	位于昌宁县西南部，距县城32千米，景区占地面积1.5平方千米	温泉	区内有供40~50人同浴的大蒸塘，有10~20人共浴的青树塘，还有供少年儿童洗浴的杨家澡塘。大蒸塘水温高达90℃，不同的泉眼所含元素不同，一天显示三种颜色，并有不同的医疗效果。鸡飞温泉历史上被誉为"滇西八景"之一。历代名人对鸡飞温泉留下了很多赞誉，明代著名文学有杨升庵在其笔记中对鸡赞誉道："滇泉之温者，安宁为第一要绝，无砒硫气，可以愈疯疾，鸡飞温泉其亚者钦"。2004年鸡飞温泉被国家列为AA级景点
修禅型温泉休闲区	玉溪映月潭温泉	位于红塔区西南部大营街，占地面积300多亩	温泉	映月潭温泉开发有映月潭温泉、映月潭水体健身中心、感恩旅游商品街、映月温泉客栈、释迦文化静享园、玉泉寺灯景区景点。项目通过净修之道（映月潭温泉）、景修之道（映月潭水体健身中心）、慧修之道（释迦文化静享园）、悟修之道（玉泉寺）让旅游者亲身体验"修闲之道"。映月潭温泉以玉石浴、酒浴、贵妃百花浴等30多种SPA水疗为主，并配有推拿按摩、餐饮、带泡池客房、会议室等服务设施，打造温泉修禅度假区。2005年被评为国家AAAA级旅游景区
山林型温泉休闲区	弥勒湖泉半山温泉	位于红河州弥勒县湖泉生态园内	低矿化碳酸泉	半山温泉水质清澈透明、软滑柔顺，含有硫、钴、硼、锰、碘、锂、锶、铁、锌、铜等多种对人体有益的矿物质微量元素。半山温泉开发有山林温泉区、度假酒店区、生态湖景区、儿童游乐区、高尔夫运动区等功能区，成为山中有景、景中有池的露天温泉，并设置有泉疗浴、苹果浴、人参浴、养生浴、茉莉浴、香草浴、牛奶浴等12个特色泡池，形成"登高临水"、"飞阁流丹"、"湖林玉露"、"仰赏飞云"、"舒眠泉韵"等泡池，成为云南省最具代表性的温泉度假旅游区
峡谷型温泉休闲区	水富大峡谷温泉	位于昭通市水富县金沙江畔，距水富县城4千米，距宜宾市区32千米。景区占地面积300余亩	泉水富含偏硅酸、硫、锂、溴、硒、氢、铜、锶等多种微量元素	大峡谷温泉水温高达85℃，日涌水量达8000余立方米，水压高达4.2兆帕，露天温泉浴区占地100亩，可同时容纳3000人以上浸泡温泉，拥有各种规格、各种特色的30多种浴池。还配有滑草场、网球场、羽毛球场、沙滩排球等娱乐设施。2011年被评为国家AAAA级旅游景区，成为川、渝、滇、黔地区著名的温泉度假区。现正在建设成为集休闲度假、养生理疗、商务会议、教育博览、运动探险、旅游观光等多功能一体化综合型现代国际温泉度假区

（3）旅游景区。以旅游地质资源为主体的旅游景区是旅游业发展的重要支撑，云南省的旅游景区（点）不仅国家级旅游景区（点）增多，而且旅游景区（点）知名度不断提升，国际和国内权威组织从不同角度认定了云南旅游景区的高品质、独特性旅游价值，使一些旅游景区（点）拥有多个名片，成为吸引国内

外游客的金字招牌。如云南石林集世界自然遗产地、世界地质公园、5A景区于一身；三江并流不仅是世界自然遗产地，也是国家地质公园、国家公园主要集中区，其中丽江老君山国家公园、德钦梅里雪山国家公园以及香格里拉普达措国家公园均位于此区域。另外，云南禄丰恐龙、云南玉龙黎明—老君山、石林、澄江动物化石群、丽江玉龙雪山、九乡峡谷洞穴、大理苍山不仅是国家地质公园，而且旅游景区级别也很高。此外，丽江、香格里拉、石林、西双版纳都入选中国知名的前30名景区；丽江世界遗产游、迪庆州的香格里拉旅游线等入选全国最受观众喜爱的二十条旅游线，一些旅游景区（点）列为旅游者一生必到的50个最喜欢的景区。截至2014年4月，云南省共有A级旅游景区198家，其中，5A级6家、4A级58家、3A级45家、2A级79家、1A级10家。AAAAA级旅游景区是中国最高质量等级的旅游景区，AAAA级是较高级别的旅游景区。云南的AAAAA级旅游景区中有3个是以地质资源为主体的，旅游开发现状见表5-6。AAAA级旅游景区有58个，以地质资源为主体的有27个，旅游发展概况如表5-7所示。

表5-6　云南以旅游地质资源为主体的AAAAA级旅游景区旅游发展概况

景区名称	已开发旅游地质资源	旅游发展概况
昆明石林风景名胜区	位于昆明市石林县境内，景区面积1100平方千米。景区分为石林景区、乃古石林景区、芝云洞、长湖、大叠水景区、圭山国家森林公园、月湖、奇风洞八个旅游片区。现已开发石林景区、乃古石林景区、大叠水景区、长湖四个片区。石林景区是整个旅游区的核心景区，主要景点有"石林胜景"、"千钧一发"、"凤凰梳翅"、"阿诗玛"等。乃古石林景区主要景点有石林景观、白云湖、白云洞、石峰山、幽谷仙瀑等景点。大叠水景区主要景观有"珠江第一瀑"之称的大叠水瀑布。长湖景区主要景点有独石山、大尖山、二尖山、三尖山、磨盘山、蓬莱岛、圆湖等。石林风景民族风情浓郁，最具影响的是"一诗"、"一影"、"一歌"、"一节"，即长诗《阿诗玛》为彝文记录的古老撒尼叙事长诗，被译成20多种文字在国内外发行；电影《阿诗玛》为中国第一部彩色立体声电影；歌曲《远方的客人请你留下来》是撒尼人最具代表性的歌曲，广为传唱；节日"火把节"于每年农历六月二十四日举行，是彝族撒尼人传统节日，被誉为"东方狂欢节"	1931年建立石林公园。1982年被列为首批国家风景名胜区。2004年被评为世界地质公园。2007年被评为国家AAAAA级旅游景区。2008年云南石林与贵州荔波、重庆武隆共同以"中国南方喀斯特世界自然遗产"被联合国教科文组织列入世界自然遗产名录。石林风景区已建设成为一个集自然风光、民族风情、休闲度假、科学考察为一体的著名大型综合旅游景区

续表

景区名称	已开发旅游地质资源	旅游发展概况
丽江玉龙雪山景区	位于丽江市玉龙县境内，景区面积 415 平方千米。全区分为甘海子景区、白水河景区、云杉坪景区、冰川公园、大玉龙景区五大旅游片区。甘海子是玉龙雪山东面开阔的草甸，海拔 2900 米，是玉龙雪山旅游区的游客集散中心，有世界球道最长、亚洲海拔最高的高尔夫球场，以及大型实景演出节目——《印象丽江·雪山篇》。白水河为从甘海子到云杉坪之间的山谷，因河床、台地由白色大理石、石灰石碎块组成，呈一片灰白色而得名。白水河形成了四个较大的水面，即"玉液"湖、"镜潭"湖、"蓝月"湖和"听涛"湖。云杉坪为玉龙雪山东侧林间草地，是纳西族人心中的圣洁之地，因美丽的传说而又名"情死之地"。冰川公园分布着欧亚大陆离赤道最近的现代海洋性温冰川和雪海，总面积达 11.61 平方千米，发育有 19 条现代冰川，其中"白水一号"现代冰川具有游览条件，可乘玉龙雪山大索道到达	1988 年被列为国家级重点风景名胜区。1993 年成立省级旅游开发区。2001 年被评为国家 AAAA 级旅游景区，2001 年与阿尔卑斯山马特宏峰（瑞士瓦莱州）结为姊妹峰。2002 年景区通过 ISO 质量和环境管理体系认证审核。2007 年被评为国家 AAAAA 级旅游景区。玉龙雪山景区已建设成为一个集观光、登山、探险、科考、度假、郊游为一体的多功能旅游景区
香格里拉普达措国家公园	位于迪庆州香格里拉县东部，距香格里拉县城 35 千米，平均海拔接近 3500 米。总面积 300 平方千米。公园分为特别保护区、自然生境区（包括野生动物区和荒野区）、户外游憩区、文化保存区、公园服务区、引导控制区（遗产廊道）六大功能分区来建设和管理。其中核心游览区是属都湖景区、碧塔海景区、霞给村景区。属都湖景区包括高山草场、高原湖泊、森林湿地游览栈道等景点，为香格里拉有名的牧场。碧塔海景区包括高原湖泊、沼泽湿地、大树杜鹃、湖泊小岛、云杉桦树游览栈道等景点，为香格里拉核心景区。霞给村景区包括土陶坊、唐卡坊、木器坊、牛角雕刻坊、藏香坊、藏银坊、民居博物馆等景点，为著名旅游特色村。普达措国家公园是中国大陆第一个国家公园，是一个集高原湖泊、高山草甸、河流、原始森林、野生动植物、民族风情、宗教文化为一体的旅游景区。目前已完成环湖环保车道油路 69 千米的建设，铺设了 10 千米的人行栈道，增设了多个观景台、餐饮中心、旅客接待中心、环保厕所等服务设施	1993 年建立碧塔海景区。2005 年完成碧塔海西线环保车道、人行栈道建设。2005 年正式成立普达措国家公园，将原碧塔海景区、属都湖景区等进行统一规划、建设和管理。2012 年被评为国家 AAAAA 级旅游景区

表 5-7 云南以旅游地质资源为主体的 AAAA 级旅游景区旅游发展概况

旅游地质资源类型	名称	旅游开发简况
喀斯特地质景观	九乡风景名胜区	位于昆明市宜良县境内，面积 167.1 平方千米，1994 年被批准为国家级风景名胜区。1995 年被国际洞穴协会吸收为会员。2001 年被评为国家 AAAA 级旅游景区。2009 年申报为国家地质公园。九乡风景名胜区包括叠虹桥景区、三脚洞景区、大沙坝景区、马蹄湾景区、阿路龙景区和马蹄峡六大景区。现已开发叠虹桥景区的荫翠峡、惊魂峡、雄狮厅、仙人洞、雌雄瀑、神田、林荫寨、蝙蝠洞等景点，建有峡谷观光电梯和游览索道。三脚洞景区位于叠虹桥景区北部麦田河上游，主要包括虾仔洞、丝泉洞、缅塔洞、上天生桥暗河系统及洞外平畴河滩森林等景点，目前正在开发中。九乡溶洞拥有上百座大小溶洞，具有雄、险、奇、秀等特点，是中国规模最大、数量最多、景观最奇特的溶洞群，被赞为"溶洞博物馆"，九乡风景名胜区是以溶洞景观为主，融溶洞内外风光、人文景观、民族风情于一体的综合性风景游览区

续表

旅游地质资源类型	名称	旅游开发简况
温泉景观	玉溪映月潭休闲文化中心	位于玉溪市红塔区大营街，占地面积300亩。2005年被评为国家AAAA级旅游景区。由映月潭温泉、玉泉寺、映月潭水体中心、感恩旅游街、映月温泉客栈、释迦文化静享园等组成。映月潭修闲文化中心已成为以"修禅"为中心集温泉、美食、住宿、娱乐为一体的文化型旅游景区
	水富西部大峡谷温泉旅游区	位于昭通市水富县金沙江畔，距水富县城4公里，占地面积300余亩，其中露天温泉浴区占地100亩。1978年被云南地质勘探部发现，1999年四川宜宾万泰集团公司投资开发，2011年评为国家AAAA级旅游景区。景区现有各种特色的30多种泡池，分药物池、牛奶池、咖啡池、花瓣池、醋池等，可同时容纳3000人以上浸泡温泉。园内现有400个泊车位，有可容纳600人同时就餐的餐饮厅，可容纳500人的会议中心，富丽典雅的140间贵宾房东巴别墅，可容纳上千人玩乐的民族广场和景观大道。另外配有滑草场、网球场、羽毛球场、沙滩排球场等娱乐设施
	腾冲热海景区	位于保山市腾冲县城西南20千米处，面积9平方千米。1994年被评为国家级风景名胜区，2002年被评为国家地质公园，2004年被评为国家AAAA级旅游景区，2009年荣获"中国十大温泉养生基地"，2010年被评为"中国温泉圣地"。景区内较大的气泉、温泉群80多处，其中水温在90℃以上的温泉群有14个。开发有大滚锅、蛤蟆嘴、狮子头、怀胎井、珍珠泉、鼓鸣泉及澡塘河瀑布等十多个景点。其中，大滚锅直径6.12米，水深达1.5米，"锅底"水温达102℃，是全国唯一的脉动式沸喷泉；怀胎井起源于"泉水送子"传说，泉水中含有丰富微量元素，具有促进新陈代谢及调节内分泌等作用；澡塘河瀑布位于热海峡谷中，河流从高岩上跌落，形成飞泻轰鸣的瀑布。景区还有忠孝寺、金龙寺、李根源题词等文化景观。建有浴谷、美女池、热海温泉酒店、玉温泉等旅游设施，是以丰富的温泉地热资源为依托，以温泉休闲度假项目为特色的温泉旅游度假区
区域名山	通海秀山公园	位于玉溪市通海县城南部，辖区面积7.6平方千米。2005年被评为国家AAAA级旅游景区。已建成形成了田勾町王庙、三元宫、普光寺、清凉台、涌金寺、白龙寺、玉皇阁七大建筑群体。近年来，通海秀山扩建了部分亭阁游廊及服务设施，有白云坞、丝竹馆、书画展室、池上长廊、财神殿、兰花园、茶花园等，已发展成为集观光游览、宗教文化、历史文化于一体的综合型旅游景区
	武定狮子山景区	位于楚雄州武定县城西郊3千米处，总面积166平方千米。狮子山素有"西南第一山"之称。1988年被列为省级风景名胜区。2009年被评为国家AAAA级旅游景区。景区由正续禅寺、牡丹园、林海、巉崖四大部分组成，有86个景点。有遒劲蟠立的迎客松、峻峭惊险的观日亭、造型粗犷的蛇头岩、山岚掩映的双笋峰、神秘诱人的观音洞、幽深险奇的"九曲黄河"和"曲水流觞"等景点，以及礼斗阁、月牙塘、建文帝"靖难之役"后隐居为僧的遗迹、正续禅寺等，还有元、明、清多处古迹。是融山水风光、文物古迹、地质地貌、民族风情为一体的风景名胜区
	剑川石宝山·沙溪古镇旅游区	位于大理州剑川县城西南端，由石宝山景区和沙溪古镇构成。石宝山景区总面积25平方千米，沙溪镇总面积287平方千米，坝区面积26平方千米。2012年被评为国家AAAA级旅游景区。1961年列入国家重点文物保护单位，1982年公布为国家级重点风景名胜区，景区有"石钟山石窟"、"宝相寺"、"海云居"、"石龙村"等景点。"石钟山石窟"开凿于唐宋（南诏、大理国）时期，是国内唯一反映滇密阿吒力教的石窟；"宝相寺"始建于元朝至元年间，被誉为"云南悬空寺"；"石宝山歌会"于2008年列入国家级非物质文化遗产保护名录。沙溪镇是以白族为主，汉、彝、傈僳族共居的民族居住地。世界纪念性建筑基金会宣布沙溪（寺登）区域入选2002年世界濒危建筑保护名录。寺登街是沙溪古镇的核心，是一个集寺庙、古戏台、商铺、马店、古巷道于一身的千年古集市，保留了茶马古道上山乡古集市风貌，至今仍在沿袭阿吒力佛教文化、儒家文化和白族民间乡土文化

旅游地质 资源类型	名称	旅游开发简况
古生物 化石	禄丰世界 恐龙谷景区	位于楚雄州禄丰县境内。占地面积 100 万平方米。由湄公河集团投资兴建。2008年正式开园。2009 年被评为国家 AAAA 级旅游景区。是迄今为止世界规模最大的恐龙遗址公园，景区由恐龙遗址科考观光区、侏罗纪世界旅游区和侏罗纪嘉年华游乐区三大区域组成。恐龙遗址科考观光区由恐龙大本营、中国禄丰恐龙大遗址和科考营地三大区块组成。侏罗纪世界旅游区由重返侏罗纪、侏罗纪历险记、阿纳休闲观光带、侏罗纪嘉年华四大游览区域组成。侏罗纪嘉年华游乐区有"鱼龙击水"、"龙卷风暴"、"飞龙秋千"、"波浪翻滚"、"恐龙骑士"、"飓风龙椅"、"神龙救火队"、"转转恐龙蛋"、"幼龙对对碰"、"幸运走廊"等游乐项目。还配置有科普讲座、文艺表演、主题节庆等活动。禄丰世界恐龙谷景区是集遗址保护、观光游览、休闲娱乐、科普考察于一体的恐龙文化主题旅游景区
岩溶地貌	元谋土林 景区	位于楚雄元谋县境内，总面积 42.9 平方千米。2005 年被评为国家 AAA 级景区。2007 年被评为"中国魅力景区"。2009 年被评为国家 AAAA 级旅游景区。土林是由于砂子和黏土中含有的少量钙质胶结物在漫长的岁月中经过地面龟裂、雨水冲刷、裂缝加深、土柱显露等形成的土林景观，形态包括土芽型、古堡型、尖笋型、铁帽型等。元谋土林分布较广，共有 13 处之多，其中物茂土林、新华土林、班果土林是面积最大、景色最壮观、色彩最丰富的三片土林。物茂土林最为壮观，远眺犹如被遗弃的古城堡，"城堡"顶部有赤、褐、黑三色的顶盖"土帽"，成为下面岩层的保护伞。班果土林面积最大，以柱状、孤峰状为主，高大土柱分为红、白、黄三色，土柱中含有玛瑙片砂等能反光的矿物质。新华土林高大密集，以色彩丰富而著称，土柱顶部多为紫红色，中部灰白相间，下部则以深浅不同的黄色为主调，在不同的光线下，土柱又变幻出更加丰富的色彩，俨然一幅天然的抽象画
岛屿	大理南诏 风情岛	位于大理州大理市双廊乡境内，洱海北部，海拔 1988 米，东西长约 350 米，南北宽约 200 米。2001 年被评为国家 AAAA 级旅游景区。南诏风情岛由沙壹母群雕码头、太湖石景群落、阿嵯耶观音广场、南诏避暑行宫、本主文化艺术广场、海滩综合游乐园、海景别墅、渔家傲别墅八大景观组成。景区主要以雕塑为主展示大理南诏文化，中心有汉白玉观音立式雕像，是按照南诏大理国时存留下来的阿嵯耶观音（或称细腰观音）造像雕成的，高 17.56 米，是迄今为止世界上最高的汉白玉观音雕像。南诏风情岛是以休闲度假为特色的人工建设景区，岛上设有两个码头，东部主码头为大运码头，北部是辅助码头。大运码头可以一次停靠四艘大型游船。岛上的南诏行宫和海景别墅可供游客住宿，有民族歌舞表演，白族三道茶等民俗风情活动
佛教名山	宾川鸡足 山景区	位于大理州宾川县境内。鸡足山东西长 7 千米，南北宽 6 千米，总面积 2822 公顷，主峰海拔 3248 米。鸡足山是我国著名的佛教名山之一，在南亚、东南亚国家享有盛誉。2001 年被评为国家 AAAA 级旅游景区。景区分为六大片区：山门片区，有灵山—会坊、九莲寺、佛塔寺等景点；祝圣寺片区，有五华庵、祝圣寺、玉龙瀑布、碧云寺等景点，寺庵比较集中，为景区的中心区；迦叶殿片区，有迦叶殿、弥勒院、慧灯庵、放光寺、真武洞等景点，是迦叶尊者的开山道场；金顶寺片区，有金顶寺、楞严塔、华首门、铜佛殿及静禅茅棚等景点；杜鹃长廊片区；万壑松涛片区。其中有著名"八景"：天柱佛光、华首晴雷、苍山白雪、洱海回岚、万壑松涛、飞瀑穿云、重岩返照、塔院秋月。鸡足山每年农历正月初一至十五为鸡足山朝山会，农历四月初八即佛祖释迦牟尼的诞辰，举行隆重的浴佛仪式，称为"浴佛节"，届时游人和朝拜者络绎不绝

旅游地质资源类型	名称	旅游开发简况
泉水景观	丽江黑龙潭景区	位于丽江市古城区，象山脚下，总面积9530亩。始建于清乾隆二年（1737年），乾隆赐题"玉泉龙神"，旧名玉泉龙王庙，因获清朝嘉庆、光绪皇帝敕封"龙神"而得名后改称黑龙潭。1996年列为省级重点文物保护单位，2002年通过IOS9001和ISO14001质量和环境认证，2006年黑龙潭明清古建筑群被列为全国重点文物保护单位，2008年黑龙潭公园免费开放，2009年被评为国家AAAA级旅游景区。景区包括黑龙潭公园、纳西东巴文化研究所和众多古建筑。主要景点有黑龙潭、五孔桥、潭心百花洲、神龙寺、既雨楼、古戏楼、得月楼、五凤楼、解脱林、方国瑜墓等。黑龙潭是丽江古城水源地，以五孔桥、得月楼、雪山及黑龙潭中之雪山倒影组成"龙潭映雪"影像。纳西东巴文化研究所展示和研究东巴象形文字、东巴古籍文献、东巴祭祀仪式以及与东巴祭祀相关的音乐、舞蹈、绘画、雕塑等。黑龙潭是丽江市保护文物最集中之地，原木府等很多重要文物也迁移至此保存
水体景观	宁蒗泸沽湖景区	位于云南省宁蒗县与四川省盐源县之间，面积约48.5平方千米，其中云南境内30.5平方千米。1986年确定为省级自然保护区，1988年确定为国家重点风景名胜区，2006年获"中国十大生态旅游景区"，2009年被评为国家AAAA级旅游景区。泸沽湖平均深度有40余米，最深处达73.2米，湖中有五个小岛。主要景点有泸沽湖、摩梭母系部落、草海、走婚桥、黑喇嘛寺、扎窝洛码头、泸源崖、格姆女神、山安娜俄岛、达祖湖湾、鸭子垭口等。游湖的方式有两种：一种是乘坐当地别致的猪槽船；另一种是徒步环湖。景区以泸沽湖畔"女儿国"摩梭人保留的母系氏族婚姻制度（俗称走婚）为亮点，开发了摩梭家访、篝火晚会、乘船游岛、温泉等旅游产品，是一个集自然风光游览、民族风情体验、休闲度假娱乐为一体的综合型旅游景区
	澄江禄充景区	位于玉溪市澄江县抚仙湖西岸。景区背山面湖，湖岸线长3.2千米，面积9.5平方千米。2009年被评为国家AAAA级旅游景区。由抚仙湖、笔架山、玉笋山、波息湾等构成。抚仙湖是我国第二深水湖，云南省蓄水量最大的湖泊，最深处达155米，平均深87米，透明度为7~8米。湖内以抗浪鱼最负盛名，有独特的"车水捕鱼"和六月十三"祭鱼洞"的习俗。笔架山位于抚仙湖畔禄充村北面，海拔1808米，最高点距湖面76米，南北长约0.5千米，山上除部分表皮有一层红色薄土外，全由石灰岩组成。玉笋山位于波息湾北侧，南看玉笋山犹如挂在海边的金钟；北看玉笋山因与背后的麒麟山峰并排，又变成双峰叠影；在波息湾禄充村每年举办禄充高香文化节和抚仙湖铜锅美食节。禄充景区是集旅游、休闲、度假、娱乐于一体的旅游景区
	沾益珠江源景区	位于曲靖市沾益县境内的马雄山麓，总面积50平方千米，最高海拔2444米。1988年批准为省级风景名胜区，1993年批准为国家级森林公园，2005年被评为国家AAAA级旅游景区。珠江源保护区面积12.5平方千米，从马雄山顶东侧下至半山腰，上下两个洞口流水潺潺，是珠江之正源。由于得天独厚的水文条件，景区形成了"一水滴三江（南盘江、北盘江、牛栏江），一脉隔两盘（南、北盘江），一线串五珠（五个湖泊）"的奇异景观。景区有珠江正源、大树杜鹃花区、伏地松、龙溪洞、天下第一棋盘、天下第一罗盘、珠源禅寺、珠源第一瀑、霞客草堂等30余个景点。珠江源石牌坊是景区内标志性建筑，为三门四柱五台式花岗岩石牌坊；珠源大罗盘，被称"天下第一罗盘"，直径2.8米，重10吨。每年4月举办"珠江源越野登山挑战赛"和"珠江源越野自行车挑战赛"。珠江源景区是集观光游览、休闲度假、科学考察、户外运动于一体的综合性旅游景区

续表

旅游地质资源类型	名称	旅游开发简况
峡谷景观	丽江观音峡景区	位于丽江市玉龙县七河乡境内，地处丽江坝子六大关隘之一的"玉龙关"关口。2006年由宋城集团投资开发建成。2011年被评为国家AAAA级旅游景区。景区主要由黄龙潭、茶马文化区、峡谷景观区几大部分组成，主要景点有良马桥、滇藏茶楼、黄龙泉瀑布、观音峡瀑布、霞客亭、天香塔和木家别院等。黄龙潭分为上潭、中潭、下潭，在其内分布有合院建筑、木楞房、三坊一照壁等纳西古民居建筑；观音峡两岸均为悬崖峭壁，漾弓江水贯穿整个峡谷，形成落差40多米的观音瀑和双道七色彩虹等景观。游览观音峡，可以乘坐景区内的电动滑道车，滑道车从隧道游览区出发，沿峡谷至隧道上口，全长1200米，落差30余米，全线为一封闭环线。观音峡景区是融湖光山色、峡谷瀑布、民俗风情、宗教建筑、纳西村落、茶马古街为一体的综合型旅游区
	丽江东巴谷景区	位于丽江市古城区白沙乡，白沙坝子东北端，地处丽江古城至玉龙雪山草甸及中山冰蚀峡谷地带，距古城15千米，占地2600亩。2013年被评为国家AAAA级旅游景区。景区为造山运动时期撕裂的断裂峡谷，南北全长9000米，宽十几米至几十米不等，深几米至几十米不一。景区分为自然生态展示区和民族文化展示区。自然生态展示区内分布有峭壁、悬崖、山钟乳、枯藤、怪树、奇石、珍禽、鸣鸟、飞瀑等景观；民族文化展示区则是以匠人街为主线，展示滇西北多个少数民族民间手工艺品的制作过程，并再现了原始的集货买卖场景。匠人街两边是一些充满民族特色的少数民族院落，经营各种首饰、皮毛、药材、东巴字画等；匠人街外，有临波吊桥、裸美湖和森林浴道，森林浴道上有各种枯藤、怪树、奇石、珍禽、鸣鸟，还有动物的祭祀地。东巴谷景区是一个依托于自然景观的民俗文化旅游区
	香格里拉虎跳峡景区	位于迪庆州香格里拉县东南部，距香格里拉县城96千米，距长江第一湾35千米，距虎跳峡镇9千米。2009年被评为国家AAAA级旅游景区。旅游区地处哈巴雪山与玉龙雪山之间金沙江西岸，因传说有猛虎从江中巨石跳跃过江而得名。虎跳峡是金沙江上的第一大峡谷，全长20千米，海拔高差3900多米，峡谷之深，位居世界前列，最窄处，仅约30余米。虎跳峡分为上虎跳、中虎跳、下虎跳三段，共有险滩18处，瀑布10条。上虎跳最重要的景观是"峡口"和"虎跳石"，中虎跳最重要景观是"满天星"和"一线天"，下虎跳最重要景观是"高峡出平湖"和"大具"。虎跳峡以"险"而闻名，瞬息万变，狂驰怒号，石乱水激，飞瀑轰鸣，构成世上罕见的山水奇观，是世界上著名的大峡谷。虎跳峡沿路旅游软硬件设施不断完善，已开发了徒步旅游线，沿路有客栈和马队，为游客提供饮食和休息服务
	香格里拉大峡谷巴拉格宗景区	位于迪庆州香格里拉县西北部，处于滇、川、藏三省交界处，距县城76千米，总面积约176平方千米。1999年开始建设，2007年投入营业，2009年被评为国家AAAA级旅游景区。景区由尼西巴拉宗峡谷与格咱碧融峡谷两段构成，最高点巴拉格宗雪山是香格里拉县的最高峰，海拔5545米；最低点在南部水庄，海拔2200米，相对高差3345米，地形及气候的垂直立体性十分突出。景区有巴拉格宗雪山、天然佛塔、棕榈峡、通天峡、原始森林、草甸、高原湖泊等自然景观，是"三江并流"世界自然遗产红山片区的核心景区之一，也是"国家级风景名胜区"组成部分。巴拉格宗景区目前至各景点的旅游环保公路建成，通往乃当高原牧场的钢架栈道修建完毕，人马驿道等旅游基础设施也一应俱全
	迪庆香格里拉蓝月山谷景区	位于迪庆州香格里拉县境内，距县城7千米，占地面积65平方千米。景区最高点石卡山主峰海拔4449.5米，最低点纳帕草甸海拔3270米。2009年被评为国家AAAA级旅游景区。景区内有4个藏族自然村，四大代表景观：藏区神山——石卡雪山、大片草甸——亚拉青波草原、神秘圣湖——灵犀湖（藏语：良扎湖）、密宗圣址——密教修炼遗迹。蓝月山谷景区是一个集雪山、峡谷、灵湖、草原、藏族文化特色于一体的生态旅游景区。景区内开设缆车朝圣观光旅游线、徒步朝圣观光旅游线和村落民俗文化旅游线等旅游线路，可为游客提供朝圣观光、户外运动、软式探险、徒步穿越、科学考察和民俗风情体验等服务

旅游地质资源类型	名称	旅游开发简况
雪山、冰川景观	德钦梅里雪山景区	位于迪庆州德钦县横断山脉中段，青藏高原南缘，滇、川、藏三省（区）结合部，北靠西藏芒康县，西连西藏左贡县、察隅县及云南省怒江州贡山县，总面积960平方千米。2006年被《中国国家地理》及全国34家媒体联合评选为"中国最美的十大名山"，2006年被评为国家AAAA级旅游景区，2009年成立梅里雪山国家公园。在梅里雪山数以百计的峰群中，海拔在6000米以上的就有13座，称之为"梅里十三峰"。其中主峰卡瓦格博海拔6740米，为云南省第一高峰，也是迄今为止人类尚未攀登上的处女峰。梅里雪山是藏区人民顶礼膜拜的著名神山之一。除此外还有雾浓顶迎宾台、飞来寺、明珠卡拉观景台、梅里大峡谷、明永冰川等主要旅游景点。景区的主要接待点是笑农大本营，可为徒步探险旅游者提供住宿、餐饮服务。梅里雪山景区是壮美冰川景观的代表地和藏传佛教的朝觐圣地
溶洞景观	泸西阿庐古洞景区	位于红河州泸西县城西2千米，景区范围1.5平方千米。阿庐古洞素有"云南第一洞"和"地下园林宫殿"之称，是亚洲最壮观、最秀丽天然溶洞穴之一。1987年对外开放，2001年被评为国家AAAA级旅游景区，2011年被批准为国家地质公园。分为阿庐古洞片区、阿拉湖片区、歹鲁瀑布群片区、白勺地下瀑布片区、吾者温泉片区5个片区。阿庐古洞是核心景区，分洞内和洞外两大部分。洞内景区是一组规模宏大、结构奇特的喀斯特溶洞群，全洞长3000余米，分三个旱洞和一个水洞，即泸源洞、玉柱洞、碧玉洞和玉笋河，洞内有佛光惊现、天造神物、古洞云海、地河幻景四大自然奇观。洞内有226个景点，最具特色的是"洞外有泉、洞中有洞、洞中有天、洞下有河"。洞外是太阳历广场，主要由图腾崇拜中柱、"四方八虎"雕塑群及弧形主题雕塑等主要建筑物构成。阿庐古洞景区是集洞穴科考、科普教育、寻奇探幽、水上娱乐、观光旅游、休闲度假于一体的综合性风景区
	建水燕子洞风景名胜区	位于红河州建水县以东20千米泸江河谷，游览面积4万多平方米。1987年对外开放，2004年被评为国家AAAA级旅游景区。燕子洞以古洞奇观、春燕云集、钟乳悬匾、采燕窝绝技等独特景观著称于世。分为旱洞、水洞和地面景观三部分，景点数百个。燕子洞开辟出3000多米游路，由"龙泉探幽"、"天街撷美"、"梦幻世界"三段景区组成。第一景区龙泉探幽，有"擎天玉柱"、"龙女初嫁"、"双象啜饮"、"金毛吼狮"、"瑶台遗址"、"桃源胜境"等景点。第二景区"天街撷美"，有"倩女迎宾"、"翠盖拥美"、"老宫瑰宝"、"象耳空垂"、"古堡黄昏"、"八仙赴宴"、"老僧望月"等景点，并有300平方米的休息厅。第三景区梦幻世界，有"天鹅戏蟾"、"双螺对语"、"犀牛望月"、"鲲鹏展翅"、"南国椰林"、"璇宫别景"、"龟蛇争雄"等景点。建水燕子洞景区是集宗教文化、休闲观光、科普科考、历史文化于一体的综合性风景区
	师宗凤凰谷生命文化主题公园	位于曲靖市师宗县南50千米五龙乡，核心景区面积14平方千米。2011年被评为国家AAAA级旅游景区。凤凰谷宽30~80米，高差达600多米，集溶洞、峡谷和跌水景观于一体，尤以溶洞最为著名。景区内的凤凰洞为暗河型水平溶洞，洞内各种石钟乳、石笋、石柱、石盾、石瀑大小不一，形态各异。全区由溶洞体验区和综合休闲区组成。溶洞体验区主要有图腾林、生命之门、生命文化天下游、七宝莲花、佛祖讲经、天上人间等景点，其中硕大洞口酷似女阴造型而命名为"生命之门"，为国内罕见的景观。综合休闲区有游艇码头、女儿湖、风雨桥、游泳场、水寨、民族文化广场等景点，是游客休闲、娱乐的主要活动场所。凤凰谷景区是一个喀斯特地质景观与生命文化相结合的特色主题公园景区

续表

旅游地质资源类型	名称	旅游开发简况
湖泊景观	丘北普者黑景区	位于文山州丘北县城西北，总面积2万亩。1993年批准为省级风景名胜区，1996年批准为省级旅游度假区，2004年被评为国家级风景名胜区，2009年被评为国家AAAA级旅游景区。景区分为三大景观群，分别是以摆龙湖、仙人湖、荷花湖、灯笼湖、普者黑湖为代表的湖泊景观群；以300余座峰林、峰丛组成的孤峰景观群；以月亮洞、火把洞、观音洞、仙人洞、神怡洞、白玉洞为代表的溶洞景观群。核心景区有16个湖泊，2万余亩水面，20千米长的荷花游路，平均水深3米，最深30米，水质长年清澈见底。景区自然景色与人文景观交相辉映，是亚热带喀斯特山水田园风光的代表性旅游地。景区开发了多种水上娱乐项目，如乘舟观光、划船垂钓、打水仗、逛溶洞、暗河探险等。每年5~7月，游客乘舟观荷打水仗是景区最为热闹的旅游活动。普者黑村、仙人洞村等是景区的主要旅游接待地，撒尼风情的农家乐特点突出
彩色沙林景观	陆良彩色沙林景区	位于曲靖市陆良县城东南18千米处，总面积180公顷。1988年开发建设，2001年被评为国家AAAA级旅游景区，2004年被国际沙雕协会授予"世界彩色沙雕博览园"称号。陆良彩色沙林受地震冲击、岩浆喷射、地壳运动、风雨侵蚀后逐步形成无数个沙崖、沙柱和沙峰，同时根据矿物含量不同呈现金黄色、白色、红色、灰色等不同颜色。景区分为爨文化片区、彩色沙林片区、沙雕赛区和森林公园片区。爨文化片区有爨桥、爨府玄门、《爨史》浮雕等景点，《爨史》浮雕以《爨龙颜碑》为依据分九部分展示爨文化。彩色沙林片区占地6平方千米，分布在"Y"字形的彩色峡谷中，形成"爨王出征"、"书生看榜"、"爨女望夫"、"蘑菇腾云"、"雨后春笋""八仙过海"、"神女抱日"、"桃园结义"等多个栩栩如生的造型形象。沙雕赛区是世界最大彩色沙雕主题公园，2001年起每年举办国际彩色沙雕节，进行沙雕比赛并保留历届国际沙雕经典作品
瀑布景观	罗平九龙瀑布群景区	位于曲靖市罗平县城东北20千米处，景区范围长4千米，宽500米。在九龙河近4千米段面上形成十级瀑布，每一级瀑布姿态各异，被誉为"九龙十瀑，南国一绝"。2004年被评为国家AAAA级旅游景区，2005年被《中国国家地理》评为"中国最美丽的六大瀑布"，2006年被评为"中国最令人向往的50大旅游胜地"。主要景点有碧日潭、月牙湖、戏水滩、堵勒大瀑布、情人瀑、九龙第三瀑、九龙合流瀑、石龙漫游滩、蝙蝠洞等景点。九龙瀑布群景区为连绵壮观的瀑布群，在规模、气势、景观方面可与黄果树瀑布相媲美，在九龙瀑布仅4千米长的河道上分布有大小数十个钙化滩和十多级瀑布。景区内修建有人行观景道路、观景台等游览设施。每年农历二月初二，云南、贵州、广西毗邻县市的布依族、水族青年男女，会聚在九龙瀑布进行舞龙表演、欢庆腰鼓、山歌对唱、唢呐迎宾、竹竿舞、刀叉舞等独具特色的民间活动

（4）世界自然遗产。云南省于2003年开始申报世界遗产。2003年，三江并流景观区因符合世界自然遗产的四项提名标准（vii，viii，ix和x）而被列入《世界遗产名录》。2007年，云南石林喀斯特、贵州荔波喀斯特和重庆武隆天坑地缝喀斯特因符合世界自然遗产的两项提名标准（vii和viii），作为中国南方喀斯特第一批提名地被列入《世界遗产名录》。2012年，澄江化石地因符合世界自然遗产提名标准viii而被列入《世界遗产名录》，填补了中国化石类自然遗产的空白。其

中石林喀斯特和澄江化石地分布在滇东高原，三江并流景观区分布在滇西横断山纵谷区（见表5-8）。这些世界自然遗产的代表性，使其成为区域旅游产品的典型代表和旅游业发展的名片。

表5-8　云南世界自然遗产一览表

名称	位置及范围	类型	景观特征
三江并流	位于云南省青藏高原南部横断山系的纵谷地区，由怒江、澜沧江、金沙江及其流域内的山脉组成。整个区域面积3.2万平方千米，其中自然遗产地面积1.78万平方千米	综合类，符合世界自然遗产的四项提名标准（vii，viii，ix和x）	于2003年列入世界遗产名录。三江并流是全球奇异景观的集大成地。怒江、澜沧江和金沙江在云南省境内自北向南并行奔流170多千米，穿越担当力卡山、高黎贡山、怒山和云岭等崇山峻岭之间，形成世界上罕见的"江水并流而不交汇"的奇特自然地理景观；三江并流景观具有壮观的自然美特征。三条大江并行深切的峡谷与两岸耸立雪峰形成巨大的高差，怒江、澜沧江和金沙江咆哮奔流构成谷底的银色风景线，梅里雪山、白马雪山和哈巴雪山等构成壮观的空中风景线；三江并流自然景观具有重要的地球历史和地质特征。三江并流地处东亚、南亚和青藏高原三大地理区域的交汇处，展示了5000万年印度板块与欧亚板块碰撞的地质历史，古特提斯海的闭合遗迹喜马拉雅山和西藏高原的隆起，这些曾是亚洲地表演变的主要地质事件；三江并流区域是世界上生物物种最丰富的地区。这一地区处于东亚、东南亚和西藏高原的生物地理区的汇合处，是植物和动物运动的南北通道，是地球上生物多样性资源保护区中的最重要的残留区之一，也是大量的稀有和濒危动植物最后残留的栖息地。此外，这一地区还分布有喀斯特、花岗岩和丹霞砂岩地貌。三江并流是云南省自然景观和人文景观禀赋最优越的地区，也是云南省开展徒步穿越探险、地质地貌考察、生物多样性考察、观鸟旅游、野漂旅游、文化体验等的理想区域
中国南方喀斯特（云南）	中国南方喀斯特由云南石林的剑状、柱状和塔状喀斯特，贵州荔波的锥状喀斯特（峰林），重庆武隆的以天生桥、地缝、天坑群等为代表的立体喀斯特，三地共同组成，形成于距今50万年至3亿年间，总面积达1460平方千米	喀斯特类型，符合世界自然遗产的两项提名标准（vii和viii）	于2007年列入《世界遗产名录》。遗产中的云南部分石林是中国南方喀斯特自然遗产最具代表性的景观。石林景观位于昆明市石林县，距昆明市区70余千米。石林是全球最著名的喀斯特景观。石林由形态丰富的高石芽成群分布而成，高石芽包括了剑状、柱状、塔状、蘑菇状、锥状、不规则状等形态，几乎囊括了所有剑状喀斯特石柱形态，具有典型的石牙状喀斯特地貌特征和较高的游览观赏价值，是世界闻名的自然奇观。石林是热带—亚热带喀斯特地貌的典型代表。石林经历了复杂的地质演化，其独特的塔状、剑状、蘑菇状、锥状喀斯特景观是地球喀斯特地貌的典型形态，是大陆热带—亚热带喀斯特发育演化的重要痕迹，反映了正在进行的地貌演化地质作用，石林碳酸盐岩地层中丰富而特殊的化石是地球生命的重要记录。石林是自然景观与人文景观完美结合的典范。石林景观地处石林彝族自治县，阿诗玛的传说与石林景观相得益彰，石林景区与彝族风情相辅相成，赋予石林深厚的文化底蕴和神秘的吸引力。石林是云南最著名的旅游区之一，旅游区分为石林景区、乃古石林景区、芝云洞、长湖、大叠水景区、圭山国家森林公园、月湖、奇风洞八个景区，现已开发石林景区、乃古石林景区、大叠水景区、长湖四个景区

续表

名称	位置及范围	类型	景观特征
澄江化石地	位于玉溪市澄江县东部帽天山，距澄江县城5千米	化石类，符合世界自然遗产的提名标准viii	于2012年7月被列入《世界遗产名录》。澄江化石地是迄今发现的分布最集中、保存最完整、种类最丰富的早寒武纪地球生命大爆发的化石遗迹景观，中国唯一化石类自然遗产地。澄江化石地是地球生命演化史重要阶段的著名范例。地球上存在着三个重大生命演化历史事件：一是生命起源；二是寒武纪生命大爆发；三是二叠纪末期生物绝灭事件。澄江化石代表了寒武纪生命大爆发时期生物迅速多样化的重要化石记录，是早期复杂海洋生物系统的化石例证。澄江化石地是重要的生命演化记录。澄江化石地是动物界各个门类多样性起源的直接证据，是目前已知最完整的寒武纪早期海洋生物群落，化石类群繁多，其化石标本揭示了大量生物种类（包括无脊椎动物和脊椎动物）的硬体和软组织精美的解剖学细节特征。澄江化石对回答生命演化中的基本问题产生了重要影响，如后生动物身体基本构造的起源演化、形态演化革新的遗传学背景。澄江化石的特异埋藏方式赋予其一种罕见的美感，即澄江化石保存在黄色的泥岩内，化石本身主要以红色的氧化铁或黑色的碳质形式保存，在黄色的背景映衬下极具质感和美感。因此，澄江化石不仅具有重大科学价值，也具有特殊的美学景观价值。澄江化石地位于著名抚仙湖畔，在化石产地和澄江县城内已建成的两个博物馆和部分化石地层剖面景观，是澄江化石地景观展示和科普教育的重要基地

（5）国家公园。云南省是中国大陆国家公园建设试点省份。云南省将国家公园定义为由政府划定和管理的保护地，以保护具有国家重要意义的自然资源和人文资源及其景观为目的，兼有科研、教育、游憩和社区发展等功能，实现资源有效保护和合理利用的特定区域。2006年，迪庆藏族自治州通过地方立法成立了中国大陆第一个国家公园——香格里拉普达措国家公园，开始探索具有中国特色的国家公园保护与建设模式。2008年，国家林业局批准云南省为国家公园建设试点省份，并先后批准西双版纳热带雨林国家公园、梅里雪山国家公园、丽江老君山国家公园、普洱国家公园、大围山国家公园、高黎贡山国家公园和南滚河国家公园的建设。2009年，云南省政府颁发《云南省人民政府关于推进国家公园建设试点工作的意见》、《云南省国家公园发展规划纲要》，作为国家公园建设的指导性文件。云南省国家公园管理办公室还组织编制了4个国家公园地方标准，2009年由省质量技术监督局发布，并于2010年开始实施，由此标志着云南省国家公园建设管理工作步入规范轨道。经过评估，八个国家公园森林生态服务功能

云南地质资源旅游产业化研究

价值为每年 797.30 亿元，2012 年，国家公园的旅游收入总计达到 16.73 亿元。[①]
在已建成的 8 个国家公园中，有 3 个是以保护地质遗迹为主要对象，旅游地质景
观特征及旅游开发如表 5–9 所示。

表 5–9   云南国家公园旅游开发概况

名称	地理位置及面积	主体类型	旅游开发简况
香格里拉普达措国家公园	位于迪庆州香格里拉县境内，地理坐标为东经 99°59′16″~100°02′38″，北纬 27°43′52″~27°58′30″，平均海拔 3600 米左右。距香格里拉县城 22 千米。公园总面积 798.4 平方千米，包括碧塔海省级自然保护区（国际重要湿地）、属都湖景区的周边地区以及尼汝一带。其中各类保护地面积 765.94 平方千米，占总用地的 99.81%；游憩用地 1.46 平方千米，占 0.19%	高山亚高山生态系统景观型	2007 年由云南省政府批准成立国家公园，成为中国大陆第一个国家公园。公园建立了特别保护区、自然生境区（包括野生动物区和荒野区）、户外游憩区、文化保存区、公园服务区、引导控制区（遗产廊道）六大功能分区进行建设和管理。公园的主要景观类型有高山—亚高山寒温性针叶林森林生态系统景观、高山—亚高山草甸、沼泽生态系统和高原湖泊湿地生态系统景观、高山柳等植被和河流组合而成的高原河流湿地生态系统景观、以中甸叶须鱼（重唇鱼）为代表湖泊珍稀濒危鱼类景观、以黑颈鹤等为代表的鸟类景观、藏族村落和文化系统景观。香格里拉普达措国家公园的建立突破了传统资源管理模式，公园取得了突出的生态环境保护、社会经济发展、社区脱贫致富的效益，成为我国探索新型资源管理模式的典范
梅里雪山国家公园	位于迪庆州德钦县境内，地理坐标东经 98°22′~98°47′北纬 28°33′~28°41′，是云南省与西藏自治区的界山，北连西藏阿冬格尼山，南与碧罗雪山相接。公园面积 959.86 平方千米	雪峰山地景观型	2009 年由云南省政府批准成立国家公园。主要保护对象是寒温性针叶林景观、森林垂直带谱、丰富多彩的冰川地貌和藏文化神山体系。公园按照三个基本分区（严格保护区、重点保护区、一般保护区）、一个亚区（分为传统利用亚区、特殊使用亚区、公园服务亚区、野外服务亚区）和一个外围控制地带等 5 大功能分区进行建设与管理。梅里雪山植被类型丰富多样，垂直带谱发育完整，被生物学界称为物种基因库，是山地海洋性冰川地貌景观集大成地。梅里雪山是世界上生态系统保持完整，生物多样性独特和丰富的重要地区之一。在景观、科学研究、物种保护、文化资源保护等方面具有重要的价值。主要景观类型有雪峰、冰川、峡谷、高山流石滩、河流、湖泊、瀑布、植物群落、珍稀濒危植物以及藏族、傈僳族、怒族等多个少数民族文化，是当今中国乃至全世界民族文化多样性最为密集的地区之一。梅里雪山是中国也比较容易到达的观赏雪山冰川的地方，既可沿澜沧江东岸滇藏公路观赏梅里雪山，也可徒步或乘马匹进行游览，晚间宿雨崩村或明永村。梅里雪山作为三江并流世界遗产的重要组成部分，于 2002 年被列入世界自然遗产名录，2009 年获得"国际王牌旅游景区"、"中国最美的旅游目的地"、"中国文化生态旅游示范区"等殊荣

---

① 数据来源：云南省旅游发展委员会。

续表

名称	地理位置及面积	主体类型	旅游开发简况
丽江老君山国家公园	位于丽江市玉龙县西部，地理坐标北纬26°38′~27°15′，东经99°70′~100°0′。公园范围西至丽江与兰坪边界，北至黎明乡北界，南至老君山麓丽江与剑川边界，东部至桃花一带，总面积1085平方千米，其主体部分与云南玉龙黎明老君山国家地质公园重叠	高山丹霞景观型	2009年由云南省政府批准成立国家公园。主要保护对象是常绿阔叶林、针阔混交林、寒温性针叶林生态系统，高山湿地生态系统、古冰川地貌景观、丹霞景观和国家一级保护动物滇金丝猴及其栖息地。公园建立特别保护区、一般控制区、游憩活动区、传统利用区、公园服务区五大功能分区进行分区建设和管理。公园内的主要景观有原始森林、冰川遗迹、丹霞奇峰、高山湖泊、江河峡谷、高山草甸、珍稀动植物、天然杜鹃林等自然景观以及多种民族风情的人文景观。最具独特性的是中国最大面积的黎明丹霞景观、九十九龙潭高山冰蚀湖泊和滇金丝猴。公园作为"三江并流"世界自然遗产地的核心区域之一，具有丰富的地质地貌、生物多样性和景观多样性资源，是集中展示"三江并流"区域资源价值的重要地区。旅游开发主要集中在黎明河流域的丹霞景观、九十九龙潭和格拉丹草原，老君山国家公园山地穿越挑战赛已具有一定的品牌影响

资料来源：笔者根据《香格里拉普达措国家公园总体规划》(2007)，《梅里雪山国家公园总体规划》(2009)，《丽江老君山国家公园总体规划》(2009)整理。

（6）矿山公园。矿山公园是以展示矿产地质遗迹和矿业生产过程中探、采、选、冶、加工等活动的遗迹、遗址和史迹等矿业遗迹景观为主体，体现矿业发展历史内涵，具备研究价值和教育功能，可供人们游览观赏、科学考察的特定空间地域。矿山公园由国土资源部审定并公布，分为国家级矿山公园和省级矿山公园。

截至2012年12月26日，我国公布了72处矿山公园，云南省目前只有东川国家矿山公园一家国家矿山公园。

东川区是昆明市所辖五区之一，拥有人口30.2万人，国土面积1858.79平方公里，东邻会泽，南接寻甸，西连禄劝，北与四川省会东县隔金沙江相望。境内最高海拔4344.1米，最低海拔695米，高差3649.1米。区政府所在地距昆明距离157公里，距四川西昌316公里。东川自古就有"天南铜都"之美誉，东汉以后为历代王朝提供铸币原料，到清代盛极一时，称为"京铜"、"云铜"。东川矿产资源丰富，为我国六大产铜基地之一，目前已探明的矿产资源主要有铜、铁、磷、金、铅矿等，铜金属储量335万吨，占全省铜储量的1/3，位居全国第三。然而，随着东川各类矿物资源的枯竭，东川的传统发展方式面临严重威胁。为推进东川经济转型和可持续发展，从2009年底开始，东川积极推动经济发展模式转型，编制完成了《云南省昆明市东川区资源枯竭型城市转型规划》，并于 2011 年获国家发改委批准。其中，东川借助工业发展过程中形成的矿山遗迹发展旅游业是重点工作之一。东川铜矿始于西汉开采，兴盛于清雍正年间，新中国成立后，东川铜矿为我国"一五"规划 100 多个大型企业之一，至今机车可开的矿洞长达 1000 多公里，有"地下万里长城"之称。几千年的铜采治历史留下了千年铜文化遗存。至今保存的古炼铜炉遗址、古矿洞、古铜运栈道、青铜器等就是东川的铜文化历史。

（7）旅游度假区。旅游度假区是指资源与环境条件优越，能满足旅游者一段时间滞留，有明确地域界限的度假设施聚集区。旅游度假区一般具有以下特征：一是具有良好的度假资源与环境条件，适宜于旅游者进行疗养、休闲、度假等活动；二是拥有休闲、娱乐、康体等完善的度假设施，且度假设施具有一定规模；三是具备较为齐全的度假服务功能，能提供旅游者作短期居留的条件。中国旅游度假区分为国家级旅游度假区和省级旅游度假区。截至 2013 年，全国共建有省级以上旅游度假区 177 个，其中国家级旅游度假区 12 个（即辽宁大连金石滩国家旅游度假区、上海佘山国家旅游度假区、江苏苏州太湖国家旅游度假区、江苏无锡太湖国家旅游度假区、浙江杭州之江国家旅游度假区、福建武夷山国家旅游度假区、福建湄洲岛国家旅游度假区、山东青岛石老人国家旅游度假区、广东广州南湖国家旅游度假区、广西北海银滩国家旅游度假区、海南三亚亚龙湾国家旅游度假区、云南昆明滇池国家旅游度假区）。截至 2013 年，云南省建有省级以上旅游度假区共 10 个，即昆明阳宗海旅游度假区、玉溪抚仙湖旅游度假区、大理旅游度假区、丽江玉龙雪山旅游度假区、丽江泸沽湖旅游度假区、迪庆香格里拉旅游度假区、西双版纳景洪旅游度假区、保山腾冲旅游度假区、文山普者黑旅游度假区、云南昆明滇池国家旅游度假区。现重点介绍以旅游地质资源为基础的旅游度假区旅游开发情况（见表 5-10）。

表 5-10 云南国家级旅游度假区一览表

名称	类型	范围	旅游开发简况
昆明滇池国家旅游度假区	高原湖泊型	位于昆明主城区南部，西临西山，南濒滇池，北连市区，东连呈贡，距市中心 5 千米。全区批准面积 18.06 平方千米	1992 年 10 月由国务院批准建立，为 12 个国家级旅游度假区之一。分为综合服务区、度假别墅区、高尔夫球场、现代游乐园、大型沙滩浴场、民族文化风情园、垂钓基地、水上娱乐中心、珍稀动物观赏九大功能区。拥有国家级 AAAA 景区云南民族村、云南民族博物馆和袁晓岑艺术博物馆、2 个 18 洞高尔夫球场、红塔国际体育训练中心和海埂体育训练基地等康体娱乐设施。2011 年 11 月获得由联合国环境规划基金会、中国环境保护协会主办的"绿色中国·2011 环保成就奖大型评选活动"之"杰出环保创意概念"奖。2011 年接待游客共计 961.2 万人次，实现旅游收入 8.74 亿元。2011 年 8 月度假区获得由联合国环境规划基金会授予的"中国最具投资价值旅游度假区"荣誉称号。2009 年被全球旅游度假论坛评为"国际最佳旅游度假胜地"
昆明阳宗海旅游度假区		位于昆明市宜良、呈贡和澄江三县之间，距昆明市 50 千米，距石林风景区 40 千米，距九乡风景区 50 千米，与昆明主城区、呈贡新城、空港经济区形成 1 小时经济圈的金四角。度假区面积 546 平方千米	1992 年由云南省政府批准建立的省级旅游度假区。分为阳宗海核心保护区、环湖休闲运动区、草甸海中心区、汤池国际旅游度假区、七甸低碳产业片区、阳宗文化旅游片区和东部生态景观片区 7 个功能区。度假区内湖泊面积 30 平方千米，平均水深 22 米，最深为 30 米，仅次于抚仙湖和泸沽湖，为云南省第三深水淡水湖。阳宗海旅游度假区已开发建设多项大型度假设施，以春城湖畔高尔夫球场、柏联 SPA 温泉、华侨城生态旅游小镇、云岭山生态旅游运动中心、阳宗海凹子山石城休闲区、阳宗海柳树湾康体温泉等为代表，是一个集山湖观光、文化探秘、民俗休闲、生态度假、滨水运动等功能为一体的旅游度假胜地。2012 年上半年全区旅游业主营业务收入 1.98 亿元，接待旅游人数达 45 万人次
玉溪抚仙湖省级旅游度假区		位于玉溪市澄江县、江川县和华宁县三县境内，示范区控制范围 350 平方公里，规划开发范围 87 平方公里	1993 年由云南省政府批准建立的省级旅游度假区。2001 年经云南省政府批准设立为旅游度假示范区。抚仙湖是我国最大的深水型淡水湖泊。区内有帽天山古生物化石群、李家山古墓群、水下古城建筑群和以"车水捕鱼"为代表的奇特渔文化。区内分布着青铜器博物馆、碧云寺、明星渔洞、禄充风景区、阳光海岸等景区景点。自 2009 年以来，度假区以抚仙湖为中心，开展了国际名校赛艇挑战赛、国际公路自行车赛、公开水域游泳邀请赛等多项国际赛事。抚仙湖度假区还入住了悦春酒店、希尔顿酒店等国际知名酒店，成为滇中地区知名旅游度假区
大理省级旅游度假区		位于大理古城南部，东临洱海，西依苍山。规划面积为 26 平方公里	1993 年由云南省政府批准建立的省级旅游度假区。由苍山山麓片区和洱海海滨片区组成。度假区以中国历史文化名城"大理古城"和国家级风景名胜区"苍山洱海风景区"为依托，分为综合服务中心、山麓娱乐区、高尔夫球场区、海滨水上娱乐区、公寓别墅区和教育文化发展区 6 个功能区，建有绿玉商贸区、大理苍海高尔夫球场、中心大酒楼、赛马场、射击场、狩猎场、网球场、珍稀植物园、大理茶花园、大理杜鹃园、洱海水上游动宾馆、大理石博物馆、天龙八部影视城、苍山玉带云游路、苍山旅游索道和感通旅游索道等游览设施。区内有大理古城、喜洲古镇、双廊古渔村、南诏风情岛、蝴蝶泉、崇圣寺三塔、太和城遗址、佛图寺塔、苍山国家地质公园等众多著名的景区景点，是一个集历史文化、自然风光和民族风情为主的旅游度假区。2006 年和 2009 年分别被评为"中国顾客十大满意旅游度假区"和"中国最佳休闲旅游目的地"

续表

名称	类型	范围	旅游开发简况
丽江泸沽湖省级旅游度假区	高原湖泊型	位于丽江市宁蒗县境内，距离丽江古城区200公里。度假区总面积179.8平方公里	1994年由云南省政府批准建立。由泸沽湖景区、永宁坝景区和竹地旅游综合服务区三个部分组成，分为一个旅游接待中心（竹地度假中心），两个游赏主景区（泸沽湖和永宁坝），两个游览主环线（环湖旅游线、环坝旅游线），九个旅游片（落水片、里格片、狮子山片、忠实片、开基片、温泉片、者波片、拖支片、望乡台片）。区内旅游资源丰富，有高原湖泊、山峰峡谷、河流温泉、珍稀动植物、摩梭民族风情等自然和人文景观。度假区以泸沽湖和永宁坝为主景区，四周分布有永宁温泉、永宁扎美寺、永宁土知府衙门、阿夏幽谷、格姆女神山、里格岛、媳娃娥岛、里务比岛、者波萨迦寺、摩梭古村落、木楞房院落、普米村落和彝族村落等多个景点。度假区先后获得"中国最佳休闲度假胜地"、"中国十大优秀生态旅游景区"、"中国文化生态旅游最佳目的地"、"中国十大最美湖泊"、"中国十大生态名湖"等荣誉称号。2012年共接待游客150.6万人次，旅游综合收入13.27亿元
丽江玉龙雪山省级旅游度假区	雪山森林型	位于丽江市北部，距离丽江古城区15公里，规划总面积415平方公里	1993年由云南省政府批准建立的省级旅游度假区。2001年，玉龙雪山与阿尔卑斯山马特宏峰（瑞士瓦莱州）结为姊妹峰，2006年11月，玉龙雪山又与黄山结为姊妹峰，同年12月与九寨沟结为友好景区。区内旅游资源丰富，具有冰川景观、雪山森林草甸、峡谷风光、高原水体景观、纳西族村庄等自然和人文景观。先后完成了甘海子、冰川公园、蓝月谷（白水河）、云杉坪、牦牛坪等景点建设，建设了玉龙雪山旅游索道、云杉坪旅游索道、牦牛坪旅游索道和高尔夫球场，打造"印象丽江"旅游演艺品牌，形成了具有游憩娱乐、审美欣赏、休闲度假、科普教育、运动健身、生态保育等多种功能山岳森林型旅游度假区。度假区在20多年开发建设中取得了良好的经济效益、社会效益和生态效益。先后被评为"云南省文明风景旅游、云南省海内外游客最向往景区、欧洲人最喜爱的中国十大景区"等多项荣誉。2011年共接待游客282万人次，实现营业收入2.3亿元
迪庆香格里拉省级旅游度假区	高原生态型	位于云南省西北部迪庆州，地处滇、川、藏三省（区）交界处，距昆明市600余公里	1993年由云南省政府批准建立的省级旅游度假区。旅游度假区以香格里拉县为中心，涵盖香格里拉、德钦、维西三县，总面积23870平方公里。由于地处三江并流世界自然遗产和国家级风景名胜区腹地，形成"雪山为城，江河为池"的特殊地貌，区内动植物资源丰富，有雪山、草场、森林、湖泊、溪流等景观，其中以梅里雪山、哈巴雪山、依拉草原、碧塔海、属都湖、松赞林寺最为著名。度假区开发了普达措国家公园、梅里雪山国家公园、虎跳峡国家公园、香格里拉大峡谷巴拉格宗国家公园和维西塔城滇金丝猴国家公园五大国家公园。区内的松赞林寺，是集雪山、峡谷、高山草甸、宗教和民族风情为一体的、人与自然和谐共生、多民族文化和宗教和睦相处的人间胜境，被称为"天人合一"的"世外桃源"。2011年，接待旅游者800万人次，实现旅游业总收入77.5亿元

续表

名称	类型	范围	旅游开发简况
文山普者黑省级旅游度假区	喀斯特湿地型	位于文山州丘北县西北部，距昆明市280公里，距丘北县城13公里。旅游区总面积388平方公里	1993年由云南省政府批准建立省级旅游度假区。分为东部森林旅游区、南部生态观光区、西部水源保护区、北部湿地观光休闲娱乐度假区和中部山水观光乡村休闲区5个功能区。区内自然景观独特、类型多样、内容丰富，以喀斯特峰群、湖群、洞群等奇丽自然风光为主体，中心景区分布着普者黑湖、荷花湖、灯笼湖，月亮洞、火把洞、仙人洞，革雷瀑布、歹马瀑布等多个大小湖泊、洞穴和瀑布。区内居住着壮族、苗族、彝族等多个少数民族，各种民族节庆活动绚丽多彩，还拥有古崖画、革命纪念地、少数民族风情等人文景观，是一个集旅游观光游览、休闲度假、科考探险、攀岩漂流和水上娱乐为一体的综合型旅游度假区，被誉为"世间罕见、中国独一无二的喀斯特山水田园风光"。2011年游客接待总人数达140.3万人次，实现门船票收入3150万元，旅游综合收入达6亿元
保山腾冲省级旅游度假区	火山热海型	位于保山市腾冲县境内，区域面积4.94平方公里	1993年由云南省政府批准建立的省级旅游度假区。由珍稀植物游览区、度假区、火山游览区、珠宝翡翠商贸区、接待娱乐区、热海游览区和疗养区等部分组成。度假区以国家级火山地热风景名胜区、云南省级历史文化名城腾冲县为依托，分布有99座火山，80余处温泉，拥有腾冲火山群国家地质公园、腾冲热海、国殇墓园、叠水河瀑布、北海湿地、云峰山、和顺侨乡等众多著名景区景点，是一个融火山地热景观、历史文化胜迹、原始森林风貌与珠宝翡翠加工贸易于一体的旅游度假区。先后被评为"中国优秀旅游名县"、"中国最具潜力的十大风景名胜区"、"中国翡翠第一城"。2012年共接待国内外游客501.16万人次，实现旅游总收入34.09亿元

（8）地质公园。2001年4月，我国公布了第一批国家地质公园，共11家，其中云南入选两家，分别是云南石林国家地质公园（碳酸盐岩溶峰丛地貌，溶洞；哈尼族民族风情，歌舞）和云南澄江国家地质公园（5.3亿年寒武纪早期生物大爆发，数十个生物种群同时出现；抚仙湖旅游区）。随后，云南腾冲国家地质公园、云南禄丰恐龙国家地质公园、云南玉龙黎明——老君山国家地质公园、大理苍山国家地质公园、云南丽江玉龙雪山国家地质公园、云南九乡峡谷洞穴国家地质公园、云南罗平生物群国家地质公园、云南泸西阿泸古洞国家地质公园8家入围国家地质公园。截至2012年，云南共有国家地质公园10家（含世界地质公园1家）（见表5-11）。其中，云南石林国家地质公园、大理苍山国家地质公园于2014年分别被世界遗产委员会评为世界地质公园。云南地质公园以岩溶、古生物化石、火山、冰川等为显著特征，具有很高的观赏价值和科学价值，同时

也是云南乃至世界范围内垄断性的旅游地质资源，是云南省旅游业发展不可或缺的资源基础，也是云南旅游业对外宣传的名片。

表5-11　云南国家/世界地质公园一览表

名称	地质遗迹基本情况
云南石林国家/世界地质公园	2001年4月批准为国家地质公园，面积350平方千米。2004年入选世界地质公园网络。石林形成于2.7亿年前，发育经漫长地质演化和复杂的古地理环境变迁才形成了现今极为珍贵的地质遗迹；以喀斯特景观为主，以"雄、奇、险、秀、幽、奥、旷"著称，具有世界上最奇特的喀斯特地貌（岩溶地貌）景观，属于碳酸盐岩溶峰丛地貌，溶洞。面积约12平方公里，游览面积约1200亩
云南澄江国家地质公园	2001年4月批准为国家地质公园，面积18平方公里。"澄江动物化石群"保存了早寒武世（距今5.3亿年）40多个门类、100余种动物的化石，古生物化石
云南腾冲国家地质公园	2002年3月批准为国家地质公园，保护面积12平方千米，主要地质遗迹分布面积8平方千米。以古火山地质遗迹及与之相伴生的地热泉为特色。公园内有97座火山体。其中火山形态保存完整（有火山口、火山锥）的有25座，火山锥类型多样。火山附生地质现象非常丰富，典型的有地热带、热海热田、地热显示、热泉（124处）等
云南禄丰恐龙国家地质公园	2004年批准为国家地质公园，面积170平方千米。恐龙、腊玛古猿化石等古生物遗迹，主要包括中侏罗纪的禄丰龙（晰龙）动物群化石遗迹、晚中新世晚期禄丰古猿动物群化石遗迹，此外，还有地貌遗迹、构造遗迹、地质灾害遗迹、矿床遗迹等，是国内少有的展示中生代以来地质作用、生物演化和人类进化历史的地区，具有很好的科学、科普、美学、历史文化的综合价值
云南玉龙黎明——老君山国家地质公园	2004年2月批准为国家地质公园，公园面积1110平方千米。类型为地质地貌景观类。公园地貌类型丰富，主要地质遗迹有高山丹霞地貌，是中国迄今为止发现的内面积最大、海拔最高的一片丹霞地貌2月区；冰川地貌，既有古冰川遗迹，又有现代冰川；金沙江河谷地质地景观，由长江第一湾、虎跳峡、多级阶地等组成。地质景观主要有侵蚀高山、侵蚀中山、夷平面、峡谷、宽谷、山谷盆地、边滩、心滩、阶地、断层崖、角峰、刃脊、冰斗、侧碛堤、石环、石河、冻土、滑坡、倒石堆、丹霞峰丛、丹霞谷、丹霞柱、丹霞赤壁、丹霞千龟像形石、岩浆岩节理等
大理苍山国家/世界地质公园	2005年8月批准为国家地质公园，面积577.1平方千米。在陡坡—陡崖地貌背景下发育形成悬崖峭壁、深切峡谷、障谷、隘谷以及跌（叠）水、瀑布等复杂地貌组合；冰川遗迹；大理石。2014年入选世界地质公园网络
云南丽江玉龙雪山国家地质公园	2009年8月批准为国家地质公园，面积340平方千米。园内具有冰川遗迹、构造山地、断陷山地、断陷盆地、深切峡谷、垂直生态地质景观等丰富的重要地质遗迹和显著的地质地貌多样性；园区显示了岩石圈—气候圈—生物圈耦合演化、陆内构造形变、第四纪冰川地质、新生代重大地质事件、垂直生态地质景观等极具地域特色且重要的多元复合地质遗迹模式；具有地质地貌、地质生态系统的自然性、典型性、稀有性、系统性、完整性和优美性。完整记录了陆内古金沙江地缝合线遗迹，新构造运动遗迹，典型完整的第四纪冰川遗迹区、欧亚大陆距赤道最近的现代冰川，是三叠系以来青藏高原南东地区生态地质系统演化机制和效应的完整记录；具有新生代特有属种的高山植物区系、众多种子植物模式、垂直植被、土壤带谱高山垂直自然分带模本，是生物多样性显著的区域；具有独特、浓郁的人文内涵，是纳西族等多民族文化与精神追求的物化形象，人地关系协调发展，社区和谐的现实模本

续表

名称	地质遗迹基本情况
云南九乡峡谷洞穴国家地质公园	2009 年 8 月批准为国家地质公园，面积 167.14 平方千米。6 亿年前古老的震旦纪灯影组浅海沉积和灰白色含硅质条带的白云岩中。专家们认为这是一个非稳定断裂的、溶蚀与侵蚀叠加的岩溶洞穴系统。九乡拥有上百座大小溶洞，为国内规模最大、数量最多的洞穴群落体系之一。地质遗迹和地质景观类型十分丰富，包括洞穴群景观、峡谷景观、钙化景观、洞穴瀑布景观、化石遗址和史前人类遗址等，有重要的科学、生态、美学和文化历史价值。地质公园在高原峡谷、洞穴和古人类活动等方面具有显著的科学价值、美学价值，以及历史文化价值，其位于珠江流域上游南盘江水系支流上，具有重要的生态价值
云南罗平生物群国家地质公园	2011 年 11 月批准为国家地质公园，面积 200 平方千米。2007 年 10 月发现的"罗平生物群"，位于云南省罗平县罗雄镇大洼子村委会，距今约 2.38 亿年~2.39 亿年；生物群门类多样，保存了比较完整的海生爬行类、棘皮类、甲壳类、双壳类、腹足类以及植物化石，生物门类的多样性、化石保存的完整性、埋藏的独特性举世罕见，堪称我国珍稀的三叠世海洋生物化石库，具有重要的古生物学和地质学意义
云南泸西阿泸古洞国家地质公园	2011 年 11 月批准为国家地质公园。由地质构造与岩溶水文地质作用形成的岩溶洞穴景观和岩溶地貌景观，反映了地质公园区在云贵高原隆升进程中的岩溶洞穴发育演化、水文地质系统演化和高原峡谷发育演化的完整性及岩溶石山区人民群众的生活原貌，为典型的岩溶地貌类地质遗迹，具有国际、国内和区域性典型意义

（9）特色旅游商品。具有鉴赏价值的观赏石和一些地质资源的深加工产品可以开发为极具特色的旅游商品，如金、银、铜、锡等矿产资源，在从矿石中提炼出来制成工业产品之后，还可以通过旅游化转变为旅游工艺品。翡翠、观赏石等地质资源在今天也突破了传统的利用方式，成为了旅游工艺品和旅游商品的新成员。在云南旅游业发展过程中这一类地质资源旅游商品的开发是云南旅游购物品的精华所在，也促进了云南省旅游购物业的发展。

1）大理石。云南的大理石分布非常丰富，有 60 多个县市发现了大理石矿点，品种近百种。主要的大型矿区有五处：大理点苍山大理石矿区、怒江峡谷大理石矿区、虎跳峡大理石矿区、石鼓大理石矿区、屏边—河口大理石矿区。目前，云南大理市的大理石开采、加工是走在前列的。20 世纪 80 年代末，大理旅游起步期间，用大理石制作成的工艺品受到了旅游者的青睐，到大理的游客每 10 人中就有 4~5 人购买大理石工艺品，作为赠送亲朋好友的纪念品。随着旅游业在大理的蓬勃发展，也带动了工艺品销售的繁荣。大理石从一种典型的地质资源成功地嬗变为商品性旅游地质资源，为旅游业发展所利用，丰富了旅游购物品体系。

2）珠宝玉石。云南素有"中国天然的地质博物馆"之美誉，由于特殊的地质构造形成了丰富的宝玉石和矿产资源，是国内少有的宝玉石资源富集省份。全省已发现有哀牢山、高黎贡山、澜沧江、滇东南、滇西南、滇中六个宝玉石资源富集带，共 201 个矿床（点），已发现宝玉石 45 种，是我国名副其实的"宝玉石王国"。文山所产的祖母绿被称为"中国祖母绿"，元江的红宝石、麻栗坡，元阳的海蓝宝石蜚声中国香港和中国台湾以及泰国等地，高黎贡山产出的双色碧玺堪与巴西碧玺媲美。早在距今 170 万年以前的元谋人时代，云南就出现了用长石、石英石等打制磨成的精美石器。新石器时代，云南发现并大量使用翡翠，汉代时还将翡翠作为贡品敬献中央王朝。600 多年前，腾冲就开始大量进行翡翠的加工生产。明清时期，由于大规模的开采、加工、销售、集散、运输而使得云南的翡翠名扬全国，进入了鼎盛时期。云南旅游业和珠宝玉石产业的互动发展，促进了云南地区经济的发展。云南宝玉石成为赴滇游客的购物首选，广大的旅游者和消费者都认同"美玉出在云南，真玉在云南，买玉到云南"的传统和理念。

2011 年 5 月，国务院出台《国务院关于支持云南省加快建设面向西南开放重要桥头堡的意见》，发展云南特色优势产业具有积极的现实意义和深远的历史意义。云南的宝玉石产业迎来了加快发展的重大机遇，目前正在着力打造"一个产业中心，两大特色区域，三条销售热线，四大热点市场"①的综合宝玉石产业布局。由云南省珠宝玉石质量监督检验研究院与云南省文化产业发展领导小组办公室共同研究发布的《云南省珠宝玉石销售额 2011 年动态评估报告》显示，2011年云南省珠宝玉石销售总额（不含翡翠及其他玉种原料交易）达到 303 亿元，较2010 年的 245 亿元增长了 58 亿元，增幅为 23.7%。截至 2011 年底，云南珠宝玉石行业企业商家已经超过 1.45 万余家，从业人员接近 30 万人。旅游产业的发展极大地促进了宝玉石产业的发展，两大产业每年以两位数的速度增长，也极大地促进了云南经济的发展。

---

① 一个产业中心：以昆明为宝玉石产品的加工、销售和集散中心；两大特色区域：以瑞丽、腾冲为重点并辐射带动周边的两个销售特色区域；三条销售热线：与旅游热线相结合，形成玉溪—宁洱—西双版纳，大理—丽江—香格里拉，保山—腾冲—瑞丽为主的三条宝玉石销售黄金热线。

3）奇石交易。云南独特的地质构造和地理环境在金沙江、怒江、澜沧江等江河中形成了造型独特、花纹多样、色彩丰富、石质坚实的奇石。这些奇石有的形体较大、气势恢宏，有的玲珑剔透、小巧精致。云南在旅游购物品方面进行了深入的挖掘，将那些具有独特造型、色彩纷呈的金江奇石赋予了具有创意的名称，拓展了人们想象的空间，使这些沉睡在江河中的奇石走向了市场，价值得到了巨大的提升。2012年在水富举行了首届金江奇石拍卖会，取得了很好的经济效益，成交额过百万元，2013年第二届金江奇石精品拍卖交易会又取得了171万元的成交额。两届拍卖会不仅创造了瞩目的经济效益，而且也促进了水富产业结构的调整。水富县为了更好地利用奇石资源，将奇石作为水富重点产业打造。拟定了观赏石文化基地建设规划（2011~2020），多方筹资2900万元打造观赏石文化基地，形成"一街一路一园一馆一会"的石产业发展格局，形成"一业兴，多业旺"的良好局面。为将奇石产业和旅游资源结合起来开发，专门开发打造了奇石交易市场，同时打造"温泉奇石美食街"，泡温泉、尝美食、听古乐、观奇石交易，丰富了旅游者活动的内容。水富现有奇石馆、奇石经营店铺近百家，藏石家庭上千户，从事金沙江观赏石勘察、开采、运输、包装的人员达5600人。近年来，展出各种规格的观赏石达32000立方米，市场销售成交总量接近3000万元。水富奇石经济已经成为昭通市的特色经济产业，水富县2011年因此获得了"中国观赏石之乡"的称号。

4）石博会。云南石材资源和宝石资源非常丰富，据不完全统计，截至2013年，云南省石产业销售规模已达700亿元，石产业企业已达7万多家。[①]围绕石材和宝石的产业化发展，云南省将其与会展业有效地结合起来，自2006年5月"第七届中国赏石展暨国际赏石展"在昆明举办以来，昆明泛亚石博会连续9年

---

① 数据来源：《春城晚报》2014年07月11日，A07版。

成功举办。①从发展趋势来看，软硬件保障和市场销售环境得以有效的改善，规模持续扩大、层次逐年提高，昆明泛亚石博会逐步成为亚洲规模最大、国内专业化程度最高、品牌影响力最大的宝玉石、观赏石国际盛会。通过石博会的举办，紧紧围绕国内外市场，为云南省悠久的石文化和丰富的石资源搭建了石文化展示交流与商业交易的平台。据统计，2014年"中国昆明泛亚石博览会"展会成交额约1.18亿元，参观人数达11万人次，吸引了来自中国台湾、中国香港和缅甸、斯里兰卡、阿富汗、韩国等国家和地区的参展企业，展会设有标准展位约2880个，展品极为丰富，基本涵盖了国内外销售的石产品品种。②

三、云南旅游地质资源的市场化效益分析

旅游地质资源开发成为旅游地质资源产品，形成了旅游地质资源产品体系，为丰富云南省旅游产品体系，打造云南旅游品牌、提高云南旅游经济效益和社会效益方面发挥了极为重要的作用，具体表现在如下几个方面。

（一）完善和丰富了云南旅游产品体系

云南从20世纪80年代初开始发展观光旅游，以类型多样的旅游地质资源景观为基础，至今已基本形成了趋于完善的旅游产品体系。基础层次的有利用世界遗产地——石林、三江并流带、玉龙雪山、碧塔海、苍山洱海等开发的观光旅游产品；利用云南作为我国三大地热资源密集区之一的优势，培育了安宁天下第一汤、腾冲火山热海国家地质公园、洱源地热国、水富西部大峡谷温泉等一批提高层次的温泉SPA旅游产品，更加满足了市场的需求。依托石林国家地质公园、腾冲火山热海国家地质公园、禄丰恐龙国家地质公园、云南玉龙黎明—老君山国家地质公园等地质公园以及金沙江、马岭河、珠江源、独龙江、东川泥石流、陆

---

① 2007年在昆明举办了"中国（昆明）东盟石文化暨石材博览会"，2008年在昆明举办了"中国（昆明）东盟石文化博览会"，2009年在昆明举办了"中国（昆明）东盟赏石石材博览会暨珠宝文化节"，2010年在昆明举办了"中国（昆明）东盟石文化博览会"，2011在昆明举办了"中国昆明泛亚石博览会"，2012在昆明举办了"昆明泛亚石博览会"，2013在昆明举办"中国昆明泛亚石博览"，2014举办"中国昆明泛亚石博览会"。
② 中国昆明泛亚石博览会成交额约1.18亿元［EB/OL］.新华网，http：//yn.xinhuanet.com/newscenter/2014-07/17/c_133490091.htm，2014-07-17.

· 218 ·

良彩色砂林等旅游地质资源开发的探险旅游产品、科考科普旅游产品、生态旅游产品等专项旅游产品层次，丰富了旅游者的旅游活动。这些地质遗迹在构造特征、景观特征、形成发育过程、成景作用等方面都蕴含着较高的科学价值。具有鉴赏价值和收藏价值的地质资源成为旅游工艺品或者是旅游商品的新宠。云南丰富的锡矿资源、宝玉石、大理石以及奇石等地质资源成为了具有云南地域特色的旅游工艺品和旅游商品。极大地丰富了旅游购物品的内涵，提升了云南旅游购物品的价值。这些旅游产品成为"七彩云南"旅游业发展的核心竞争力，为旅游市场的供给提供了有力的支撑，同时形成了一定的规模。

（二）塑造了云南旅游形象和旅游品牌

在 30 多年的旅游业发展过程中，云南旅游地质资源的品牌也逐渐深入人心，世界奇观——三江并流、石林、澄江帽天山古生物化石是云南享誉世界的资源品牌。同时，通过整合旅游特色资源，把握旅游需求趋势，相继推出一系列有特色的旅游品牌，促进云南旅游在国内外市场的影响力不断增强。从 20 世纪 80 年代围绕观光旅游发展需求，培育推出"密境彩云南之旅"的旅游品牌，打造"大理三月好风光"、"神秘的西双版纳"、"美丽的瑞丽风情"、"神奇的地下溶洞"等观光旅游产品；到 90 年代针对旅游者关注生态环境、向往回归自然的特点，及时推出"云南：永远的香格里拉"的旅游品牌，打造了一批回归自然、放逸身心、体验民族风情的生态旅游、康体旅游、民族风情旅游产品；进入 21 世纪后，抓住人们休闲观念提升及闲暇时间增多的机遇，充分发挥独特的气候、民族、文化、区位优势，推出"七彩云南，旅游天堂"的休闲旅游品牌，不断推出了满足人们休闲、健康、舒适和参与性强的休闲旅游产品品牌。目前，云南省已有丽江、石林等景区进入中国文明风景旅游示范区行列；昆明、丽江、大理、香格里拉、西双版纳等旅游品牌的形象及知名度也在不断提高；还有一批旅游景区（点）获得不同的品牌称号。随着云南旅游品牌数量不断增加，不仅提升了云南旅游在海内外的知名度和影响力，增强了云南旅游的市场吸引力和竞争力，也为加快云南旅游产业"两业"提供了丰富的实践经验和良好的旅游品牌基础。

（三）创造了良好的经济效益及社会效益

旅游地质资源的开发可以为地区旅游业发展创造良好的品牌效应，也能够创造客观的经济效益。例如，腾冲 1994 年升级为国家级风景名胜区，游客数量从 1993 年的 2.1771 万人次增加到 1996 年的 35.2 万人次，3 年间增长了 15.17 倍，而 2002 年腾冲被批准设立为国家地质公园，游客接待人数从 2001 年的 117.05 万[①] 人次增加到 2009 年的 330.5 万人次，8 年间增长了 1.82 倍，海外游客数量从 1991 年的 862 人次，上升到 2009 年的 7.34 万人次，不到 20 年的时间内增长了 84 倍[②]，两次景区的升级都产生了强大的游客吸引力。石林风景区 2001 年升级为国家地质公园之后，旅游接待人数从 2000 年的 140 万人次增加到 2009 年的 286 万人次，9 年间增长超过 1 倍。

旅游地质资源的开发也能带来旅游收入的增长，拉动地方经济发展及基础设施建设。例如，腾冲风景名胜区 2002 年升级为国家地质公园之后，其旅游业综合收入从 2001 年的 3.58 亿元增加到 2009 年的 16.2 亿元，8 年间增长了 3.53 倍。石林风景区 2001 年升级为国家地质公园之后，景区旅游收入从 2000 年的 0.8318 亿元增加到 2008 年的 2.97 万元，与此同时，也带动整个石林县的旅游收入增加，从 2.8 亿元增加到 12 亿元。[③]

（四）发挥了良好的环境生态效应

云南很多地方地质环境脆弱，一方面形成了奇特的地质景观，另一方面则成为地方经济社会发展的重要影响因素。借助旅游地质资源的旅游开发，可以有效地利用地质作用形成的壮丽景观，以旅游业促进地方经济的发展，起到对地质环境保护和利用的双重目的。而对于更多已经遭到破坏或者采取工业开发方式的地质资源，采用旅游开发方式则可弥补工业退出之后的产业"空洞"，以旅游发展促经济发展，以经济发展促环境保护，实现保护与开发的良性循环。

---

① 数据来源：《腾冲统计年鉴》（2002）。

② 腾冲县旅游局. 腾冲县 2009 年旅游工作总结及 2010 年工作计划 ［EB/OL］. http：//bstc.xxgk.yn.gov.cn/canton_model1/newsview.aspx?id=1181536.

③ 云南省旅游局，http：//www.yunnantourism.gov.cn/Item/1331.aspx，2010-01-05.

云南旅游地质资源的产品开发带来了积极的经济、社会以及环境效应。具体表现在通过吸引大量游客，为当地带来经济收入、促进当地就业，进一步巩固财政从而促进了地质资源的保护，形成了"资源吸引力—游客—就业—旅游收入—环境保护—增强资源吸引力"的良性循环。

第六章　云南旅游地质资源资产化

通过地质资源旅游资源化，实现了地质资源向旅游资源的转化；同样，通过旅游地质资源产品的开发，实现了旅游地质资源转化为旅游地质资源产品的飞跃。然而，地质资源旅游产业化还需要提高资源转化和产品生产的效率，这就涉及旅游地质资源的配置问题。通过优化旅游地质资源的配置，使得优秀的开发和管理企业能够获得优质的旅游地质资源开发出适合市场需求的旅游地质资源产品。从现有的资源配置方式来看，可以简单分为计划型和市场型两种方式。计划型在社会主义市场经济的发展历程中宣布破产，而市场型的配置方式则由于其竞争机制使得资源效率得到较为有效的发挥而被广泛采取。因此，本章则从市场型的配置方式出发，探索旅游地质资源的资产化交易。

旅游地质资源的资产化，是在市场经济条件下，将旅游地质资源或者旅游地质资源经营企业作为交易对象，通过评估其价值，采用竞争型方式，使得交易对象能够为最佳经营者所持有，从而保证对旅游地质资源的有效开发和保护。本书立足于旅游地质资源的产业化研究，在此仅仅研究旅游地质资源作为交易对象的资产化交易。

第一节　旅游地质资源资产化的条件及可行性

资源的资产化运作无论是实践还是理论研究都已经不是新的命题，不同类型的资源资产化需要具备不同的条件，旅游地质资源由于其地域性、垄断性、独特性决定了其资产化与其他资源的资产化有一定的差异，因而其资产化的条件和可行性也具有自身的特点。

一、完善的旅游地质资源调查系统是保证资产化的前提

旅游地质资源分布在地球的各个角落，分布、种类、层次极为复杂，对于特定区域可结合自身的资源禀赋和旅游业发展的需要开发种类多样的旅游地质资源产品。在开发的过程中，对旅游地质资源的资产化交易成为必然选择。然而，不同旅游地质资源的旅游价值不同，进而需要选择灵活的资产化方式，这也就要求对不同类型、不同层次、不同地区的旅游地质资源予以调查、统计，形成完整的旅游地质资源调查统计系统。在旅游地质资源调查统计系统内，可明确哪些旅游地质资源可以买卖，哪些可以进行经营权转让，哪些必须特许经营，哪些必须由国家经营，哪些必须予以完全保护不允许开发，等等。在资产化交易过程中，对于不同品级的资源应确定不同的价格基准，这也必须建立在对整体资源调查清晰的基础上。

对旅游地质资源的调查是基于地质调查，1999 年国家设立国土资源大调查专项，下设"一项计划，四项工程"。2012 年，测绘地理信息工作紧紧围绕经济社会发展大局，数字城市、天地图、地理国情监测三大平台建设取得重大进展，地理信息产业迅猛发展，服务保障能力显著提升。全国 311 个地级以上城市开展了数字城市建设，158 个已建成并投入使用，极大地丰富了城市地理信息资源，有效地支撑了城市的运行发展。天地图数据现实性增强，服务功能完善，搜索性能提升 60 倍，成功链入中央政府门户网站。克拉玛依、长沙数据中心建设积极推进。已有 29 个省级节点和 22 个市级节点接入国家级主节点。地理国情监测项目完成总体设计，7 个试点项目竣工验收，地理国情普查试点在 10 个省（自治区、直辖市）开展，一批国家地理信息应急监测车已交付并投入使用。全国地理信息产业从业人员超过 40 万人，270 多所高校开设了地理信息技术专业，200 多个研究机构开展了地理信息相关技术研究工作。2012 年，国家现代测绘基准体系

基础设施一期工程正式实施，2000 年国家大地坐标系稳步推广应用，国家 1：5 万、1：25 万基础地理信息数据库全面更新。截至 2012 年底，全国统一的地质资料信息网络服务体系初步建成，全年发布约 23.2 万档目录数据和 3000 多个电子文件。第二次全国土地调查和地质调查数据通过在线、离线方式提供服务。地质调查工作和信息化建设为旅游地质资源科学分类，为进行资产化交易奠定了基础。

二、相关法律法规为资源的资产化和经营管理提供了法律依据

旅游地质资源作为自然资源的一种，其资产化必然涉及相关权利的转移，因此，需要相关法律法规明确其产权、交易程序、准入条件及相应的监督和管理。只有在法律明确相关权利和程序的基础上才能保证旅游地质资源资产化的顺利推进。

《宪法》第九条规定："矿藏、水流、森林、山岭、草原、荒地、滩涂等自然资源，都属于国家所有，即全民所有；由法律规定属于集体所有的森林和山岭、草原、荒地、滩涂除外。国家保障自然资源的合理利用，保护珍贵的动物和植物。禁止任何组织或者个人用任何手段侵占或者破坏自然资源。"《中华人民共和国物权法》第四十八条规定"森林、山岭、草原、荒地、滩涂等自然资源，属于国家所有，但法律规定属于集体所有的除外。"上述法律明确了我国自然资源的权属关系，明确了旅游地质资源的国家所有和集体所有制，因此，对于旅游地质资源的资产化，必须建立在资源所有权国有和集体所有的基本原则。

《中华人民共和国物权法》第二条对物权规定为"权利人依法对特定的物享有直接支配和排他的权利，包括所有权、用益物权和担保物权。"第一百一十九条规定"国家实行自然资源有偿使用制度，但法律另有规定的除外。"第一百二十条规定"用益物权人行使权利，应当遵守法律有关保护和合理开发利用资源的规定。所有权人不得干涉用益物权人行使权利。"尽管旅游地质资源产权国有或

者集体所有，但旅游地质资源可以有偿使用，使用人可以享受用益物权①，这为旅游地质资源的市场化交易，尤其是经营权转让提供了法律依据。

此外，为保证对特定旅游地质资源产品的可持续发展，国家及相关管理部门出台了一系列部门规章制度，例如《中华人民共和国环境保护法》、《中华人民共和国矿产资源法》、《中华人民共和国自然保护区条例》、《风景名胜区管理条例》、《地质遗迹保护管理规定》等，明确了旅游地质资源在管理机构的设置、规划、保护、利用和管理、法律责任等方面的内容。此外，为进一步保证对资源开发和保护的科学性，国家出台了一系列标准，例如《大气环境质量标准 GB3096—1996》、《地面水环境质量标准 GB3838—1988》、《土壤环境质量标准 GB15618—1995》等。

三、完善的产权交易市场为资产化交易提供了平台

近年来，为满足市场经济发展过程中产权交易的需要，我国的产权交易市场得以发展。截至 2008 年底，我国共有产权交易市场 200 多家，其中包括第一层次的京津沪渝联合产权交易所，这一层次机构是经国务院国资委批准的、中央国有产权转让的试点平台；第二个层次是省级产权交易机构；第三个层次是地市级产权交易机构。近年来，以京津沪为代表的三家产权交易机构市场交易活跃，规模持续增长，在全国产权市场中占据主体地位，交易量约占我国产权交易总规模的 60%以上，且我国产权交易有越来越向大机构集中的趋势。然而，从交易对象来看，主要包括三种形态：实物资产类、股权类和技术类，目前以实物资产类以及股权类交易为主，对以旅游地质资源为代表的自然资源的产权交易基本没有。然而，自《物权法》出台以来，这一状况将得到较大的改善，旅游地质资源的资产化交易在未来将迎来快速发展的阶段。

---

①《中华人民共和国物权法》第一百一十七条规定：用益物权人对他人所有的不动产或者动产，依法享有占有、使用和收益的权利。

四、国外资产化交易的经验

世界上自然资源比较丰富的国家，对国有自然资源都实行资产化（或有偿使用自然资源），为我国的国有自然资源实行资产化提供了可以借鉴的经验。例如美国联邦土地上的各种资源使用权，包括森林采伐、草原放牧和采矿权等，一般是在国会和联邦法律控制下，由联邦有关行政机构，如土地管理局和森林服务局，通过竞标等方式出售和出租给私人使用者。日本对国家公园在管理上实行统一规划，对公园内的旅游活动的范围、内容做出严格规定，对公园的食宿设施、交通系统和各种户外活动制定统一详细的规划，并提出具体要求，在注重发挥中央政府（国家环境署）作用的同时，充分发挥地方政府、特许承租人、科学家、当地群众的积极性，共同参与管理。具体做法是：①允许地方公共团体和个人按照国家公园的统一规划提供服务设施。②个人在取得国家环境署国家公园的特许经营执照后，可以按照日本《自然公园法》的规定，经营酒店、旅馆、滑雪场和其他食宿设施。③在国家公园内，自然环境优美的地方可以建立以娱乐为目的的国家度假村。这些自然资源资产化方面的成功经验为我国旅游地质资源资产化提供了参考和借鉴。

第二节　旅游地质资源产权及定价

旅游地质资源资产化，是将旅游地质资源看作可交易的对象，并实现一个相对公允的交易价格。对旅游地质资源资产化的研究，涉及旅游地质资源的产权机制、价值评价及定价等问题。

一、旅游地质资源的产权机制

按照《新帕尔格雷夫经济学大辞典》的定义，"产权是一种通过社会强制实现的对某种经济物品的多种用途进行选择的权利"。阿尔钦（Alchian，1969）把产权定义为人们在资源稀缺的条件下使用资源的权利，或者说是人们使用资源的适当规则。菲吕博顿、配杰威齐从产权激励与经济行为的影响角度给产权的定义是："产权不是指人与人之间的关系，而是指由于物的存在以及关于它们的使用所引起的人们之间相互认可的行为关系"。强调产权的中心任务是要表明产权的内容如何以特定的和可以预期的方式来影响资源的分配和使用。菲吕博顿在《新制度经济学：一个评价》中，更为明确地将产权定义表达为："产权是由人们所接受的由物的存在所引起的、与物的使用有关的人与人之间的行为关系。产权安排实际上规定了人在与其他人交往中必须遵循的与物有关的行为规范，违背了这种行为规范的人必须为此付出代价。因此，产权具有价值，它必须以一种社会所认可的方式强制实施"。斯密德从人类的相互依赖性角度，把产权定义为："产权说明的是与一种资源或任何行动路线有关的人与人之间的关系"。著名的产权经济学家德姆塞茨（Demsetz，1989）认为："产权是一种社会工具，其重要性就在于它们能激励一个人形成它与其他人进行交易时的合理预期。……产权包括一个人或其他人受益或受损的权利。……产权是界定人们如何受益或受损的，因而谁必须向谁提供补偿以使他修正所采取的行为。……产权的一个主要功能是引导人们实现外部性较大的内在化的激励。"德姆塞茨主要强调产权是一种受益或受损的权利，强调产权的功能是"引导人们实现外部性较大的内在化的激励"。科斯则从权力行使的角度来定义产权人，其观点是如果人们认为在市场中交换的是实物，而不是行使的权力，则是对产权定义的最大的错误理解。强调在交易中人们获得的通常是行使某种实物的权利，这一思想，实际上与康芒斯的观点是一致的。康芒斯早就把交易的实物与对这种实物的所有权区分开来。人们对实物拥有产权是交易合法进行，并获得成功的前提，实物的交换只是形式上的物的转移。

现代产权学派认为，产权归属明确是产权自由转让的必要条件。在市场竞争中，产权明晰将有利于资产的所有者从费用最小化或收益最大化的原则出发，自由转让和合理配置资产，从而实现社会资源的合理配置。与产权的"外部性内在化"相联系，产权的合理界定就是一种资源配置。而产权的流动，则可以在更大的空间范围减少资源浪费，提高经济效益。通常认为，产权就是一种经济权利，分为以下五种权利：一是财产所有权，即财产的归属权，表明财产最终归谁拥有；二是财产占有权，即实际拥有财产的权利，这是相对于财产所有者让渡其经营权予他人而言的，有了占有权，也就有了实际使用、处置财产的权利；三是财产的使用权，即具体运用财产进行营运的权利，包括决定投资方向和规模等；四是收益权，即凭借财产的归属和营运效果获取收益的一种权利，同一财产同时存在多种收益权主体，如所有者、经营者和占有者；五是财产的处置权，即买卖和转移财产的权利。产权具有排他性、明晰性、可交易性、可分解性和行为性等基本特征。产权具有减少不确定性和激励约束功能，实现资源配置、收入分配和实现外部性内部化的基本功能。

旅游地质资源的产权问题，涉及所有权、占有权、使用权、收益权以及处置权。《宪法》第九条规定："矿藏、水流、森林、山岭、草原、荒地、滩涂等自然资源，都属于国家所有，即全民所有；由法律规定属于集体所有的森林和山岭、草原、荒地、滩涂除外。"在我国，旅游地质资源的所有权属于国家和集体，这也就是说，旅游地质资源的产权属于不完整的产权，从旅游地质资源的资产化来看，这将极大地影响其正常交易、投资及转让。然而，从制度设计来看，在没有所有权条件下的产权也可保证旅游地质资源的资产化。根据著名经济学家张五常（1969）的定义，私有产权包括三种权利、使用权（或决定使用权）、自由转让权、不受干预的收入享受权，有了这三项权利，所有权（Ownership Right）是不需要的。张五常在对台湾土地制度研究中发现，所有权缺失的情况下其他三项权利依然可以保证市场的有效性。通常情况下，我们把使用权、转让权和收益权界定为经营权。因此，尽管在我国现有土地制度下，旅游地质资源的所有权归属国有和集体不可进行交易，但在经营权明确的前提下依然可以实现有效的交易和配置。

二、旅游地质资源资产化价格

旅游地质资源经营权价格是在一定期限中持有旅游地质资源的经营权所形成的一种价格，其前提是旅游地质资源的价值（第四章第三节已有分析）。目前我国旅游地质资源的所有权归国家和集体所有，其价格以旅游地质资源的经营权出让、转让为前提，因此，以一次性支付（或分期支付）的旅游地质资源，其资本现值总额是旅游地质资源所有权在经济上的实现形式。旅游地质资源具有的独特属性，决定了其价格形成方式的复杂性。

（一）旅游地质资源资产化定价方式及价格

在市场条件下，资源的定价通常有三种方式：一是市场定价，主要用于交易频率很高、专用性较低的资源，根据供需关系可确定其市场价值；二是公允价值定价，主要是针对交易频率较高，但专用性较强的资源，可根据其他类似交易对象的价格确定一个相对公允的价格作为参照；三是对于交易频率很低且专用性很高的资源，可对价值进行评估以确定价格（Williamson，1979）。旅游地质资源是一种专用性很强的资产，且交易频率较低，在我国国有产权的背景下，资产化定价仅仅涉及其中的经营权交易定价。经营权是未来经营所带来收益的现时表现形式，对其价值评估和定价可采用期权定价和风险定价模型相结合的方法。

1. 可预期的期权定价模型

对于旅游地质资源这类比较特殊的交易对象来说，它的价格取决于旅游地质资源本身的价值，而其中的价值构成，尤其是经济价值，更适合来解释我们的市场定价。旅游地质资源的经济价值，即通过市场交易体现的价格，是衡量旅游地质资源价值和确定价格的重要参照依据。资源未来所带来的收益现值就是旅游地质资源交易的公允市场价格。

旅游资源经营权价格公式，即：

$$P = \sum_{t=1}^{\bar{t}} \frac{\pi_t}{(1+r)^{(t-1)}}$$

其中，P 为旅游地质资源交易价格；π 为旅游地质资源每年能带来的收益或者利润；t 为旅游地质资源经营期限；r 为折现率。

从当前我国经营权转让的实例来看，经营权价格受到以下三个方面的影响：

（1）经营期限，我国旅游地质资源的经营权转让较长，通常在 30 年以上，有的甚至为 40 年或者 50 年。

（2）经营期限内各期的收益存在较大差异，且存在周期性的现象。处于开发和宣传期的 5~10 年的基本上是负收益，主要是因为这一期间属于投入阶段；在经营的快速增长期是现金回流的黄金时期，但这一期限可能维持在 10 年之内，此时的投入主要是保护性投入和补充性投入；之后是转型发展期，此时需要大量的再投入，用以适应旅游业转型发展及旅游地升级换代的需要，此时重新进入了投资期；之后重新进入快速现金回流期。

（3）市场平均收益率的影响。随着经济发展的周期性及经济增长的潜力发生变化。

2. 衡量风险的资本资产定价模型

对资产的定价，主要是针对资本市场股票、债券等有价证券而言。由此发展起来的著名的资本资产定价模型（CAPM），给出资产的预期收益取决于无风险收益和风险收益两部分，即：

$$E(R_i) = R_f + \beta_i [E(R_m) - R_f]$$

其中，R_f 表示无风险收益率；$E(R_m) - R_f$ 表示风险的市场价格，β_i 表示组合风险系数。然而，CAPM 模型能够很好地衡量那些充分竞争市场的"交易品"价格，但对于一些难以交易或者不具备完全竞争市场的"交易品"缺乏解释力，但对于资产的定价提供了一个很好的思路，它很好地将风险和不确定性引入定价机制。

根据上述期权定价和 CAPM，考虑到未来所能够带来收益的风险，在此将风险因素考虑进去可以确定旅游地质资源的价格模型。即：

$$P = \sum_{t=1}^{\bar{t}} \frac{\pi_t \cdot \alpha_t}{(1+r)^{(t-1)}}$$

其中，α_t 表示未来第 t 期能够带来收益 π 的可能性。

在此，由于考虑到地质资源除经济价值之外交易的不可行性，因此只考虑旅游地质资源的经济价值，结合资源定价模型和风险系数，可确定旅游地质资源的价格。

（二）影响旅游地质资源经营权价格的因素

旅游地质资源经营权价格的确定要受到稀缺性、产品开发情况、良好的市场条件等因素的影响。

1. 稀缺性

稀缺性是影响旅游地质资源价格的重要因素。价格的形成首先是因为在现实社会经济发展中的稀缺性，稀缺性是旅游地质资源价值存在的重要条件。由于旅游地质资源的稀缺性，才使得我们关注其可持续发展，致力于其价值研究；也正是由于旅游地质资源的稀缺性，其传统的无价值或低价观念才发生了转变。旅游地质资源价值的大小取决于资源的稀缺程度，稀缺程度越高，价值越大，否则相反，旅游地质资源的资源价格与其自身的稀缺性成正比。

稀缺性在不同时间、不同条件上，对其效用和费用的影响程度又不相同，因此，它不仅影响旅游地质资源价值的大小，还影响旅游地质资源价值中效用与费用因素发生作用的权重和比例。旅游地质资源的稀缺性与可替代性也是密切相关的，如果可替代性强，则稀缺性较低；反之，则较高。

2. 旅游地质资源的开发情况

旅游地质资源产品的市场交易是经营权价格形成的前提条件。在获利动机的驱动下，旅游资源开发与经营企业通过获取旅游地质资源的经营权，开发满足旅游消费者的旅游地质资源产品。然而，旅游地质资源经济价值的实现受到资源本身的开发条件限制，例如周边旅游基础设施建设情况、旅游地质资源可开发性、资源所处环境的脆弱性等因素都会影响旅游地质资源的进一步开发。对于那些通达性较好、游客集聚度较高、地质环境较为稳定的旅游地质资源，可以保证旅游开发和经营企业最终利润目标的实现，这也会使得旅游地质资源经营权的交易价格相对较高，反之亦然。

3. 市场条件

良好的市场条件是经营权价格形成的必要保障。旅游地质资源要进入市场进行交易，基本手段是将旅游资源经营权的价值固化到某些物质载体或符号中，然后通过这些符号所代表的价值与金融资本发生关系，从而实现旅游资源向资本的转化。工业社会需要进行一定的基础设施建设才能推动工业化发展。同样，旅游经济也需要进行相应的基础设施建设才能推动旅游资源经营权价值的实现。这里所说的基础设施建设主要是指相应的硬件设施以及管理和服务机构的建立和完善。旅游经济的重要基础设施就是旅游资源交易市场，发展和完善旅游资源经营权交易等基础设施，才能为旅游资源经营权交易提供强有力的物质保障。

第三节　云南旅游地质资源资产化

由于长期计划经济发展的惯性以及公有制思维的束缚，加之我国法律明确规定旅游资源等自然资源的国有属性，对旅游地质资源的经营仍偏重于国家或者政府经营。然而，从我国市场经济体制改革的经验来看，采取市场化的运作方式，将竞争机制引入到自然资源的经营管理中可以有效地提高资源的利用效率和效益，这就是资产化。旅游地质资源的资产化是在地质资源旅游资源化、旅游地资源产品化和市场化基础上的进一步延伸和发展，是通过改变经营主体、经营管理方式，提高旅游地质资源的效益并实现对资源的有效保护。但由于我国法律对旅游地质资源国有的规定性，目前的旅游地质资源资产化仅是围绕经营权来改善经营方式和管理方式。

一、云南旅游地质资源资产化的背景及现状

随着我国社会主义市场经济体系逐步完善，可持续发展思想不断深入人心，旅游开发热潮汹涌迭起，对现行公共旅游资源管理体制与机制进行改革显得十分迫切。改革的方向无疑是推行资产化。资源经济学家钱阔、陈绍志（1996）曾经指出："在商品经济条件下，要使资源配置有效，其基本条件在于将生产者置于市场机制约束之下，且市场约束力越大，资源配置越有效。要达到这一条件，就

必须明确生产者的产权，即明确生产者对资源、财产的权、责、利。因为，一方面，生产者的产权构成生产者选择的基础，商品生产者是实现资源有效配置的全部条件，是建立在其产权明确前提下的；另一方面，只有生产者产权明确，才能从根本上划定不同生产者相互之间责权利的界区。只有界区确定，才能保证真正平等的交换。只有保证平等的法人地位，才有有效的市场，才可使生产者进入市场。"同样，只有把公共旅游地质资源独立出来作为可以交易的资产，并实行资产化，才能理顺国家、企业、个人诸多方面的经济关系，建立完善的管理制度，实现对公共旅游资源的最大利用效率。

云南省旅游地质资源的资产化，是随着市场经济体制改革的不断深化而进行的。2001年，时任云南省省长李嘉廷在云南省旅游产业发展工作会上宣布：云南省已开发的旅游景区景点，要通过合资、独资、股份制合作、租赁、承包等多种方式出让开发经营权，加快开发步伐。在云南省地方政府的推动下，2001年，西双版纳野象谷景区经营权转让，至此拉开了云南省旅游景区景点经营权转让的序幕。

为进一步推进云南省旅游业的发展，2004年8月19日，云南省委省政府颁布了《关于进一步加快旅游产业发展的若干意见》。该意见积极鼓励国外和省外资金参与旅游资源开发和旅游基础设施建设，并对旅游景区（点）的所有权与经营权分离问题做出了批示，表明"可通过拍卖、招标或者协议的方式，将景区（点）的经营权依法有偿出让给国（境）内外企业，其他组织或者个人，按照统一规划进行旅游开发、建设和经营。鼓励和支持有实力的大企业以集中成片开发的形式取得旅游景区（点）经营权。旅游景区（点）经营转让费应继续用于旅游景区（点）的基础设施建设、环境整治、因旅游开发造成的移民搬迁补偿等。"这一文件的出台，为云南省旅游地质资源的资产化经营，尤其是经营权转移提供了政策支持。从这一政策的具体内容来看，以景区（点）经营的模式一方面减轻了政府对景区（点）投入的负担，另一方面企业将景区（点）作为自己的资产来经营也可以保证资源的可持续利用和最大限度地避免负外部性。

2009年，国务院出台《关于加快发展旅游业的意见》（国发〔2009〕41号），明确要求"推进国有旅游企业改组改制，支持民营和中小旅游企业发展，支持各类企业跨行业、跨地区、跨所有制兼并重组，培育一批具有竞争力的大型旅游企业集团。积极引进外资旅游企业。要按照统筹协调、形成合力的要求，创新体制机制，推进旅游管理体制改革。支持各地开展旅游综合改革和专项改革试点，鼓励有条件的地方探索旅游资源一体化管理。"这一政策的出台为云南省旅游地质资源资产化提供了国家层面的政策依据。

截至 2005 年，云南省已将 33 个旅游区（点）经营权出让给国内外大企业，出让资金达 30 亿元。例如，先后引进柏联集团、机场集团和香港雅居乐等 30 多家企业集团进入腾冲，积极探索景区所有权和经营权分离的方式，促进优质资源和优势企业对接，实现了由政府投资为主向政府引导、民营资本等多种所有制投入的转变。2010 年，保山腾冲实际引用外来资金投入旅游开发达 24.5 亿元，2011 年增加到了 27.34 亿元，温泉养生和古镇休闲等休闲度假产品开发力度加大，旅游产业转型升级步伐明显加快。①

二、云南旅游地质资源资产化的主要类型及特点

云南旅游地质资源的资产化，是对传统政府专营模式的创新和演进。在政府专营模式下，由于所有者缺位，导致对景区的效益以及资源的保护和可持续开发缺乏应有的重视，进而导致资源开发效率低下、破坏严重等问题。从云南旅游地质资源资产化的实践来看，其主要是围绕经营权转让下的承包和租赁、在旅游地质资源景区内的特许经营以及引入专业经营公司加强对旅游地质资源的开发和管理等形式进行运作。

（一）经营权承包和租赁

承包经营是指发包者与承包者之间订立承包经营合同，将发包者所拥有的资产的"经营管理权"全部或部分在一定期限内交给承包者，由承包者对资产进行

---

① 云南 33 个旅游景区 30 亿元出让 [EB/OL]. 新华网，http://www.yn.xinhuanet.com/newscenter/2005-03/25/content_3943572.htm，2005-03-25.

经营管理，并承担经营风险及获取收益的行为。景区的承包经营是在社会主义公有制的基础上，按照所有权与经营权适当分离的原则，通过承包合同，确定承包人与国家之间的责、权、利关系，由承包人向国家支付一定的承包费用，在承包期内自主经营、自负盈亏的经营方式。但是，由于一些景区的开发投入大，而当地政府缺乏投入资金，在对旅游资源承包经营的过程中出现变通，采取与承包人约定投资规模或上缴费用，以促进外部资金进入，支持旅游资源的开发。例如，2005年，漾濞彝族自治县政府出让大理苍山石门关旅游区经营权，与北京五洲实景网络技术有限公司签订合同期限40年，约定3年内必须完成6000万元的投资总额，改善景区内基础和配套设施；北京金利泰投资有限公司投资开发弥渡县天生桥旅游度假区，约定弥渡县出让区域面积634亩，投资规模约4050万元，投资方无偿经营旅游度假区50年；丽江玉龙雪山旅游区由玉龙雪山旅游开发总公司承包经营50年，负责景区规划开发、建设管理等事项，每年上交玉龙县政府4000万元。[①]

租赁是与承包类似的一种经营方式，是指在约定的期间内，出租人将资产使用权让与承租人以获取租金的协议。景区的租赁是将景区的经营权交由承租人经营和管理，景区所有权人或者其代理人（政府或者国有资产管理部门）收取租金的行为。与承包经营不同的是，租赁人需要按照租赁协议支付约定的租金，而承租人则需要承担所有的经营风险并获取所有的经营收益，而承包经营中发包人一般需要与承包人共担风险、共享收益。从这个角度来看，云南旅游地质资源的承包经营实质上仅仅是经营权的租赁。2005年，宾川县政府将宾川鸡足山旅游景区开发经营权租赁给美国兴隆国际投资（控股）集团，合同期限为40年，投资方投入景区开发建设资金不少于6亿元；同期昆明金殿国家森林公园、昭通市大龙洞公园也与省内外企业签订了租赁合同。

承包经营与租赁能够吸引外部资金，保证对旅游资源的开发，促进当地旅游

---

① 云南33个旅游景区30亿元出让［EB/OL］. 新华网，http://www.yn.xinhuanet.com/newscenter/2005-03/25/content_3943572.htm，2005-03-25.

业和相关产业的发展。然而，由于经营模式本身的问题，导致对旅游地质资源资产化过程中存在一些不可避免的问题。第一，资源价值被低估。旅游地质资源的经济价值不仅取决于资源本身的价值，还取决于经营者自身的素质和经营管理水平，在信息不充分的条件下，承包和租赁经营签订的合同会产生道德风险和逆向选择问题。第二，在政府缺乏相应开发资金和地方经济发展冲动的情况下，对承包人和承租方的引入缺乏严格的准入门槛，承包人和承租人可能会缺乏相应的经营管理水平和资本实力，可能因追逐利益而忽略或者轻视对资源的保护，导致资源遭到严重的破坏，无利于长远发展。第三，承包人或者承租人可能缺乏协调旅游产业发展相关部门和产业的能力，导致旅游资源不能得到合理、科学的开发。第四，承包或者租赁经营缺乏对相关规划及建设的监管，不利于区域旅游业整体协调发展。第五，由于缺乏相关规范和成熟的制度，导致在经营权承包和租赁过程中由内部人控制、国有资产流失等问题频频出现。

（二）特许经营

特许经营是指特许经营权拥有者以合同约定的形式，允许被特许经营者有偿使用其名称、商标、专有技术、产品及运作管理经验等从事经营活动的商业经营模式。旅游景区的特许经营指公民、法人或其他组织按照特定程序、法定标准和条件，在一定期限和范围内，有偿取得从事景区内整体或单个项目投资、经营权利的活动。对于旅游地质资源的特许经营，是在以旅游地质资源为主体的旅游景区内，对相关旅游配套活动和服务，尤其是经营性活动，允许具有经营资质的组织或者人员，按照相关管理规定开展活动，并对其收取一定的费用。从云南旅游发展的实际情况来看，特许经营的项目包括景区内基础设施以及维护、交通（车队、船队、游路、索道等）、漂流及必要的餐饮、住宿、商品销售、娱乐、摄影、摄像和游客服务等经营性活动。

特许经营所借助的是旅游景区的吸引力，这一吸引力所带来的游客具有消费潜力和购买能力，这些购买力也需要相关的服务来满足，因此，特许经营活动不仅可以对周边社区经济发展和居民生活产生积极影响，也是旅游景区完善旅游产品、提高服务水平的重要补充。然而，特许经营的开展需要科学规范的运作模式，否则将会对景区造成不可逆转的破坏。

（三）专业管理公司运作

在旅游资源资产化的实践过程中，以旅游景区为资产主体，组建或者引入专业化旅游景区管理公司承担对景区专业化经营的任务，以实现景区收益和资源保护为目的的经营方式，也是提高旅游地质资源使用效率的重要途径。例如，云南省引入浙江金孔雀旅游集团，该公司以4300万元整体收购了西双版纳野象谷景区，收购年限40年，并承担了原景区4300多万元的债务[①]。2012年，云南省完成了世博集团公司和云南省旅游产业集团有限公司的合并重组，建成云南省最大的旅游企业——云南世博旅游控股集团公司，围绕云南核心旅游景区，建设涉足旅游业各要素的云南旅游产业集团。同时，积极支持和推动云南省旅游投资公司对大理旅游集团、金孔雀集团进行并购重组。

此外，为进一步盘活云南旅游资源，云南省不断创新，推动旅游资源经营管理模式变革，继续推进保山腾冲、玉溪抚仙湖—星云湖、大理苍洱片区、昆明世博新区四个旅游综合改革发展试点工作，为云南旅游地质资源资产化提供了良好的环境和机遇。

云南旅游地质资源的资产化，打破了旅游景区开发的行政垄断，引入外部竞争和外部（民营和外资）资本，为云南旅游地质资源的开发获取了更充足的资金和更高效率的资源配置。

三、云南旅游地质资源资产化的问题

在市场经济体制改革和云南旅游改革不断推进的背景下，云南已在旅游地质资源的资产化方面探索了一些经验。然而，受多方因素的影响，资产化过程中还存在一些问题，这些问题成为云南地质资源旅游产业化发展的重要制约因素。

（一）旅游地质资源产权和相关权利的不合理配置

从当前我国旅游地质资源等自然资源的经营管理来看，所有权归属国家，行

---

① 云南33个旅游景区30亿元出让 [EB/OL]. 新华网，http://www.yn.xinhuanet.com/newscenter/2005-03/25/content_3943572.htm，2005-03-25.

政权归属中央各部门及对应的地方各级部门，而当前对资产化的关注主要集中在经营权配置方式上，对于所有权、管理权等相关权利的配置缺乏关注。因此，旅游地质资源的所有权、行政权、经营权三权混淆，以行政权代替所有权、以行政权代替经营权、以经营权代替所有权和行政权的现象比比皆是，要么导致国家所有权受到条块的多元分割，产权虚置或弱化，各个利益主体之间的经济关系缺乏协调，公共旅游资源的整体性、系统性被严重破坏，造成资源的闲置浪费，阻碍区域旅游经济的健康成长；要么导致过分追求眼前经济利益，造成资源的过量消耗和生态环境的恶化。

（二）对旅游地质资源的价值认识较为粗浅

从上述对云南省旅游地质资源承包、租赁等资产化方式的实践来看，一些旅游开发主体，只需要支付很少一部分费用，甚至根本不支付任何费用即可获取这些资源的开发经营权，这反映了地方政府对旅游地质资源的价值缺乏足够认识，将其当作纯"自然物"或"祖先的馈赠"无偿开发利用，致使公共旅游资源的再生及产业化问题、开发利用的补偿和收益问题及资源的节约利用问题，均不能得到很好的解决，同时，导致了资源高消耗型旅游经济发展模式的产生和扩张。

（三）开发旅游资源的冲动和保护的滞后

受制于地方经济和财政能力的不足，一方面，云南大量开发旅游地质资源用于发展旅游业；另一方面，在开发过程中由于缺乏资金和监管导致资源保护严重滞后。这不仅是云南省旅游资源资产化过程中的问题，也是我国当前旅游开发中存在的普遍问题，对旅游资源的开发过度或者保护不力将会对资源造成致命性的破坏。据报道，丽江玉龙雪山被架设3条索道，每条索道都伸入自然保护区的核心区。其中，长近3000米的玉龙雪山索道，延伸到海拔4506米的雪山上，每小时单向运送客流量达426人。这些索道的建设和运营，给保护区带来了生态灾难。大量游人的涌入，使亘古冰川遭到破坏，部分冰川开始融化；高山植被和野生花卉被游客践踏、破坏；野生动物的数量急剧减少，当年规划时还存在的珍稀动物，现在已难觅踪迹。

第七章　云南地质资源旅游产业化策略探讨

第一节　云南地质资源旅游产业化存在的问题

通过对云南旅游地质资源产业化过程的研究，我们发现，云南旅游地质资源产业化发展中还存在以下三个主要的问题。

一、产业发展层次有待提升

从云南旅游地质资源产业化发展情况来看，已经完成了旅游地质资源的普查工作，开发出种类多样的旅游地质资源产品，且旅游地质资源资产化交易进入试水阶段，但总体来看，产业化发展层次还有待进一步提升。

第一，对地质资源的旅游价值认识有待进一步深化。地质资源的用途主要表现在工业用途上，对其旅游价值的认识不够。云南省地质资源极为丰富，近年来经济快速发展，对地质资源的勘察力度不断加大，为云南社会经济的发展做出了重要的贡献。然而，对于地质资源的旅游资源化研究和实践却相对落后。旅游学者和旅游企业对地质资源的旅游价值认识和发掘不足，对地质资源旅游资源化的认识还停留在自然旅游资源的阶段，未能对旅游地质资源与自然旅游资源进行区分；地质工作者对地质资源的旅游开发还未能与旅游市场很好地结合起来，对于旅游地质资源与其他旅游地质资源的互补开发和利用还未能形成示范性的理论或实践形式。

第二，旅游地质资源产品开发速度快，但产品层次相对较低，产品创新水平需要进一步提升。从云南省现有的重要旅游景区来看，绝大多数都是依托地质资源而发展起来的，但这些旅游地质资源产品主要功能是观光类，体验型和商品型，产品较少，产品附加值较低。从云南省巩固旅游业支柱产业的发展趋势来看，产品层次还有待进一步提升。对于云南来说，进一步发掘旅游地质资源的科学内涵，创新旅游地质资源产品开发方式，提高专项旅游产品等高附加值旅游产品的比重，着力于实现旅游地质资源产品的市场价值至关重要。此外，在旅游地质资源产品的开发和经营过程中，由于对旅游地质资源价值的认识不足，过于强调产品开发而缺乏对资源的保护，造成旅游地质资源的破坏和产品开发不具有可持续性。

第三，受政策和体制的影响，旅游地质资源及产品的资产化经营有待改善。在土地国有的法律框架下，旅游地质资源经营权转让相关法律不完善，使得投资者对不完全产权和未来经营的风险感知增大，在这种情况下，社会资本进入这一领域的积极性较低。与此同时，在其他行业高利润、高税收的刺激下，投资者和政府更多地将土地用于这些领域，对于发展旅游业等投资周期较长、GDP 贡献度需长期才能显现的项目热情不高。这些政策和现行体制下的问题对旅游地质资源的资产化经营都有一定的限制。

二、区域发展不均衡

云南旅游地质资源产业化发展首先基于地质资源基础，但也受制于区域开发条件的限制，进而使得旅游地质资源产业化表现出区域发展不平衡的现象。

资源分布的不平衡是地质资源作为自然资源所具备的基本特征，这也是旅游地质资源分布不均衡的根本原因。从云南旅游地质资源的区域分布来看，新构造运动强烈，深大断裂发育的地带形成了生态环境多样性、自然风光奇异的自然景观，构成了旅游地质景观对游客的吸引力。不同地域五彩缤纷的旅游地质景观是旅游的重要旅游资源组成。与此同时，强烈的活动性构造发育（如滇西北、怒江地区），又是旅游生态地质环境极其脆弱的地带，常常成为旅游发展的制约条件。

在旅游地质资源不均衡的前提下，由于旅游开发条件的限制和影响，一部分区域旅游地质资源极为丰富，却受制于环境及开发条件的限制开发程度不够，一部分区域经济发展水平较好，但旅游地质资源的条件却不是很好，这就导致旅游地质资源产品的开发在数量和质量上并不平衡。从云南现有旅游区来看，滇中地区以高原湖泊为特色，开发了喀斯特景观石林、帽天山化石地、滇池、抚仙湖、阳宗海、星云湖、杞麓湖、恐龙谷等世界遗产地、地质公园、风景名胜区、旅游景区等旅游地质资源产品；滇西北以高山峡谷为特色，依托梅里雪山、玉龙雪山、太子雪山、哈巴雪山、老君山、高黎贡山、怒江大峡谷、虎跳峡开发出特色旅游地质资源产品；滇西南以热带雨林为特色，旅游地质资源产品相对较少，主要是水文景观产品；滇东南旅游以岩溶山水为特色，依托普者黑、九龙瀑、多依河、鲁布革小三峡、色彩沙林、阿庐古洞、燕子洞等旅游地质资源产品独具特色；滇西以火山热海为特色，开发出以腾冲火山群、地热温泉、瑞丽江—大盈江、高黎贡山为特色的旅游地质资源产品；滇东北以红土高原为特色，旅游地质资源产品相对较少。总体来看，滇中高原湖泊、滇西北高山峡谷、滇东南岩溶山水、滇西火山热海决定了云南旅游地质资源产品的开发类型和品级，而滇东南和滇东北由于旅游地质资源数量较少和品级相对较低，旅游地质资源产品开发也相对较弱，导致了其旅游业发展在六大片区中相对滞后的现状。

三、管理体制上问题突出

从云南省旅游地质资源产业化发展情况来看，管理体制上存在诸多制约云南旅游地质资源产业化发展的问题。

首先，多部门管理，造成条块分割、多头管理，不利于旅游地质资源的可持续开发。林业部门站在森林保护的角度；国土资源部门站在土地资源的控制权与保护的角度；水利部门站在水资源的保护与利用的角度；农业部门站在发展农业的角度；旅游部门站在旅游业发展的角度；环保部门站在环境保护的角度；地方政府站在地方经济发展的角度。这些站在不同利益角度的部门和地方政府，在旅游地质资源的保护和开发中，都参与其中获取旅游发展的收益，但不可避免地存在部门保护的问题。尽管这有利于政府内部各部门以及各个层级的制衡，但也导致旅游地质资源开发者在开发过程中多头管理，目标不统一的问题。如风景名胜区由住建部管理，地质公园由国土资源部管理，旅游景区由旅游局管理，而这些景区在空间上往往又相互重叠、交叉。造成了旅游发展中管理混乱，互相制约，缺乏协调统一，具体表现为管理滞后，管理体制与模式落后，制约了旅游景区资源的开发和利用。

其次，云南省旅游地质资源是以行政区划为范围来进行资源调查及其评估的，自然分布与行政区划不一致性显著，没有考虑旅游地质景观的形成是跨地区存在的。如中甸—丽江高山—峡谷景源区中的虎跳峡景观，以金沙江为界，北西为香格里拉管辖，南东为丽江的地域。在各自的规划中，仅以自我为中心，对资源进行重复开发，造成资金浪费，旅游市场混乱。

上述三个方面存在的问题严重制约了云南地质资源旅游产业化发展，是亟待解决的问题。

第二节　国外旅游地质资源产业化的经验

由于历史及现实的差异，一些国家对旅游地质资源的保护与开发走在世界先进行列，它们在旅游地质资源产业化发展过程中积累的经验教训对于指导我国旅游地质资源的产业化具有重要意义。其中，以美国、加拿大、欧洲国家最为典型，它们从立法保障、管理体制、经营理念等方面有很多值得我们借鉴的地方，此外，一些国际组织，如联合国教科文组织，也在建立世界地质资源信息网络、完善地理信息系统等方面为我国提供了借鉴。

一、立法的制度性保障

从各国对旅游地质资源开发与保护的历程来看，有效的法律制度是基础，这些国家根据经济社会发展的需要制定了一系列法律用以规范旅游地质资源的开发和利用。

（一）美国

美国的资源立法管理有着很长的历史，美国的第一部土地法在其宪法之前颁布。1785制定了第一个土地法令。美国的资源管理立法着重于土地的立法和管理两个方面。美国公共土地管理分为四个系统管理，一般公共土地由国家土地管理局管理，国家森林由国家森林管理局管理，国家野生生物避难所由渔业和野生生物管理局，国家公园由国家公园管理局管理。而荒原则根据1964年的《荒原法》设计于这四个系统中。对旅游地质资源的相关立法主要集中在国家公园体系的立法中。

美国有关旅游地质资源的法律主要有《历史地段法》、《公园、风景路和休闲地法》、《国家公园管理局特许事业决议法案》。1935年和1936年分别通过的《历史地段法》和《公园、风景路和休闲地法》，确定了全国国家公园统一管理机构——内务部国家公园管理局，以及经费来源、人员任命、规划设计等一系列管理办法，形成了国家公园中央集权管理体制。1965年美国国会通过《国家公园管理局特许事业决议法案》。该法要求在国家公园体系内全面实行特许经营制度，即公园的餐饮、住宿等旅游服务设施及旅游纪念品的经营必须以公开招标的形式征求经营者，特许经营收入除了上缴国家公园管理局以外必须全部用于改善公园管理。特许经营制度，在经营机制上，首先明确了公园资源经营权的界限，仅仅限于副业——提供与消耗性地利用公园核心资源无关的后勤服务及旅游纪念品，同时经营者在经营规模、经营质量、价格水平等方面必须接受管理者的监管。这样，做到了管理者和经营者分离，避免了重经济效益、轻资源保护的倾向并有利于筹集管理经费、提高服务效率和服务水平。对以旅游地质资源为核心的旅游区域进行科学的功能划分。对旅游地质资源核心区域推行以财政拨款，保护优先的开发方式，而围绕核心区域的旅游区，在《特许经营法》的保障下，通过特许经营等多种多样的经营方式，在发展旅游业的同时保障了旅游地质资源的保护。

（二）加拿大

加拿大紧邻美国，在国家公园管理上与美国非常类似。加拿大第一座国家公园——班夫（Banff）公园于1885年建立。截至目前，已建立国家公园和国家公园保留地38处。早在1887年为规范班佛公园的管理，在其建成两年后便颁布了《落基山公园法》对其实施专门保护。随后，在1911年又出台了《自治领地质保护区和公园法》。现在加拿大不仅有《国家公园法》、《国家公园政策》、《省立公园法》来实施国家公园的保护，还主要通过《加拿大国家公园局法》和《加拿大遗产部法》来规定国家公园管理组织机构。《加拿大国家公园法》颁布于1930年，经1988年、2000年两次修订。对国家公园设立的目的、建立的程序、政策计划、管理要求、公众参与等方面提出了明确要求。

在加拿大，公园的管理主要通过四级政府的立法，即国家级、省级、地区级和市级。于1930年提出并于1988年修正的国家公园行动计划为加拿大国家公园的管理提供了法律依据，它规定国家公园的建立必须得到上、下议院的许可。每个国家公园必须依法制定正式的管理规划。这一规划首先要考虑公园的生态完整性，而且必须每隔5年评估一次。各省结合自己的情况制定省立公园法来实施国家公园的保护。如安大略省于1913年制定了省立公园法，1954年省政府在土地和地质部内设公园管理部门，同年对省立公园法进行了修改。

（三）日本

日本国立公园的发展历史可追溯到1911年，当时在帝国会议中提出了把日光、富士山设为国立公园的提案。1915年日本内务省开始着手就国立公园的候选地进行调查，但真正开始实施则是1930年以后。1930年内务省成立了国立公园委员会，并于次年颁布了《国立公园法》。依据《国立公园法》，1934年4月指定了濑户内海、云仙（现在的云仙天草）、雾岛（现在的雾岛屋久）为国家公园，同年12月指定了大雪山、阿寒、日光、中部山岳、阿苏为国立公园，1936年又指定了十和田（现在的十和田八幡平）、富士箱根（现在的富士箱根伊豆）、大山

（现在的大山隐歧）、吉野熊野为国立公园。到"二战"前，日本共指定了12个国立公园。"二战"爆发后，日本中断了对国立公园的建设。"二战"结束后，日本重新启动了国立公园发展计划，1946年指定了伊势志摩为国立公园，1948年日本厚生省设立了国立公园部，至此国立公园才算真正开始走上正轨。1949年指定了支笏洞爷、上信越高原为国立公园。1950年指定了磐梯朝日、秩父多摩甲斐为国立公园。1955年指定了陆中海岸、西海为国立公园。1957年新的《自然公园法》出台，取代了最初的《国立公园法》，确立了自然公园体系，即将自然公园按3种类型划分为国立公园、国定公园、都道府县立公园。在国家公园的层面上，在发展原有的国立公园的基础上，引入了国定公园制度。1950年佐渡弥彦（现在的佐渡弥彦米山）、琵琶湖、耶马日田英彦山成为第一批被指定的国定公园。截至目前，日本共有29个国立公园，指定面积合计约209万公顷，占国土面积的5.5%，有56个国定公园，指定面积合计约136万公顷，占国土面积的3.6%。

日本对国家公园的管理主要依据于《自然公园法》。遵循适当开发、合理利用的原则。根据《自然公园法》，日本的国家公园分为两大类：一是国立公园，由"自然环境保全审议会"（由地理、环境、历史等方面的专家组成）提出意见，最后由环境大臣指定，并由国家直接管理。二是国定公园，也就是准国家公园，其景观和面积略次于国立公园，由都道府县提出书面申请，再由"自然环境保全审议会"审查，最后由环境大臣指定，由都道府县进行管理。

除了《自然公园法》这一专门适用于国家公园的立法之外，《自然保护法》、《文化财产保护法》、《鸟兽保护及狩猎合理化法》、《濒危物种野生动植物保存法》、《规范遗传基因重组方面的生物多样性保护法》等也涉及国立公园内相关遗产资源的保护管理问题。此外，还有《自然环境保护条例》、《景观保护条例》等法规文件，形成了日本国家公园自然保护和管理的法律制度体系。这些法律法规经过不断的完善和调整，具有较强的科学性和可操作性，便于管理部门及有关从业人员、民众执行。

二、专门的国家管理机构

在国家层面法律法规的保障下，各国都设立了专门的国家管理机构来对本国的地质资源予以管理。

（一）美国

美国在 1935 年和 1936 年分别通过的《历史地段法》和《公园、风景路和休闲地法》，确定了全国国家公园统一管理机构——内政部国家公园管理局（NPS），以及经费来源、人员任命、规划设计等一系列管理办法，形成了国家公园中央集权管理体制。其内务部国家公园管理局下设 7 个地区局，分别为阿拉斯加地区、中部地区、中西部地区、国家首都区、东北地区、太平洋及西部地区和东南部地区局，分片管理各地的国家公园。国家公园设有公园管理局，具体负责本公园的管理事务。国家管理局、地区管理局、基层管理局三级管理机构实行垂直领导，与公园所在地政府没有业务关系，地方政府不得插手国家公园的管理。以"管家"自居的美国国家公园管理处，负责公园的资源保护、参观游览、教育科研等项目的开展及特许经营合同出租。国家公园体系运营和保护的主要资金来源是国会的财政拨款，占 90% 以上。公园依靠特许经营、门票和其他收入实现部分自谋收入。这种以中央集权为主，自上而下实行国家管理、地区管理和基层管理的三级垂直领导并辅以其他部门合作和民间机构的协助的管理体制职责分明，工作效率高，避免与地方产生矛盾，也没有相互争利扯皮的事情。

（二）加拿大

加拿大国家公园的一切事务均由联邦遗产部国家公园管理局综合负责。国家公园管理局可以上溯到 1873 成立的内政部中的自治领土管理局（Dominion Land Branch），该局主要负责农业、矿产、林业的调查、出售以及出租等。随着 1884 年班夫公园作为自治领公园的建设，对公园的管理机构设置提上了日程。1908 年内政部重组，自治领公园转入新的林业水利局（Forestry Irrigation Branch），由下属的林业处长负责（Superintendent of Forestry）负责，1911 年出台的《自治领森林保护区和公园法》中将这种管理模式固定下来，划归到自治领公园局管理。

1930 年《国家资源法》通过，国家资源的管理权由自治领公园局移交给各省政府。同年通过的《国家公园法》对自治领公园（统一改称为国家公园）的保护状态进行了进一步的限定：除非经由国会立法批准，否则不得随意设立国家公园，现存国家公园界限也不得随意更改。1936 年内政部撤销，国家公园管理职能由隶属于新成立的矿产资源部的森林与公园局承担。1947 年矿产资源部重组，更名后的国家公园处设在土地与发展服务局内，两年后又被划归资源开发部所有。1953 年国家公园处又被从资源开发部转移到新成立的北方事务与国家资源部。一直到 1962 年，皇家政府组织结构委员会成立并对现有政府结构提出了一系列改革方案。公园处内部也采用了一系列建议进行改革，其中最重要的是公园管理的分权而治。两个地区性办公室（西部地区、安大略和魁北克地区、亚特兰大地区）成立并由各自的负责人全权负责。1966 年原北方事务与国家资源部发展成为印第安事务与北部开发部，后又更名为印第安及北部事务部。1973 年公园局正式更名为加拿大公园项目，并分为三个部分：国家公园局、国家历史公园及遗址公园局、政策规划研究局，另外还包括地区办公室、公众听证会办公室、运河管理处。1979 年国家公园的管理由新成立的环境部负责，1984 年更名为加拿大公园服务局，工作重点是保护公园的生态完整性。1993 年国家公园的管理权移交给新成立的遗产部。

1998 年根据《加拿大国家公园管理局法》成立加拿大国家公园管理局，被确立为"部级机构"，正式取得独立的法人地位，并有自己专门的首席执行官向遗产部部长负责。2003 年 12 月 12 日，联邦政府宣布对几个部级机构进行结构调整，其中也涉及国家公园管理局：将其管理权由遗产部划归环境部，首席执行官直接向环境部长汇报工作，后者负责全面指导公园局的业务工作，并就局内的各种活动向国会承担法律责任。

国家公园局现有职员 4300 多人，其中 80% 是联邦政府固定职员。为了管理好全国范围内的每一个国家公园，国家公园局除在首都渥太华设总部外，还分别在新斯科舍、魁北克、马尼托巴、艾伯塔、不列颠哥伦比亚、育空七处设办事机构，并将大部分职员（约 4000 名）分别派往各个国家公园工作。加拿大的国家公园在管理上注重发挥联邦政府、地方政府、特许承租人、科学家、当地群众的积极性，共同参与管理，形成了兼具中央集权和地方自治两种体制的综合管理模式。

(三) 日本

日本因其国土狭小、人口众多，几乎每个地区都已被不同程度的开发。而且日本国家公园内的土地存在着多种所有制——国家所有、地方政府所有、私人所有和多种经济活动——农业、林业、旅游业及娱乐产业。在这种情况下，日本根据自身的发展实际，探索出了具有日本特色的国家公园管理方式。具体表现在以下两个方面：

一是对景区实行分区管理。按照生态系统完整和风光秀丽等级、人类对自然环境的影响程度、游客使用的重要性等指标将所有国家公园的土地划分为特别地域和普通区域。特别地域又细划为特别保护地区、Ⅰ级特别区、Ⅱ级特别区、Ⅲ级特别区四种类型，对不同的区域采取不同的管理办法，什么样的区域可进行什么样的活动都有严格的规定，对环境或者资源产生有害的行为要依法处置。特别保护地区是国家公园特别重要的核心区域，有严格的保护措施，在管理上要求维护风景不受破坏，例如在其他区域砍伐树林、竹林需要许可证明，而种植树林、竹林则不需要许可，但在特别保护地区，这种栽植行为也必须有严格的审批手续，而且每项许可都包括若干项细则。特别保护地区内有步行道，允许游人进入。Ⅰ级特别区是在特别保护区外，在管理上要求尽可能维持风景不受破坏，有步行道。Ⅱ级特别区可以建设一些不会影响到原有自然风貌的休憩场所，有机动车道。Ⅲ级特别区是指对风景资源基本无影响的区域，可以集中建设休憩接待设施，前提是不会严重地影响到原有的自然风景，建筑风格力求与当地自然环境和风俗民情相协调。普通区域主要指当地居民区，在管理上较为宽松，但如果发生超过一定规模的设施建设或采矿等行为时，一定要向国家提出申请。

二是统一规划，多渠道经营。日本国家公园的权属问题比较复杂，不利于统一管理。日本虽然有像大雪山国立公园，国有土地占有率超过94%的公园，但也有像伊势志摩国立公园这样私有土地占有率超过96%的公园。与美国相比，日本国家公园的土地国有率比较低，而且有些虽然都属于国有，但是分属于不同的部门。针对这种情况，日本国家公园在管理上实行统一规划，对公园内的旅游活动的范围、内容做出严格规定，对公园的食宿设施、交通系统和各种户外活动制定统一详细的规划，并提出具体要求，在注重发挥中央政府（国家环境署）的作用的同时，充分发挥地方政府、特许承租人、科学家、当地群众的积极性，共同参与管理。具体做法是：①允许地方公共团体和个人按照国家公园的统一规划提供服务设施。②个人在取得国家环境署国家公园的特许经营执照后，可以按照日本《自然公园法》的规定，经营酒店、旅馆、滑雪场和其他食宿设施。③在国家公园内，自然环境优美的地方可以建立以娱乐为目的的国家度假村。

（四）韩国

韩国在 1940 年将金刚山、智异山、汉拿山选定为国立公园备选地，但因第二次世界大战的影响，国立公园选定行动被中断。1963 年在政府财政支持下，国民运动本部设置了"智异山地区开发调查委员会"，当时很多人认为智异山已充分具备开发为国立公园的条件，因此主张将其指定为国立公园。另一个理由是当时智异山郁郁葱葱的山林中乱砍滥伐的现象非常严重，当地居民强烈要求从国家的角度进行保护，由 16 名学者组成的委员会前后 3 次对智异山进行了现场考察。1967 年 12 月 29 日韩国最早的国立公园诞生了。韩国国立公园是作为"代表韩国的自然生态系统、自然以及文化景观的地区"，为了保护和保存以及实现可持续发展，由韩国政府特别指定并加以管理的地区。自 1967 年指定首个国立公园—智异山国立公园以来，至今已指定的国立公园有 20 座，占韩国陆地国土面积的 3.7%。

1967~1987 年国立公园的指定、公园规划等基本事项都是建设部全权负责的。公园的利用者（探访客）、资源保护、清洁和设施的管理等公园内现场管理是委任给地方行政机关，即市、道知事（官职相当于省长），维持行政区域的管理体系。这种情况下，根据市道的关注程度和财政能力的不同，公园之间甚至公园内部各地域之间出现了严重的不均衡现象。1980 年以后，随着急剧的都市化、产业化，国民对自然环境保全的关心程度日益提高。1985 年初夏，智异山国立公园出现了用日本的杉树建造的 20 多栋非法别墅，这个内容报道以后，全国各地关于国立公园管理的报道频频出现，产生了对国立公园管理实态进行全面系统综合检验的契机。据此，监察院在 1985 年 6~10 月，抽出相关人员 966 人，在全国范围内对地方自治团体的国立公园管理状况进行了特别监察。

在此背景下，韩国国立公园管理公团（Korea National Parks Services）于 1987 年 7 月设立，最早设立在建设部，1991 年 4 月编入内务部，1998 年 2 月编入环境部，它是韩国国内唯一一家公园管理专业机构，其组织结构如图 7-1 所示。国立公园管理公团自成立以来，秉持"保存自然、满足游客的世界一流公园管理专业机构"的愿景，负责管理除汉拿山国立公园以外的其他 19 座公园。[1] 至此，韩国形成中央直管的国家公园管理体系。

三、完善的地理信息系统

1989 年国际地质科学联合会（IUGS）成立了地质遗迹工作组，开始了世界地质遗迹（Geosite）登录工作，各国纷纷建立各级地质遗迹保护区，并建立相关信息系统进行地质遗迹的全面调查及保护工作。

英国建立了两类地质遗迹保护区：一类是"具有特殊科学意义的地质遗迹"，(Sites of Special Scientific Interest，SSSI) 由英国自然署负责管理，目前已经登记的遗产地 2200 处。另一类是"区域性重要地质及地貌"(Regionally Important Geological and Geomorphologicsites，RIGS) 由民间团体管理，自然署提供经费资助。英国还在 1991 年成立了自然洞穴保护协会，近年来完成图件"The Character of England Landscape，Wildlife and Natural Features"。英国采用了统一地质遗迹登录办法，建立信息库，并进行分级管理。国家自然环境署管理 2200 处，其余由地方机构管理，但可得到国家有关资助。同时，对其中有特殊意义的地质遗址，作全面调查评级，并广泛开展以民间为主、政府奖励的地质遗迹保护活动。出版有定期刊物"Earth Heritage"，交流信息和保护技术，介绍遗迹，推

---

① 资料来源：韩国国立公园管理公团网站，http://english.knps.or.kr。

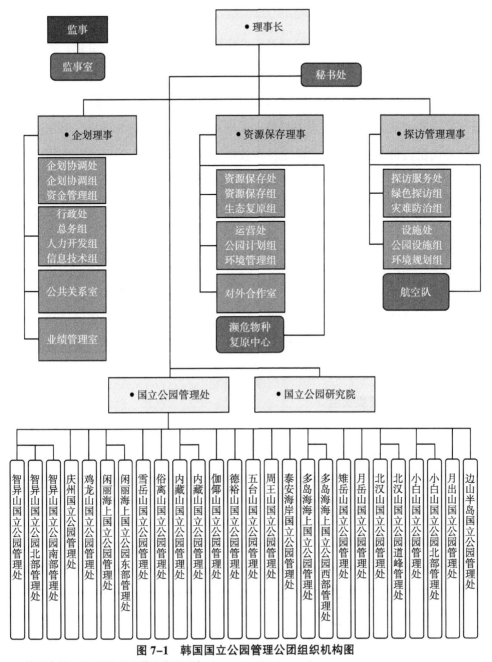

图 7-1 韩国国立公园管理公团组织机构图

资料来源：韩国国立公园管理公团网站，http: //english.knps.or.kr。

动科普与国际合作。

西班牙在国际地科联刊物"Episodes"上刊出了部分选自其地质遗迹保护区

的地质公园候选地供同行评议。

澳大利亚针对特殊的地质、地形、古生物建立分类系统，并登记、评价，为教育研究、科普、参观之用，还特别注意评估标准的国际对比。

德国将具有特殊地质意义并具有可观赏价值、稀有性和独特性的动植物化石、岩石矿物露头、地形景观等都列入保护对象。开展调查与评估，有法律依据并由专门机构负责这一工作，决定保护技术。

瑞士要求每个州对地质遗迹进行登录，取得详细资料，经描述登录选择和研究评分，确定每一个地质遗迹的重要性和价值，决定保护措施，并向社会公众提供信息。

四、旅游地质资源的全球保护网络

从当前世界旅游地质资源的开发与保护实践来看，全球性、区域性的国家组织不断发展，已成为推动全球共同保护旅游地质资源的重要力量，其中以世界遗产委员会和世界地质公园网络最为突出。

（一）世界遗产委员会

1972 年 11 月 16 日，联合国教科文组织大会第 17 届会议在巴黎通过了《保护世界文化和自然遗产公约》，建立了世界自然文化遗产保护委员会（World Heritage Convention），截至 2014 年，共有 191 个缔约国①。《保护世界文化和自然遗产公约》是获得批准国家数量最多的国际法律文书之一。该公约鼓励开展国际合作，携手保护人类的共同遗产。通过签署公约，各缔约国承诺提供适当的法律法规框架，确认潜在的、可列入《世界遗产名录》的遗址，并对列入《世界遗产名录》以及对国家和区域具有重要意义的遗址加以保护。截止到 2014 年，《世界遗产名录》共列入了 160 个国家和地区的 981 处遗址，包括 759 处文化遗址、193 处自然遗址以及 29 处复合遗址。②

---

① 我国于 1985 年 12 月 12 日正式成为缔约国。
② 数据来源：世界遗产委员会网站，http://whc.unesco.org/en/list/。

世界遗产委员会承担四项主要任务：①在挑选录入《世界遗产名录》的文化和自然遗产地时，负责对世界遗产的定义进行解释。在完成这项任务时，该委员会得到国际古迹遗址理事会和国际自然资源保护联盟的帮助；这两个组织仔细审查各缔约国对世界遗产的提名，并针对每一项提名写出评估报告。国际文物保护与修复研究中心也对该委员会提出建议，如文化遗产方面的培训和文物保护技术的建议。②审查世界遗产保护状况报告。当遗产得不到恰当处理和保护时，该委员会让缔约国采取特别性保护措施。③经过与有关缔约国协商，该委员会决定把濒危遗产列入《濒危世界遗产名录》。④管理世界遗产基金。对为保护遗产而申请援助的国家给予技术和财力援助。①

（二）世界地质公园网络

联合国教科文组织下设有"世界遗产委员会"，负责"世界遗产名录"的审批，由于世界遗产里地质遗迹数量较少，联合国教科文组织地学部提出建立世界地质公园的倡议，并于1997年11月在联合国教科文组织第29届全体会议上通过了"创建独特地质特征的地质遗迹全球网络"的决议。2001年6月，联合国教科文组织执行局在161EX/Decisions，3.3.1决议中再次通过建立世界地质公园网络的决定，从而使"世界地质公园"与"世界遗产"具有同等法律地位。2002年5月，联合国教科文组织发布了《世界地质公园网络指南》，启动了世界地质公园申报工作。截至目前，联合国教科文组织支持的世界地质公园网络（GGN）共有100个成员，分布在全球30个国家和地区（见表7-1）。

为了指导、协调、支持和帮助各国的地质公园建设，增加各地质公园间的联系、合作和交流，2003年，联合国教科文组织决定成立"世界地质公园网络办公室"，地点设在中国北京。按照世界地质公园网络办公室的宗旨，其主要任务有：①在Internet网上建立世界地质公园网络网站，并向全球开放；②全面收集中国、亚太地区和全球各地质公园（包括以地质遗迹为主的国家公园）的有关信息，建设世界地质公园管理数据库，并提供服务；③编发世界地质公园

---

① 资料来源：中华人民共和国政府网站，http：//www.gov.cn/test/2006-05/23/content_288363.htm。

通讯录；④建立世界地质公园联络中心；⑤建立世界地质公园顾问专家库并加强与之联系；⑥协调和推进亚太地区地质公园的发展。为了完成以上任务，在国土资源部信息中心的大力支持下，办公室建立了世界地质公园网站。网站分为中英文两个版本，代表联合国教科文组织援助的世界地质公园网络，向全世界传播地质公园领域的相关信息，覆盖面广、及时、准确，是全球地质公园的权威网站。

表7-1　世界地质公园网络成员国和成员数量

中国（29）	法国（4）	马来西亚（1）	冰岛（1）
爱尔兰（2）	芬兰（1）	挪威（2）	意大利（9）
爱尔兰/北爱尔兰（1）	韩国（1）	葡萄牙（3）	英国（6）
冰岛（1）	加拿大（1）	日本（6）	越南（1）
奥地利（2）	捷克共和国（1）	西班牙（8）	土耳其（1）
巴西（1）	克罗地亚（1）	希腊（4）	德国/波兰（1）
德国（5）	罗马尼亚（1）	匈牙利（1）	匈牙利/斯洛伐克（1）
印度尼西亚（1）	斯洛文尼亚/奥地利（1）	斯洛文尼亚（1）	荷兰（1）
乌拉圭（1）			

资料来源：联合国教科文组织支持的世界地质公园网络，http：//cn.globalgeopark.org/parkintroduction/index.htm。

第三节　促进云南地质资源旅游产业化策略

地质资源由于本身所具有的有限性、经济性、可塑性、非再生性和区域性，决定了在地质资源旅游产业化发展过程中必须要采取一定的保障措施，才能真正实现地质资源的最大化利用和可持续发展。

一、建立统一的立法和管理体系

从目前旅游地质资源相关法律方面来看，相关法律法规的衔接和协调力度不够，如风景名胜区、自然保护区、森林、海洋、土地等相关方面的法律法规不能很好地衔接和协调。因此，从国家法律层面来看，可以参照美国、俄罗斯、日本等国的综合管理模式，将旅游地质资源所涉及的自然资源纳入国土资源部的管理之下，并在《中华人民共和国环境保护法》、《中华人民共和国矿产资源法》、《中华人民共和国自然保护区条例》、《风景名胜区管理条例》、《地质遗迹保护管理规定》等法律法规的基础上出台《资源管理法》，作为对所有自然资源予以管理的基本法律规范。在此基本法的前提下，与《宪法》和《物权法》相匹配，促进资源使用权和部分资源所有权的流通，保证旅游地质资源配置效率的提升。通过建立一个统一的管理体系，将所有以旅游地质资源为依托的风景名胜区、自然保护区、国家公园等全部纳入统一的管理体系，统一立法、统一规划、统一管理，这样不仅有利于地质资源旅游产业化发展，同时也有利于旅游地质景观的可持续开发利用。

为进一步发展旅游业，推进全省旅游产业跨越发展的需要，2012年，云南省委、省政府决定成立云南省旅游发展委员会，并于2013年3月正式将云南省旅游局更名为云南省旅游发展委员会，进一步强化旅游行政管理部门的综合统筹协调能力，为形成旅游产业加快发展的合力提供组织保障。与此同时，全省各州市也积极推进旅游管理体制改革，大理州在全省率先成立了旅游发展管理委员会；普洱市也已成立了旅游发展委员会。目前，西双版纳州、丽江市、红河州等州市和腾冲县、东川区等重点旅游县区，也在加快推进成立旅游发展委员会的工作。随着云南省深化旅游管理体制改革，进一步提高对旅游产业发展的认识，全省16个州市均明确要把旅游产业作为支柱产业或第三产业的龙头产业、先导产业进行培育建设，并研究制定了一系列具有较强指导作用的政策措施，积极推动旅游产业改革发展深入开展。然而，从旅游地质资源的产业化发展来看，需要旅游管理部门和资源管理部门共同配合和发展，还需要进一步理顺管理体制，实现旅游管理部门和资源管理部门的良好协调。此外，鉴于部分旅游地质资源存在空间分布与行政区划不一致的问题，要加强区域联动机制，在"共同开发、共同保护、共同获益"的原则下保证旅游地质资源的有效合理开发。

除政府管理机构外，大部分景区设立的机构缺乏法律地位，是事业单位性质却行使行政职能，行政管理与经营管理混同，致使统一管理职能弱化，既没有发挥出作为管理者的作用，也难以实现作为经营者的效率。在此背景下，可以考虑将管理机构和经营机构分设，管理机构作为全民所有的代理人，承担对资源保护和开发目标制定以及监督的职责，对资源和人民负责；经营机构是对特定旅游地质资源经营管理和保护的执行者，根据管理机构制定的相关目标和要求，按照市场规律开展经营活动。此外，外部利益相关者，尤其是社区居民、媒体等，拥有对旅游地质资源开发的监督权。通过权利和责任的分配和制衡，保证对旅游地质资源的科学规范管理，避免旅游地质资源的过度开发和破坏。

二、科学规划、创新开发

地质资源转变为旅游地质资源，旅游地质资源规划设计开发出旅游地质资源产品，是在旅游业发展的大背景下，旅游工作者和地质工作者发挥其主观能动性的结果。因此，从云南旅游地质资源产业化发展来看，必须重视规划，重视对旅游地质资源产品的创新开发。

鉴于地质资源的不可再生性，要保证对旅游地质资源的科学规划，保证对旅游地质资源的保护和可持续发展。根据旅游地质资源的稀缺性和脆弱性，借鉴自然保护区规划和管理方法，将旅游地质资源分级保护。对于Ⅰ类旅游地质资源，其资源稀缺性较低且较为脆弱，资源利用效益较低且开发成本较高，可保护起来待日后开发利用；对于Ⅱ类旅游地质资源，资源十分稀缺且较为脆弱，可以规划开发成为小众的专项旅游地质资源产品；对于Ⅲ类旅游地质资源来说，其稀缺度较低且环境承受能力较强，可结合其他旅游资源规划开发成为具有云南特色的大众旅游产品，如旅游景区、风景名胜区等；对于Ⅳ类旅游地质资源，十分稀缺且环境承受能力较高，可规划发展成为世界级的旅游游览地，如5A级景区、国家级风景名胜区等。

从云南旅游地质资源特色来看，除沙漠、海洋及其相关旅游地质景观外，多成因、多类型、多形态的旅游地质景观在云南都有；云南地貌类型多样，岩石类型复杂，河流水系发达，流水侵蚀作用强烈。特色高品位旅游地质景观呈块状展

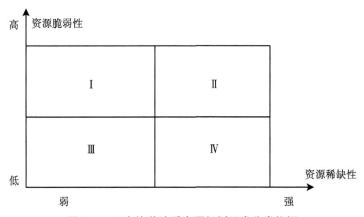

图 7-2 云南旅游地质资源规划开发分类依据

布或带状展布，规模宏大，结构极佳，具有较高的利用价值，利于开发保护。三江并流、禄丰恐龙、元谋猿人、石林等具备世界级旅游地质景观。这为云南省开发旅游地质资源产品奠定了坚实的资源基础。在规划目标的选择上，应定位在高端市场，注重将特色资源打造成为世界级的旅游地质资源产品，提高云南旅游产品的核心竞争力；对于景观条件较好的旅游地质资源，应重视其观光产品的开发，并注重与人文旅游资源、旅游体验结合，提高旅游产品的吸引力和附加值；对于科学性较强的旅游地质资源，应尽可能利用现代科技展示手段，提高受众比例，发挥旅游地质资源在科学、科普方面的积极作用。通过对云南旅游地质资源的科学开发，形成观光类、科考科普类和商品类旅游产品共同发展与支持的旅游地质资源产品体系。同时在旅游业发展的过程中与非旅游地质资源结合和互补，共同支撑旅游业的发展转型。

三、创新投资方式，保证对旅游地质资源的高效利用

为促进云南地质资源旅游产业化健康快速发展，使之成为云南社会经济发展新的增长极，在科学规划的基础上，必须创新投资方式，保证对旅游地质资源的高效科学利用。

第一，在国家资源管理大法和部门的统一领导下，结合云南省旅游地质资源发展规划，遴选云南旅游地质资源开发项目，作为产品开发和项目建设的基础，

对不同的项目采取不同的开发与投资标准。

第二，制定旅游地质资源投资项目标准。对景区类项目，可采取公开招标，经营权转让、BT、BOT运作等模式，允许国内外旅游经营开发企业投标参与竞争，选择经营能力和资本实力雄厚的企业作为投资主体；对保护区类项目，由国家财政和省级财政设立专项资金支持建设开发，对项目外围的配套设施，可采取特许经营的方式公开招标；对商品类项目，在明确资源价格和资源开采量的基础上采取市场化的运作方式，激发旅游产品市场活力。

第三，对项目投资过程全程跟踪，形成旅游地质资源产品开发与保护跟踪报告，定期向国家或者省级资源主管部门上报，保证对资源的开发沿着规划的轨道运行。对投资建设中的违约行为，尤其是借开发旅游地质资源开发其他项目或破坏环境的行为要及时纠正，并追究相关主体的违约责任。

第四，对投资者要予以保护。根据《物权法》等相关法律，切实保证投资者权益，在旅游地质资源开发、经营和流转过程中，政府要做好服务者和监督者，不可越位，也不可缺位，在监督投资企业的同时服务和保护好这些企业，营造诚信、稳定、健康的旅游投资环境。

四、多方参与，加强旅游地质资源环境的保护

旅游地质资源环境保护是地质资源旅游资源化、旅游地质资源可持续利用的基础，是旅游地质资源环境人—地关系协调发展的根本条件。地质构造环境、生态环境和人类活动环境构成了旅游地质资源环境的主体，决定了旅游地质资源环境的旅游价值。地质构造环境的特征决定了旅游地质景观的特色和旅游地质资源类型、景观结构、地质—生态环境；地质构造环境的稳定性决定了旅游地质资源环境稳定性，地质构造环境的活跃性决定了旅游地质资源环境的脆弱性。因此，要加强对旅游地质资源环境的保护，尤其是充分发挥各利益相关者和其他主体的监督作用，保证对旅游地质资源环境的有效保护。

资源管理机构和旅游管理机构是地质资源旅游产业化规则的制定者和监督者，要加大对旅游地质资源开发的检查频度和深度，并为外部监督建立通畅、透

明的信息交流系统；社区居民要关注周边旅游地质资源开发的实际情况，及时与相关管理部门沟通，保证破坏性行为被及时发现和纠正；媒体要发挥"外部监督者"的作用，及时曝光破坏旅游地质资源的行为，并跟踪报道，以舆论影响力制约相关投资主体；相关社会团体要发挥中介机构的独立性角色，对相关行为进行科学评估，为相关管理机构的管理提供依据；游客是旅游活动的重要参与者和受益者，在环境保护主义意识不断增强的背景下，也成为旅游地质资源产业发展的重要推动力量和保护主体。

结　论

一、本书研究的主要认识

地质资源旅游产业化研究是对地质资源利用的进一步扩展和延伸，论文从多学科的视角对地质资源旅游产业化进行了探索和研究，形成如下结论：

（1）地质资源是旅游业发展的重要基础，地质资源旅游产业化开发改变了以往对地质资源的开发利用方式，由于对地质体不造成破坏，同时相对于传统产业对环境的破坏和影响也相对较小，因此是一种人类对有限地质资源尤其是已经被开发利用过的地质资源深入而可持续的利用方式。

（2）地质资源旅游产业化包括三个主要方面：即地质资源旅游资源化、旅游地质资源产品的开发与市场化、旅游地质资源的资产化。这三个方面在理论上是前后的递进关系，但是在实践中却由于各种条件的限制表现为空间的并存和交叉。

（3）地质资源旅游资源化是地质资源旅游产业化的重要方面，是地质资源向旅游地质资源转变的过程，具体包括了资源化的条件、动力和地质资源的旅游价值评价三个方面。资源化的条件包括四个方面：首先，自然力作用决定了地质资源的元属性及其本身的形态，并决定了地质资源可以转化为旅游地质资源的类型以及质量等级。其次，地质资源的价值重构，为地质资源转变为旅游地质资源奠定了认识上的基础。再次，地质资源世界范围内的旅游开发实践为资源化提供了经验借鉴。最后，技术进步为地质资源的旅游开发和保护提供了可能。地质资源旅游资源化的动力主要来自于对旅游开发中综合效益的追逐和旅游者满足自身高层次需求两个方面。通过对地质资源旅游价值的评价，可以为旅游产品开发和资产化交易提供价值依据。地质资源旅游价值的评价可以从资源要素价值、资源影响力以及资源环境条件三个方面进行，具体而言，资源要素价值是资源本身的价值，包括观赏游憩价值、科学文化价值、资源的珍稀奇特程度、规模、丰度和完整性；影响力价值包括资源的知名度和影响力以及适游期或使用范围；资源环境条件包括区域资源的互补性和协调性、所在区域环境的稳定性以及生态环境的舒适度等。理论上对地质资源旅游价值认可、政策上为地质资源旅游开发提供可能性以及实践中对地质资源的旅游开发是地质资源旅游资源化的重要标志。

（4）旅游地质资源产品化、市场化是地质资源旅游产业化的核心。地质资源旅游资源化的结果就是将地质资源转变为旅游业可直接利用的旅游地质资源。旅游地质资源转变为旅游地质资源产品通过旅游市场进行交换实现价值，就是旅游地质资源的产品化和市场化。基于旅游地质资源的资源属性，可以开发三种类型的旅游地质资源产品。即观赏型的旅游地质资源产品，这种类型主要强调景观的观赏性和愉悦性，以旅游经营盈利为主要目的；科考科普型的旅游地质资源产品，这种类型强调景观的科学性和保护性，在保护的基础上划定特定的区域开展旅游活动，旅游活动是这种类型的保护地中唯一可以开展的经营性活动。这两种类型的资源还可以开发为专项旅游产品及旅游活动；商品型的旅游地质资源产品，强调景观的收藏价值或购物品的价值主要是作为旅游购物品。旅游地质资源产品化是为了实现旅游经济价值，设定合理的产品价格对于旅游经济价值的发挥和地质资源的保护具有重要的意义。论文通过旅游地质资源产品定价模型研究发现：①单位顾客的服务成本、景区可持续发展的保护性支出以及游客的需求价格弹性共同决定了旅游地质资源产品的价格。②对旅游景区（点）的初始投资不影响旅游地质资源产品的定价。③无论是垄断还是竞争条件下，旅游开发企业在"利润最大化"目标的驱动下，都有减少或者避免保护性支出的冲动，这种冲动会转化为经营行为，进而可能会对资源造成破坏。④在外部监管成本过高的情况下，需要设计一个促进开发经营者主动注重资源保护的机制，这个机制就是保证企业（经营者）对旅游地质资源开发的长期（或永久）产权，保证企业（经营者）遵循长期利润最大化来决策，这样企业（经营者）会根据长期总利润最大化来确定保护性支出，这也是符合企业利益最大化的有效激励约束机制。⑤竞争条件下旅游开发企业对于资源的保护性投入明显高于垄断条件下的保护性投入，因此，促进竞争、减少垄断是促进资源保护的重要手段。旅游地质资源的产品化为地质资源旅游价值的实现提供了可能，而市场化则直接实现了其旅游经济价值。根据旅游者的需求特征以及游客的集中度两个维度，结合资源本身的环境承载能力，不同旅游地质资源产品的营销需要选择不同的目标市场，才能保障对旅游地质资源的产业化发展。

（5）旅游地质资源的资产化管理是地质资源旅游产业化的保障。地质资源旅游资源化实现了地质资源向旅游资源的转化；通过旅游地质资源产品化、市场化，实现了旅游地质资源向旅游地质资源产品的转化。然而，地质资源旅游产业化还需要提高资源转化和产品生产的效率，这就涉及旅游地质资源的配置问题。通过市场竞争配置资源可以保证旅游地质资源有序流动，实现旅游地质资源效益的有效改善。旅游地质资源的资产化，是为了实现旅游地质资源的最佳配置和效益最大化。完善的旅游地质资源调查系统是保证资产化的前提，相关法律法规为资源的资产化和经营管理提供了法律依据，完善的产权交易市场为资产化交易提供了平台，发达国家和地区自然资源资产化的成功经验可以为我国旅游地质资源资产化提供参考和借鉴。由于我国法律对旅游地质资源国有的规定，使得旅游地质资源资产化目前仅仅是围绕经营权，改善经营方式和管理方式，其标志是旅游地质资源经营权可以在产权市场上流通和交易。旅游地质资源经营权价格的确定要受到稀缺性、产品开发情况、市场条件等因素的影响。

（6）云南地质旅游产业化包括了地质资源旅游资源化、旅游地质资源产品化和市场化以及旅游地质资源资产化管理三个方面。

云南地质资源旅游资源化，是在云南独特的地质环境条件下形成的具有区域性、垄断性地质景观的基础上，以云南各级政府和旅游企业的主导下，各利益相关主体共同推动，为实现地质资源价值以及资源保护双重目的，通过调查、评价，在地质资源传统工业开发方式上创新，将其与旅游业有机结合，实现地质资源的长期可持续开发。根据云南地质资源的特征，可将其分为观赏性旅游地质资源、科考科普性旅游地质资源和商品性旅游地质资源三种类型。论文通过对云南97个典型的旅游地质的资源要素价值、影响力以及环境条件进行评价，结果显示，云南旅游地质资源的观赏游憩使用价值和科学文化价值较高，地域组合较好，适游期较长且使用范围较广，环境舒适度较高，这为云南旅游地质资源的产品化和市场化奠定了基础。

旅游地质资源产品的开发和市场化，是云南旅游地质资源价值得以实现的关键和核心。云南根据旅游地质资源的属性，开发出不同类型的旅游地质资源产品。对观赏性旅游地质资源开发出12处国家级风景名胜区，以地质资源、地质遗迹为主要景观的有11处，省级风景名胜区54个，以地质资源为主的有37个。6家5A级旅游景区中有3家是以地质资源为主体的，58家4A级旅游景区中有27家以地质资源为主体的。10家国家地质公园，其中石林和大理苍山国家地质公园已经入选为世界地质公园。8家国家公园，其中有3个是以保护地质遗迹为主要对象的。三个世界自然遗产地，国家矿山公园1家，10个省级以上旅游度假区。开发了六种主要类型的温泉休闲旅游产品、六大类型的专项旅游活动。同时依托丰富的大理石、宝玉石、奇石正在做大石产业。然而，从云南旅游地质资源开发的现实来看，由于旅游地质资源其兼具科学、观赏、稀有等各种属性，也可以选择多元化的产品形式予以开发。根据旅游者的需求特征及集中度，可以对不同旅游地质资源产品采取不同的开发和营销策略，以保证旅游地质资源产品的价值实现。通过对旅游地质资源产品的开发及市场化发展，创造了良好的经济、社会以及环境效应。

云南旅游地质资源的资产化，是将旅游地质资源作为交易对象，在市场中进行交易。只有资源以及依托资源开发出来的产品本身可以交易并在市场中流转，才能保证资源价值的最大化以及资源的有效利用。然而，由于我国法律上对自然资源所有制的限制，云南旅游地质资源的产权国有不可买卖的特征，云南旅游地质资源及旅游地质资源产品不可能在市场上直接进行流通，所流通的只是其经营权。因此，云南为适应旅游业发展的需要，通过在所有权不变的情况下对旅游地质资源的经营权予以优化配置，通过承包、租赁、特许经营以及引入专业经营公司等方式，有效改善和提升了云南旅游地质资源的开发水平和利用效率。

（7）从云南目前地质资源旅游产业化发展的情况来看，还存在需要改进和完善的地方。研究认为，应科学规划、优化管理、创新投资、加强保护，以保障云南地质资源旅游产业化发展的健康有序进行。

二、不足及研究展望

地质资源旅游产业化发展，是地质资源开发利用形式的一大飞跃，也是旅游业得以兴起和发展的资源基础。本文依据地质资源旅游资源化——旅游地质资源产品化和市场化——旅游地质资源资产化逻辑路径，划分旅游地质资源的三种类型，提出旅游地质资源产品的三大类十余种产品，并进一步分析旅游地质资源及旅游地质资源产品的资产化思路，涵盖了地质资源旅游产业化的主要内容。然而，由于地质资源旅游产业化涵盖内容极为广泛，对每一个环节和每一方面内容都可进行深入的研究。因此，延续本书的研究，下一步将加强研究以下几方面内容：

（1）对地质资源旅游产业化理论在其他地区的适用性研究。本书从云南地质资源状况以及社会经济条件出发，研究云南地质资源旅游产业化，认为云南地质资源采取旅游产业化发展是一种较好的开发模式，但云南地质资源旅游产业化模式的具体路径是否适用于其他地区还有待进一步研究。

（2）对旅游地质资源产业化过程中如何对旅游地质资源予以保护的研究相对不足。地质资源旅游产业化就是地质资源的旅游开发路径，但对于地质资源这类不可再生的自然资源来说，保护是产业化的前提。受篇幅的限制，书中对资源的保护未进行深入探讨，今后将进一步研究。

（3）对旅游地质资源与其他资源，尤其是对地质资源与信息技术、民族资源和文化资源的整合发展缺乏研究。在今后的研究过程中，要关注如何借助信息技术促进旅游地质资源的开发利用，要关注旅游地质资源与民族资源、文化资源等人文资源的融合发展，形成促进旅游业发展的合力。

参考文献

[1] Alchian. Uncertainty, Evolution and Economic Theory [J]. Journal of Political Economy, 1950 (58): 211-221.

[2] Amirahmadi H., Wallace C. Information Technology, The Organization of Production, Regional Development [J]. Environment and Planning, 1995 (27): 1745-1776.

[3] Andreas Billmeier, Isabella Massa. What Drives Stock Market Development in Emerging Markets-institutions, Remittances, or Natural Resources [J]. Emerging Markets Review, 2009 (10): 23-35.

[4] Arno Behrens, Stefan Giljum. The Material Basis of the Global Economy Worldwide Patterns of Natural Resource Extraction and Their Implications for Sustainable Resource use Policies [J]. Ecological Economics, 2007 (64): 444-453.

[5] Benjamin Warr, Robert Ayres. REXS: A Forecasting Model for Assessing the Impact of Natural Resource Consumption and Technological Change on Economic Growth [J]. Structural Change and Economic Dynamics, 2006 (17): 329-378.

[6] Britta Planer-Friedrich, Corinne Lehr, etal. Speciation of Volatile Arsenic at Geothermal Features in Yellowstone National Park [J]. Geochimica Et Cosmochimica Acta, 2006 (70): 2480-2491.

[7] Choong-Ki Lee, Sang-Yoel Han. Estimating the Use and Preservation Values of National Parks'Tourism Resources Using a Contingent Valuation Method [J]. Tourism Management, 2002 (23): 531-540.

［8］Colin Arrowsmith, Robert Inbakaran. Estimating Environmental Resiliency for the Grampians National Park, Victoria, Australia: A Quantitative Approach ［J］. Tourism Management, 2002（23）: 295–309.

［9］Duane Chapman. Management of National Parks in Developing Countries: A Proposal for an International Park Service ［J］. Ecological Economics, 2003（46）: 1–7.

［10］E.A. Wheeler, T.M. Lehman. Upper Cretaceous–Paleocene Conifer Woods from Big Bend National Park, Texa ［J］. Palaeogeography, Palaeoclimatology, Palaeoecology, 2005（226）: 233– 258.

［11］Ervin H. Zube. Greenways and the US National Park System ［J］. Landscape And Urban Planning, 1995（33）: 17–25.

［12］Gallastegui M. C., Escapa M., Ansuategi A. Green Energy, Efficiency and Climate Change: An Economic Perspective ［M］. Green Energy and Efficiency. Springer International Publishing, 2015: 3–16.

［13］Gunjan Saxena. Relationships, Networks and the Learning Regions: Case Evidence from the Peak District National Park ［J］. Tourism Management, 2005（26）: 277–289.

［14］J. Buultjens, I. Ratnayake. Tourism and its Implications for Management in Ruhuna National Park（Yala）, Sri Lanka ［J］. Tourism Management, 2005（26）: 733–742.

［15］J.A. Lutz, J.W. Van Wagtendonk, J.F. Franklin. Twentieth–Century Decline of Large–Diameter Trees in Yosemite National Park, California, Usa ［J］. Forest Ecology and Management, 2009（1）: 30.

［16］Jeffrey E. Englin, Jered M. Mcdonald, Klaus Moeltner. Valuing Ancient Forest Ecosystems: An Analysis of Back Country Hiking in Jasper National Park ［J］. Ecological Economics, 2006（57）: 665– 678.

［17］Joseph Obua, D. M. Harding. Visitor Characteristics and Attitudes Towards

Kibale National Park, Uganda [J]. Tourism Management, 1996, 13 (7): 495-505.

[18] Kenneth M. Cruikshank, Atilla Aydin. Unweaving the Joints in Entrada Sandstone, Arches National Park, Utah, U.S.A [J]. Journal of Structural Geology, 1995, 17 (3): 409-421.

[19] Linsheng Zhong, Jinyang Deng, Baohui Xiang. Tourism Development and the Tourism Area Life-cycle Model: A Case Study of Zhangjiajie National Forest Park, China [J]. Tourism Management, 2008 (29): 841-856.

[20] Marius Mayer. The Economic Impact of Tourism in Six Geman National Parks [J]. Landscape and Urban Planning, 2010 (97): 73-82.

[21] Mark S. Reed, Anil Graves, et al. Norman Dandy. Who's in and Why? A Typology of Stakeholder Analysis Methods for Natural Resource Management [J]. Journal of Environmental Management, 2009 (90): 1933-1949.

[22] Marshall A. Principles of Economics [M]. Digireads.com Publishing, 2004.

[23] Marta Mugica, Jose Vicente De Lucio. The Role of On-Site Experience on Landscape Preferences. A Case Study At Donana National Park (Spain) [J]. Journal of Environmental Management, 1996 (47): 229-239.

[24] Melanie J. Hellman, Michael S. Ramsey. Analysis of Hot Springs and Associated Deposits in Yellowstone National Park using ASTER and AVIRIS Remote Sensing [J]. Journal of Volcanology and Geothermal Research, 2004 (135): 195-219.

[25] Michel Moreaux, Francesco Ricci. The Simple Analytics of Developing Resources from Resources [J]. Resource and Energy Economics, 2005 (27): 41-63.

[26] Natalie Suckall, Evan D.G. Fraser, etal. Visitor Perceptions of Rural Landscapes: A Case Study in the Peak District National Park, England [J]. Journal of Environmental Management, 2009 (90): 1195-1203.

[27] Neelam C. Poudyal, Donald G. Hodges, H. Ken Cordell. The Role of Natural Resource Amenities in Attracting Retirees: Implications for Economic Growth

Policy [J]. Ecological Economics, 2008 (68): 240-248.

[28] Paul J. Ferraro. The Local Costs of Establishing Protected Areas in Low-Income Nations: Ranomafana National Park, Madagascar [J]. Ecological Economics, 2002 (43): 261-275.

[29] Pieter J.H. Van Beukering, Herman S.J. Cesar, Marco A. Janssen. Economic Valuation of the Leuser National Park on Sumatra, Indonesia [J]. Ecological Economics, 2003 (44): 43-62.

[30] Richard M. Auty. The Political Economy of Resource-driven Growth [J]. European Economic Review, 2001 (45): 839-846.

[31] Roberto Martınez-Espineira, Joe Amoako-Tuffour. Recreation Demand Analysis Under Truncation, Overdispersion, and Endogenous Stratification: An Application to Gros Morne National Park [J]. Journal of Environmental Management, 2008 (88): 1320-1332.

[32] Samuel Seongseop Kim, Choong-Ki Lee, David B. Klenosky. The Influence of Push and Pull Factors at Korean National Parks [J]. Tourism Management, 2003 (24): 169-180.

[33] Shaul Hurwitz, Jacob B. Lowenstern, Henry Heasler. Spatial and Temporal Geochemical Trends in the Hydrothermal System of Yellowstone National Park: Inferences from River Solute Fluxes [J]. Journal of Volcanology and Geothermal Research, 2007 (162): 149-171.

[34] Shiuh-Nan Hwang, Chuan Lee, Huei-Ju Chen. The Relationship Among Tourists'Involvement, Place Attachment and Interpretation Satisfaction in Taiwan's National Parks [J]. Tourism Management, 2005 (26): 143-156.

[35] Stephen E. Kesler. Mineral Resources, Economics and the Environment [M]. University of Michigan: Macmillan College Publishing Company. INC, 1994.

[36] Swemmer L., Grant R., Annecke W., et al. Toward More Effective Benefit Sharing in South African National Parks [J]. Society & Natural Resources, 2015,

28（1）：4-20.

［37］ Teri D. Allendorf, James L.D. Smith, Dorothy H. Anderson. Residents' Perceptions of Royal Bardia National Park, Nepal［J］. Landscape and Urban Planning, 2007（82）：33-40.

［38］ Thanakvaro Thyl De Lopez. Economics and Stakeholders of Ream National Park, Cambodia［J］. Ecological Economics, 2003（46）：269-282.

［39］ Thomas Sterner. Policy Instruments for Environmental and Natural Resource Management［M］. Washington D.C：RFF Press, 2003.

［40］ Vu Hy Chuong. Environmental Problems in the Process of Industrialization and Modernization［J］. Social Sciences Information Review, 2008, 2（1）.

［41］ Xiao-Long Ma, Chris Ryan, Ji-Gang Bao. Chinese National Parks：Differences, Resource Use and Tourism Product Portfolios［J］. Tourism Management, 2009（30）：21-30.

［42］ Yiping Fang, Raymond P. Cote, Rong Qin. Industrial Sustainability in China：Practice and Prospects for Eco-Industrial Development［J］. Journal of Environmental Management, 2007（83）：315-328.

［43］ Zvi Schwartz, Li-Chun Lin. The Impact of Fees on Visitation of National Parks［J］. Tourism Management, 2006（27）：1386-1396.

［44］ 白宇飞. 关于在世界文化和自然遗产地开展特许经营的探讨［J］. 中国商贸, 2010（19）.

［45］ 蔡静峰. 我国森林资源资产化管理研究［D］. 武汉大学硕士学位论文, 2004.

［46］ 陈安泽. 旅游地学的发展任重道远——为纪念旅游地学 25 周年而作［J］. 资源导刊（地球科技版）, 2012（5）：6.

［47］ 陈安泽. 论温泉在旅游业中的地位和作用［R］. 中国地质学会旅游地学与地质公园研究分会第 21 届年会暨陕西翠华山国家地质公园旅游发展研讨会, 2006.

［48］陈从喜.国内外地质遗迹保护和地质公园建设的进展与对策建议［J］.国土资源情报，2004（5）：9–10.

［49］陈光伟.美国的自然资源立法和管理［J］.资源科学，2001（3）：93–95.

［50］陈俊鸿.论风景名胜区的自助旅游开发［J］.旅游学刊，1995（6）.

［51］陈莉莉.西部大峡谷景区旅游资源特色与产品开发研究［D］.成都理工大学硕士学位论文，2008.

［52］陈燕娥.温泉旅游产品开发研究——以湘西北为例［D］.中南林业科技大学硕士学位论文，2006.

［53］陈耀华.新农村建设背景下风景名胜区与居民点互动关系研究——以方山—长屿硐天国家级风景名胜区入口村庄为例［J］.旅游学刊，2009（3）.

［54］陈震.甘肃省白银国家矿山公园旅游信息系统的设计与开发［D］.中国地质大学（北京）硕士学位论文，2006.

［55］崔彬等.资源产业经济学［M］.北京：中国人民大学出版社，2013（9）.

［56］邓路，孙龙建.中国产权交易市场的创新与发展——从国资流转平台到构建多层次资本市场的跨越［J］.云南社会科学，2009（3）：22–23.

［57］地质矿产部环境地质研究所.中国旅游地质资源图及说明书（1：600万）［M］.北京：地质出版社，1991.

［58］丁云龙，远德玉.论产业化及其空间限度［J］.自然辩证法研究，2001，17（8）：22–25.

［59］樊鸿瑜.地质遗迹类旅游资源的资产化管理初探［D］.湖南大学硕士学位论文，2006.

［60］范春.国家地质公园的开发与保护［J］.商业时代·理论，2004（36）：76–77.

［61］范晓.论中国国家地质公园的地质景观分类系统［C］.国家地质公园建设与旅游资源开发——旅游地学论文集（第九集）.中国林业出版社，2003：68–78.

［62］［美］菲利普·科特勒，凯文·莱恩·凯勒著.营销管理（第13版）［M］.王永贵等译.上海：格致出版社，上海人民出版社，2003：66.

［63］菲吕博顿，瑞切特.新制度经济学［M］.上海：上海财经大学出版社，1998（2）.

［64］冯天驷.地质旅游产业发展方向及其对策建议［J］.中国地质矿产经济，1998（6）.

［65］冯天驷.中国地质旅游资源［M］.北京：地质出版社，1998：1-9.

［66］冯永德.四川蚕业产业化的评价与思考［J］.四川蚕业，2003（1）：6-9.

［67］福建省地质学会旅游地学研究会编.福建省旅游地质资源开发探讨［M］.福州：福建省地图出版社，1993.

［68］付子冲.贵阳市旅游地质调查及其初步研究［J］.贵州地质，1987（1）.

［69］傅晶.黑龙江省森林公园产业化经营研究［D］.东北林业大学硕士学位论文，2003.

［70］龚克，邓春凤，刘声炜.桂林喀斯特区与世界遗产"中国南方喀斯特"对比分析［J］.资源与产业，2010（5）.

［71］［韩］韩相一.韩国国立公园管理公团［J］.中国园林，2005（7）：22-25.

［72］何池康，罗明义.云南旅游产业发展年度报告（2011~2012）［M］.昆明：云南大学出版社，2012（212），217-218.

［73］何池康等.云南旅游产业发展年度报告（2012~2013）［M］.昆明：云南大学出版社，2013（11）：84.

［74］何拥军.山东滨海旅游地质资源思考［J］.海洋地质动态，1996.

［75］贺成全.略论天津市蓟县旅游资源开发的优势与对策［J］.天津师大学报（自然科学版）1995（1）.

［76］后立胜，许学工.国家地质公园及其旅游开发［J］.地域研究与开发，2003，22（5）：54-57.

［77］胡能勇，蔡让平.郴州飞天山国家地质公园旅游设计初探［J］.江苏地

质，2003，27（3）：168-170.

[78] 胡能勇等.论地质遗迹资源的价值及资产化管理 [J].大地构造与成矿学，2007（11）：502-507.

[79] 胡跃中.浅议楠溪江风景名胜区资源保护与利用 [J].旅游学刊，2001（3）.

[80] 黄楚兴，杨世瑜.岩溶旅游地质 [M].北京：冶金工业出版社，2007.

[81] 黄金火，林明太.大金湖世界地质公园旅游产品设计与开发 [J].福建地理，2005，20（3）：44-47.

[82] 黄义忠，杨世瑜.三江并流带丹霞地貌景观地质成景作用 [J].矿物岩石地球化学通报，2003（3）.

[83] 纪坡民.产权与法 [M].北京：生活·读书·新知三联书社，2001.

[84] 季发.加拿大世界文化遗产的保护和利用 [J].山东大学，2008（4）：54-57.

[85] 江红，梁小平，崔晋豫.浅谈中国住宅产业化水平的评价方法 [J].青岛建筑工程学院学报，2000（4）.

[86] 江素曼.广西旅游地质环境概况及开发保护建议 [J].广西地质，2000（4）.

[87] 康宏达.中国旅游地质资源的成因分类 [J].水文地质工程地质，1994（6）.

[88] 科斯，阿尔钦，斯诺等.财产权利与制度变迁 [M].上海：上海三联书店，1994.

[89] 赖启福.美国国家公园系统发展及旅游服务研究 [J].林业经济问题，2009（29）：5.

[90] 李波.云南旅游地质景观类型与区划研究 [D].昆明理工大学博士学位论文，2010（12-13）：128-129，148.

[91] 李纲.中国国家矿山公园的结构特征及原因分析 [J].枣庄学院学报，2012（6）.

[92] 李经龙，张小林，郑淑婧. 中国国家公园的旅游发展 [J]. 地理与地理信息科学，2007（2）.

[93] 李如友. 地质遗迹旅游资源化：概念、动力及途径 [J]. 地质学刊，2012（1）：109.

[94] 李树民. 对华山风景名胜区管理体制变革的制度分析 [J]. 旅游学刊，2001（4）.

[95] 李同林，孙中义. 游地质学基础 [M]. 天津：中国水利水电出版社，2008.

[96] 李伟，杨世瑜. 旅游地质文化论纲 [M]. 北京：冶金工业出版社，2008.

[97] 李晓琴，刘开榜，覃建雄. 地质公园生态旅游开发模式研究 [J]. 西南民族大学学报（人文社科版），2005，26（7）：269-271.

[98] 李晓琴. 基于利益相关者理论的国家地质公园管理体制研究 [J]. 国土资源科技管理，2013（1）：97-101.

[99] 李玉辉. 地质公园研究 [M]. 北京：商务印书馆，2006（5）：117-119.

[100] 连彬. 重庆温泉旅游产品开发研究 [D]. 重庆大学硕士学位论文，2009.

[101] 梁文婷. 国家森林公园的法律问题探讨 [C]. 林业、森林与野生动植物资源保护法制建设研究——2004 年中国环境资源法学研讨会（年会）论文集（第三册），2004.

[102] 梁学成. 对世界遗产的旅游价值分析与开发模式研究 [J]. 旅游学刊，2006（6）.

[103] 林恒亿. 自然资源的价值到底有多少？——以台湾国家公园为例 [J]. 经济前瞻，2013（1）.

[104] 林斯扩，余煦明. 福建省旅游地质图 [M]. 福州：福建省地图出版社，1990.

[105] 刘鸿雁. 加拿大国家公园的建设与管理及其对中国的启示 [J]. 生态学杂志，2001（6）：50-55.

[106] 刘家权，王冰，李向前.安徽省巢湖市旅游地质资源浅析 [J].建材发展导向，2012（13）.

[107] 刘骏，蒲蔚然.风景资源—旅游资源—旅游产品——小议市场经济条件下风景资源开发模式 [J].重庆建筑大学学报，2004（1）.

[108] 陆景冈等.旅游地质学 [M].北京：中国环境科学出版社，2003.

[109] 罗成德.我国旅游地质资源区划初探 [J].乐山师专学报（社会科学版），1989（2）.

[110] 骆华松，杨世瑜.旅游地质资源与人地关系耦合 [M].北京：冶金工业出版社，2007.

[111] 马波.公共旅游资源资产化管理研究引论 [J].桂林旅游高等专科学校学报，2001，12（2）：5-7.

[112] 马克·布劳格.经济理论的回顾 [M].北京：中国人民大学出版社，2009：173-385.

[113] 毛学翠.地质公园建设与旅游资源开发探析 [J].资源·产业，2003，5（4）：11-12.

[114] 牟永峰，弓弼，李皓.矿山公园规划与建设研究 [J].西北林学院学报，2009，24（5）：205.

[115] 穆桂松.嵩山地质旅游路线设计的初步构想 [J].河南教育学院学报，2001（4）：37-39.

[116] 纳家骅.云南将出让旅游景区景点开发经营权 [N].中国新闻社，2001-2-27.

[117] 庞淑英，杨世瑜，秦卫平，黄鲲.基于"概念分层"结构的旅游地质资源评分系统的开发 [J].成都理工大学学报（自然科学版），2004（2）.

[118] 庞淑英，杨世瑜.旅游地质景观空间信息与可视化 [M].北京：冶金工业出版社，2011.

[119] 裴若婷.罗浮山温泉旅游度假区旅游产品深度开发研究 [D].成都理工大学硕士学位论文，2010.

[120] 饶开永.长江三峡旅游地质资源深度开发研究 [J].科协论坛（下半月），2009（11）.

[121] 申志军.湖南省旅游地质资源与深度开发的建议 [J].湖南地质，1997.

[122] 苏雁.日本国家公园的建设与管理 [J].经营管理者，2009（23）：222.

[123] 孙刚.新世纪中国区域旅游发展大思路 [M].北京：中国旅游出版社，2001：92-93.

[124] 汪德根.改善我国风景名胜区现行管理体制的对策研究——以天柱山风景名胜区为例 [J].旅游学刊，2003（3）.

[125] 王凤春.美国联邦政府自然资源管理与市场手段的应用 [J].中国人口·资源与环境，1999（4）：96.

[126] 王丽丽.沂蒙钻石国家矿山公园的旅游开发 [J].小城镇建设，2009（3）.

[127] 王生卫.跨界区域地质旅游资源整合研究——以大别山为例 [D].中国地质大学（北京）博士学位论文，2009.

[128] 王兴斌.中国自然文化遗产管理模式的改革 [J].旅游学刊，2002（5）：16-21.

[129] 王艳平，山村顺次.中国温泉资源旅游利用形式的变迁及其开发现状 [J].地理科学，2002.

[130] 王莹，刘雪美.资源型城市工业遗产旅游开发初探——以海州露天矿国家矿山公园为例 [J].城市发展研究，2010（11）：90-94.

[131] 吴应科.桂林漓江风景名胜区总体规划编制探讨 [J].桂林旅游高等专科学校学报，1998（4）.

[132] 夏清明.我国科技产业化经营策略及思考 [J].兰州学刊，2004（2）.

[133] 谢洪忠，杨世瑜，吴志亮.元江彩色膏林景观生态特征及成景作用研究 [J].生态经济，2006（5）.

[134] 谢曼平.云南陆良彩色沙林景观地学旅游资源评价及其保护性开发对策研究 [D].中国地质大学（武汉）硕士学位论文，2004.

[135] 谢凝高.世界国家公园的发展和对我国风景区的思考 [J].城乡建设，

1995，8（4）.

[136] 徐泉清，孙志宏主编. 中国旅游地质 [M]. 北京：地质出版社，1997（11）.

[137] 徐嵩龄. 中国的世界遗产管理之路——黄山模式评价及其更新（中）[J]. 旅游学刊，2003（1）：44-50.

[138] 徐嵩龄. 怎样认识风景资源的旅游经营——评"风景名胜区股票上市"论争 [J]. 旅游学刊，2000（3）.

[139] 徐嵩龄. 中国的世界遗产管理之路——黄山模式评价及其更新（上）[J]. 旅游学刊，2002（6）：12-18.

[140] 徐嵩龄. 中国文化与自然遗产的管理体制改革 [J]. 管理世界，2003（6）.

[141] 杨泸. 四川省天台山风景名胜区管理体制改革初探 [J]. 桂林旅游高等专科学校学报，2006（2）.

[142] 杨锐. 美国国家公园体系的发展历程及其经验教训 [J]. 中国园林，2001（1）：64.

[143] 杨世瑜，黄楚兴. 云南省旅游地质资源及可持续利用 [J]. 云南地理环境研究，2001（1）.

[144] 杨世瑜，王淑芬等. 三江并流带旅游地质资源开发与环境保护 [M]. 昆明：云南民族出版社，2003（8）：90-103.

[145] 杨世瑜. 旅游地质学 [M]. 天津：南开大学出版社，2006（336）.

[146] 杨世瑜. 云南地质资源旅游资源化策略探索 [J]. 云南地质，2008（4）：391-407.

[147] 杨涛，武国辉. 地质遗迹资源资产化管理初探 [J]. 第四届中国（西部）有色金属矿业开发国际论坛，2006（Z1）.

[148] 杨涛. 贵州地质遗迹资源及其可持续发展研究 [D]. 中南大学博士学位论文，2010：134-141.

[149] 余建林. 浅议风景名胜区规划与实施中的特色与创新——以广西龙脊

风景名胜区总体规划为例 [J]. 桂林旅游高等专科学校学报，2008（1）.

[150] 云南旅游业转型呼唤国家公园 [N]. 中国青年报，2007-03-23.

[151] 曾艳. 黄石国家矿山公园工业旅游开发研究 [D]. 中国地质大学（武汉）硕士学位论文，2009.

[152] 张朝枝. 旅游与遗产保护——政府治理视角的理论与实证 [M]. 北京：中国旅游出版社，2006（11）.

[153] 张林源，赵希璋. 兰州地区旅游地质资源及其开发利用 [J]. 兰州学刊，1986.

[154] 张凌云. 非洲国家公园发展旅游业的几个问题 [J]. 北京第二外国语学院学报，2005（5）：56.

[155] 张寿越. 路南石林发育及其演进 [J]. 中国岩溶，1984（10）：78-79.

[156] 张文凌. 一些地方错位开发破坏生态——云南最后净土在劫难逃？[N]. 中国青年报，2005-06-08.

[157] 张五常. 佃农理论——应用于亚洲的农业和台湾的土地改革 [M]. 易宪容译. 北京：商务印书馆，2001（33）.

[158] 赵如海. 我国旅游地质资源的优势 [J]. 桂林工学院学报，1991（S1）.

[159] 赵汀，赵逊. 世界地质公园的发展近况和东南亚地质遗迹的保护现状 [J]. 地质通报，2008（3）.

[160] 郑淑玲. 当前风景名胜区保护和管理的一些问题 [J]. 中国园林，2000（3）.

[161] 中国旅游协会温泉旅游分会. 中国温泉旅游产业发展报告（2012）[M]. 广州：广东旅游出版社，2012（2）：27，92.

[162] 中国旅游研究院. 中国旅游景区发展报告（2013）[M]. 北京：旅游教育出版社，2013（9）：19-20.

[163] 中华人民共和国国土资源部. 2012 中国国土资源公报 [EB/OL]. 2013-04-20，http://www.mlr.gov.cn.

[164] 钟杏云. 产业化发展阶段论 [J]. 技术经济与管理研究，2003（2）.

后 记

一部著作的完成需要许多人的默默贡献，闪耀着集体的智慧，铭刻着许多艰辛的付出，凝结着许多辛勤的劳动和汗水。

本书在撰写过程中，得到了杨世瑜研究员、梁永宁教授、罗明义教授、李波教授、锁箭教授的悉心指导，同时借鉴和参考了大量的文献，从中得到了不少的启发，汲取了其中的智慧精华，谨向各位专家、学者表示最崇高的敬意。感谢经济管理出版社张艳老师为本书出版做的大量工作，因为大家的努力，才有了本书的诞生。

由于撰写者水平有限，书中的不足之处在所难免，诚请广大读者批评指正，特施惠意。

毛剑梅

2015 年 12 月于昆明